企业产品创新绩效研究

从社会网络视角的考察

陈公海 / 著

中国大百科全书出版社

图书在版编目（CIP）数据

企业产品创新绩效研究：从社会网络视角的考察 /
陈公海著 . -- 北京：中国大百科全书出版社，2025. 4.
ISBN 978-7-5202-1895-5

Ⅰ. F273.2

中国国家版本馆 CIP 数据核字第 2025WC5306 号

出 版 人　刘祚臣
策 划 人　程广媛
责任编辑　郭丽琴
责任校对　王　绚
封面设计　博越创想・夏翠燕
责任印制　魏　婷
出版发行　中国大百科全书出版社
地　　址　北京市西城区阜成门北大街 17 号
邮　　编　100037
电　　话　010-88390703
网　　址　http://www.ecph.com.cn
印　　刷　北京九天鸿程印刷有限责任公司
开　　本　710 毫米 × 1000 毫米　1/16
印　　张　18
字　　数　267 千字
版　　次　2025 年 4 月第 1 版
印　　次　2025 年 4 月第 1 次印刷
书　　号　ISBN 978-7-5202-1895-5
定　　价　86.00 元

目 录

第一章　引言[*]

在当今经济全球化的时代，科学技术正以前所未有的速度发展，企业之间的竞争不断加剧。企业的竞争优势从以资源资本为主转向以技术、人力资本以及知识为主，从以成本、质量优势为主转向以产品和服务的差异化、新颖化以及及时提供产品和服务的优势为主，这就要求企业必须将创新作为提升核心竞争力的手段。

波特（Porter，2001）指出，未来企业必须具备"全球级创新"的能力。此创新能力包括两方面，一是企业内部"创造并使新技术商业化"的能力与流程，二是与外部环境的配合。通过创新，企业能够更深入地洞察和获取那些具有潜在价值和企业特性的资源，从而在企业内部生成一些难以被竞争对手所模仿的异质能力（Alchian & Desetz，1972）。反之，企业不创新，将无法跟上科技进步的速度，也无法满足顾客的需求，进而丧失竞争优势（Schilling，2002）。企业作为自主创新的主体，产品创新是其技术水平的重要表现。企业产品创新的研究可促进企业提升核心竞争力，故该类

---

[*]　本书注释采用哈佛体系，为便于读者阅读和参考，特说明如下：①"正如德鲁克（1998）所言"表明引用的是中文文献，括号前为引文作者姓（名），括号内为引文出版年。②"……被竞争对手所模仿的异质能力（Alchian & Desetz，1972）"表明引用的是英文文献，括号内为引文作者姓（名）和出版年（直接引用时才标注页码）。③书末参考文献以作者姓名字母顺序排列，一个作者有多本著作或多篇论文时，则按出版年先后排列顺序。一个作者一年内有多本著作或多篇论文时，在年份后加小写字母 a. b. c. 等加以区别。

研究得到了理论界和企业界的高度重视。

企业的创新需要有关人员彼此充分沟通、协调，然而传统的科层结构限制了员工间的交流，不利于企业的创新。企业需要运用更为灵活和高效的组织形式，以适应竞争和环境的变化，因此，团队脱颖而出。团队是在成员间密切交流中所形成的一种高度弹性化运作模式，其形式较为灵活，弥补了层级式组织结构僵化、反应迟钝的缺点，团队成员之间以及跨团队之间的沟通、交流更为便捷。本书以社会网络理论为基础，研究企业研发部门内外部的非正式网络的结构特征对产品创新绩效的影响。

一、研究背景

21 世纪，人类社会全面进入知识经济时代。创新取代比较优势理论成为世界经济竞争的基础。基于比较优势理论的国际经济分析体系以及世界贸易组织（WTO）的政策体系已经过时，世界银行、经济合作与发展组织（OECD）、国际货币基金组织（IMF）等主要国际组织和发达国家政府都把培育创新与企业家精神列为政策核心。

中国经济经过几十年快速发展和总量积累之后，粗放型经济增长模式的弊端日益明显，创新成为当前以及未来相当长时期内中国经济发展的根本问题以及决定中国企业竞争力的关键。

随着经济全球化进程加速，面对变化迅速且难以预测的买方市场，企业不能仅凭拥有的稀缺资源作为竞争优势，还需凭借持续的学习、知识创造进而增强技术创新能力来获得竞争优势（Larson et al., 1998）。此外，企业的竞争优势还取决于其在各种社会关系网络中的、难以被竞争对手模仿的各种资源与能力（Dyer & Singh, 1998）。

研究已揭示，网络是一种无法模仿的资源，是获取独特资源和能力的一种方式（Gulati et al., 2000）。在企业，由研发人员在团队内外部交往互动形成的非正式网络会影响研发团队的产品创新绩效。社会网络分析的特点就在于它分析的不是单个的个体、部门、企业，而是分析人与人之间、团队之间、部门之间，以及企业之间的关系所形成的网络结构。

二、研究视角的确定

自熊彼特1912年提出创新的概念以来，许多学者和经理人致力于创新的研究，但仍然无法完全解释创新产生的原因。企业的创新是一个持续演进的过程，这个过程不仅受到制度规范与社会惯例的约束，同时也受到组织、部门、团队和个人之间交往互动的影响（Grabher & Stark，1997）。创新需要有好的创意，但创意并非自发产生，而是需要对大脑中的知识和信息有意无意地进行归类、汇总、匹配和合并。此外，有意识地进行人际交往会促进这类活动，米哈里和基斯（Mihaly & Keith，1995）的研究显示，那些具有创新精神的个体一致认为与他人的沟通交流对于技术创新必不可少。因为创新思想的产生、发展和扩散是嵌入于一定的社会情境之中，并受社会情境的影响，个体的社会化和群体化过程的特点与创新密切相关。鉴于此，罗杰斯（Rogers，1995）指出，创新的传播是一种社会过程。任何一种新观念、新技术以及新的管理经验都是通过一组关系来进行传播，关系是信息、知识等资源传递或流动的渠道。克洛斯等（Cross et al.，2002）也认为，如今我们已经进入一个分工越来越细、知识密度越来越高的社会，没有任何人能够独立、迅速地解决日趋复杂的问题。在组织中有许多信息和知识往往是在人们的交往互动中产生的（McElroy，2002）。因此，通过考察团队及其成员在特定的关系网络中所处的位置以及该网络的结构特征，可以使创新的研究更加深入，并具有更开阔的视角。本书正是从研发团队内外部非正式网络结构特征的角度来阐释其对产品创新绩效的影响，因此与从团队及其成员个体属性出发进行的研究有着明显区别。

三、研究意义

本书采用社会网络分析的方法来发现和描述企业内部研发团队的关系网

络特征，并将其作为影响产品创新绩效的因素，探讨企业研发团队的非正式网络对产品创新绩效的影响。因此本书研究问题有二：

一是企业内部研发团队非正式网络的结构特征是什么？

二是研发团队的非正式网络结构特征对产品创新绩效有什么影响？

（一）理论价值

目前国外研究中，已经将社会网络分析应用在个人、团队、企业等层次，而国内有关社会网络的相关研究集中在宏观的组织间网络、网络型组织上，将社会网络用于团队层次的研究相对较少。表 1.1 对 21 世纪前几年的国内社会网络理论的相关研究做了简单的归纳整理。

表 1.1　国内社会网络理论的相关研究

研究者	研究主题	网络变量	研究结论	研究层次
周丽芳（2002）	比较华人社会中的"关系"概念与西方的"社会网络"观点		①"关系"较容易产生道德上的争议 ②"关系"研究常聚焦于工具性利益与义务性情感，而较少有真实情感或情绪层面 ③"关系"的效能研究未有一致结论	个人
薛靖、任子平（2006）	个人外部关系资源与创新行为的关系	网络中心性，创新行为	①外部关系资源会影响个人创新行为 ②个人外部关系资源会影响网络中心性 ③网络中心性会影响个人创新行为	个人
罗家德、叶冠伶、辉伟升（2003）	从社会网络观点探讨组织的知识管理	次群体、弱联结、群体密度、网络中心性和组织黏性	①有洞有桥的团队适合知识的分享与管理 ②组织黏性对知识分享与管理的影响不显著	团队
卓秀足、陈沁怡、杨仁寿（2005）	社会网络密度和群体中心性对团队效能的影响	密度、中心性、团队效能	①社会网络密度与群体中心性会影响团队心情、成员的团队向心力、成员对团队能力的信心，以及团队绩效表现 ②安全的学习氛围是团队学习的成功关键因素之一	团队

（续表）

研究者	研究主题	网络变量	研究结论	研究层次
黄鸿钧、施信佑（2006）	研发团队运作之网络性探索	网络规模、网络有效规模、网络冗余规模	①研发团队的整体运作形态，会反映出其团队所面临外部竞争态势，面临市场竞争态势越激烈，其团队之内部运作形态越趋于网络化 ②团队内管理科层结构间的平均人际冗余度差异越小者，知识扩散越迅速	团队
罗家德、张绅震（2002）	比较信息化组织与科层组织中，个人在各类型网络的位置是否会对其社会资本（信任）产生影响	社会资本（信息）、咨询网络、情感网络、信任网络、中心性、中介性	信息化组织与科层组织形成社会资本的因素有所差异	组织
池仁勇（2005）	区域中小企业创新网络的基本形式、网络结构属性、形成机理和特征	密度、中心结点、网络分区	①浙江省中小企业创新网络根植于城镇，因此，城镇建设、中心城市的发展对创新网络的发展和企业集群发展起到非常重要的作用 ②专业市场是浙江区域中小企业创新网络的中心结点，提升专业市场的规格是发展创新网络的重要环节	企业
范黎波、张中元（2006）	企业网络中知识资源治理	企业生产函数、知识学习能力积累，企业技术、企业存量资源	在网络学习的策略选择上，成员企业的最优选择是主动地对网络的知识学习能力积累做出持续性贡献，才能使自己的学习能力积累收益最大化。成员企业的收益最大化需要以网络的学习能力积累为前提，即必须从促进整个网络价值增加的角度选择自己的学习策略	企业
池仁勇（2007）	区域中小企业创新网络基本框架，以及网络结点的关系链形式	结点联结强度、企业创新绩效	网络结点联结强度对中小企业销售增长、利润增长、新产品开发都有显著的正影响。但是，中小企业与不同结点联系对创新绩效的影响存在差异。其中，与科研机构联系最为重要。在中小企业创新网络的效率研究中，IT、建筑、医药、纺织服装等行业的中小企业创新网络效率相对较高	企业

表 1.1 中可以看出，从研发团队内外部非正式网络结构特点出发，探讨其对产品创新绩效的影响，这类实证研究比较缺乏。本书以面向中国企业的问卷调查所获数据为基础，进行了较为系统的定量研究，其意义体现在以下

三方面。

1. 虽然产品创新方面的研究成果较多，但本书结合了社会学中的社会网络理论来对产品创新绩效进行分析，属于交叉学科的研究，在研究视角方面有新意。

2. 产品创新在实践中的价值已经被人们广泛认可，但这方面的研究成果以西方学者居多，而本书在中国情境中探讨研发团队的非正式网络对产品创新绩效的影响，这在理论上是一个重要的补充。

3. 在研究方法上，本书所使用的整体网络研究方法一方面将深化企业技术创新的研究，另一方面可以揭示通常的社会资本研究难以发现的网络结构特征及其影响效应。这对于中国企业员工行为的研究、组织认知、战略管理等领域的研究也具有借鉴意义。

（二）实践意义

1. 本书对于研发团队在产品创新过程中如何有意识地运用非正式网络，获得所需的信息、知识等资源将具有指导意义。产品创新的过程理论表明，创新思想的产生不是一蹴而就的，而是贯穿在整个创新过程中个体之间的交往互动里，这必然需要将社会过程与技术过程有机结合起来，以提高创新的成效。

2. 通过本书，企业可以了解到研发团队非正式网络的结构特点及其对产品创新绩效的影响，从而恰当地鼓励技术人员发展社会化交往技能，使员工间的非正式网络有利于产品创新。

3. 企业在人力资源的选、用、育、留等环节不能只考虑员工的个体属性，还要规划员工之间的人际关系，使研发人员在交往互动中能够促进团队内外的信息、知识等资源的流动，进而提升团队产品创新绩效。在培养经理人时，应该使其意识到企业中存在的各种非正式网络，并善于引导、运用非正式网络，提高企业创新绩效。

四、基本概念界定

包括产品创新、团队与研发团队、网络与非正式网络的概念界定。

(一)产品创新

本书将产品创新定义为企业通过各种方式开发满足顾客需求的全新型产品或服务,这些新产品或服务和企业原有产品有着显著的差别(Utterback & Abernathy,1975)。

(二)团队与研发团队

本书将"团队"定义为介于部门和个人之间的一种组织形态,将"研发团队"定义为基于研发项目而由研发人员组成的正式群体。研发人员在正式的工作关系之外,通过人际间的交往互动,在研发团队内外进行情感交流及提供咨询建议,这就产生了正式关系以外的非正式关系。

(三)网络与非正式网络

网络的概念起源于20世纪六七十年代,八九十年代网络与结网的概念开始流行,被广泛地应用在地理学、社会学等学科中。21世纪,网络被定义为是事物以及事物之间建立的某种关系。所谓事物,不仅包括自然界中的离散物质,也包括具有一定象征意义的某种符号(刘军,2004)。

本书将"非正式网络"定义为由个体的社会或人际关系构成的网络。它虽然在正式的组织结构图中看不出来,但几乎在所有的组织中都客观存在(Krackhardt & Hanson,1993)。非正式网络的存在以个体间的人际关系为载体,其发展以信任关系和道德约束作为保障。

正式组织的存在并不能完全取代企业中的人际关系。换言之,正式组织并不能将组织中的一切因素结构化,比如员工的情感、兴趣、爱好等,以及在此基础上产生的人际交往。克来克哈特和汉森(Krackhardt & Hanson,1993)将非正式网络分为情感网络、情报网络、咨询网络。本书的主题是研发团队内外部非正式网络结构对产品创新绩效的影响，因而离不开对研发团队内外部咨询状况的考察，但正如学者们指出的，如果个体之间没有一定的情感，咨询关系未必会发生，产品创新绩效也不一定会好。据此，本书将同时考察研发团队内外部的情感网络和咨询网络，探讨这两类非正式网络结构特征对团队产品创新绩效的影响。

五、研究目标

根据上述研究内容，本书的研究目标是：在管理学和社会学的相关文献系统回顾基础上，运用社会网络分析、多元回归分析方法研究团队内外部的非正式网络的结构特征对产品创新绩效的影响。

六、研究方法与技术路线

（一）研究方法

本书采用文献综述、案例研究、问卷法、社会网络分析、多元回归分析等进行分析。

1. 文献综述。通过文献检索、阅读和述评，深入了解国内外关于非正式网络与产品创新的研究现状，以此为基础，形成具体的研究思路、研究假设和概念模型。

2. 案例研究。选择样本企业研发部门研发人员进行访谈，就研发团队非正式网络对产品创新的作用进行定性分析。

3. 问卷法。通过问卷调查方法，收集研发团队内外部非正式网络、研发团队和产品创新绩效方面的数据，以便进行统计分析和网络分析。

4. 分析法。运用社会网络分析软件 UCINET 6.0 for Windows 和统计分析软件 SPSS 13.0 对问卷调查所获取的数据进行分析，在获得研发团队实际关系模式的基础上，运用多元回归分析研发团队内外部非正式网络的结构变量对团队产品创新绩效的影响，以验证概念模型与研究假设是否成立。

（二）研究技术路线

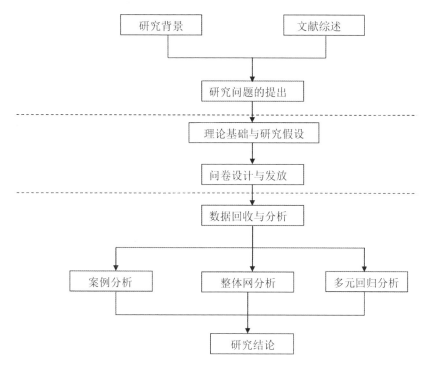

图 1.1 研究技术路线图

（三）研究框架

本书共分为九个部分。

第一章引言，主要介绍研究背景，并提出研究问题，确立研究视角，说明本书的理论价值与实践意义，明确关键概念，阐述研究目标、方法及创新点。

第二章在对国内外文献进行研究的基础上，系统回顾研发团队非正式网络对产品创新绩效的影响，总结现有研究的重要发现以及理论和研究方法中存在的不足，明确本书的切入点。

第三章介绍社会网络理论的起源与发展、本质，社会网络分析方法的基本概念、特点、原则及命题、局限性等内容，为开展实证研究奠定基础。

第四章根据理论基础，构建概念模型，提出研究假设，并就模型进行深入探讨和分析论证。

第五章研究设计，包括研究对象选择和分析方法介绍，进行访谈研究，根据访谈资料、企业档案资料和现有理论进行问卷设计，并向企业的所有研发团队发放回收问卷。

第六章挑选典型研发团队进行案例研究，对团队内外部非正式网络结构进行深入剖析，探讨其对产品创新绩效的影响。

第七章运用社会网络分析软件 UCINET 6.0 进行子群分析和 QAP 分析，探讨整体网络的结构特征，验证咨询和情感网络相关性。

第八章运用多元回归分析法，对问卷调查所获数据和研究假设进行实证检验，并将检验结果与预期假设、已有的研究结论进行比较、分析和讨论。

第九章对本书进行总结，归纳主要结论、创新点，提出未来的研究方向。

七、难点与创新点

（一）难点

1. 本书需要收集企业研发部门的整体网络资料，即要征得所有研发人员同意并填写问卷，否则无法得到全网络的数据，因此要获得调研企业有关部门领导的全力支持。

2. 问卷不能匿名，必须填写实名或职工编号，由此增加了应答者的顾虑，收集问卷难度较大。

3. 收集整体网络的矩阵资料需要花费大量时间、精力，网络结构特征分析的工作量也相当大。

（二）创新点

将社会网络理论运用于团队的研究，这种交叉学科的视角在国外虽已比较流行，但国内的研究较少。在梳理和继承现有研究成果的基础上，本书的创新点主要在于：

1. 以中国企业为样本，对研发团队内外部的非正式网络进行描述与实证分析。研究结论不仅可以为非正式网络的测量及研究提供方法上的参考，而且对我国企业的管理实践具有借鉴意义。

2. 在研发团队非正式网络的密度对产品创新绩效的分析中，本书发现了咨询网络密度与产品创新绩效呈现倒"U"型关系。也就是说，在研发团队内部，成员之间咨询关系过多或过少都不利于产品创新。当情感网络密度介于 0.3—0.6667 时，二者呈正相关，说明研发人员之间适度交流情感，有利于产品创新。

3. 在网络中心性与产品创新绩效的关系中，本书发现点出中心性与产品创新绩效正相关，点入中心性则与产品创新绩效呈负相关。

4. 虽然研究咨询网络和情感网络的文献较多，但并没有对两类网络相关性进行检验。本书运用 QAP 分析对两类网络相关性进行了实证检验，发现在 $p < 0.01$ 的水平上，二者显著相关，相关系数达 0.261。

本章小结

本章阐述了在经济全球化的背景下产品创新对企业生存和发展的重要性，并在现有研究概览中，提出了本书研究问题，介绍了研究视角和方法，界定了本研究所涉及的基本概念，为下文展开深入研究奠定基础。

第二章　理论基础

本章分别对创新研究、团队理论、非正式网络的相关文献进行梳理，然后综述研发团队非正式网络与产品创新关系的相关研究成果，明确本书的切入点和理论支撑点。

第一节　创新的相关研究

一、经济学的视角

创新（Innovation）的概念首先由美国经济学家熊彼特在其 1912 年出版的著作《经济发展理论：对于利润、资本、信贷、利息和经济周期的考察》中提出。熊彼特认为，创新是指"将企业生产所需的要素和条件，以一种前所未有的新'组合'方式"与企业生产系统相结合，从而获取"超额利润的过程"。创新的概念又可以进一步细分为下列 5 种情况：①研发生产某种新型产品——也就是顾客不熟悉或不知道的产品，或使某种产品增加新的特性；②开发某种新式的生产方法或工艺，这些生产方法或工艺在生产制造型企业中没有被采用过；③开拓新的市场，也就是有关国家的生产制造企业没有进入过的市场，而无论该市场是否曾经存在过；④获取或者控制企业生产所需原材料、半成品的某种新的供应来源，不考虑这种新的供应来源是首次开发出来的，还是早已存在的；⑤构建工业的某种新型组织形式，例如形成某种垄断地位（如托拉斯化），或者分解某种垄断地位（熊彼特，1990）。根据熊彼特关于"创新"的定义，可以看出创新的内涵比较广泛，包括新产品，新生产方法或工艺，新市场的开拓，原材料、半成品的新供应来源，这些基本涵盖了企业生产经营的主要领域，为创新领域的相关工作奠定了理论基础。

二、管理学的视角

管理学家彼得·德鲁克（2000）指出："创新是一项能够组织起来，而且需要精心组织、系统规划的工作，是一项以知识不断积累和创造为基础的实践，是一项使生产相关资源转变为新的创造价值能力的行为。"德鲁克认为创新并非是企业原有产品和服务的改进，而是使产品和服务能够提供与以前明显不同的满足感，并使企业更富有活力的创造性工作。同时，德鲁克总结了7个创新的来源：①意外的事件——意外取得的成功、意外导致的失败或者意外发生的外部事件；②不一致的事件——企业实践与假设、设想或推论出现的不一致；③基于程序、流程或惯例所产生的创新；④人们都没有发现或都未注意的国家工业结构或者市场结构发生的变化；⑤国家或地区人口统计数据（即人口年龄、性别等属性）发生的变化；⑥人们的理解和认知、观念和情绪等方面发生的变化；⑦新知识、新技术和新方法，包括科学和非科学的。

韦斯特和法尔（West & Farr，1990）将创新定义为："企业将一种新生产要素应用于社会单元之中，从而可以提升、改善该单元的整体或某些部分，也可能是社会整体。该生产元素未必全部是新的或者对社会单元的所有部分是全新的，但是它一定要能够产生一些显著的变化或者是对目前状态产生作用。"目前在企业间竞争日趋激烈的情况下，学者们用多种方式对创新进行阐述、解释，以便于加深理解和开展研究工作（O'Hare，1988）。例如，将企业的创新视为：对思想、实践和产品革新方面的沟通（Spence，1994）；按照思想观念、新产品开发进行的工作（Rosenfeld & Servo，1990）；竞争优势的重要来源之一（Tushman et al.，1997）。从本质上看，创新是企业在市场或社会环境中有意识、系统地进行创造和变革。创新会使企业在市场中脱颖而出并走向成功，而墨守成规、故步自封将导致企业效益不断下降，甚至走向失败（Daft，1982）。总之，创新是在组织中关于员工、流程或产品方面新颖、新奇且富有创造力的思想和做法。

三、社会学的视角

20 世纪 90 年代末期以来，学者们将创新视为一种广泛的社会化过程。例如，戴尔和辛格（Dyer & Singh，1998）认为，当企业之间的关系超越市场关系，形成更加紧密、稳定和持久的社会关系时，企业才能获得竞争优势。企业所建立的社会关系可能通过知识交换以及合作研发产品等方式促进创新。社会资本和社会网络理论又提供了研究创新的新视角。从社会网络的视角来看，企业的创新过程是由诸多不同的行动者、企业和机构所构成的一种交流、互动过程。企业或个人采用网络化的方式合作开展创新，这与以往个人或单个企业以"单打独斗"方式独自进行创新的模式大相径庭，为创新工作开辟了新模式（Pittaway et al.，2004）。

在产品创新的定义方面，学者们并没有达成一致意见。例如，厄特巴克和艾伯纳西（Utterback & Abernathy，1975）认为创新是企业通过各种方式开发满足顾客需求的全新型产品或服务，这些新产品或新服务与企业原有产品和服务有着显著的差别。尼克森（Nixon，1998）认为企业的产品创新并非一蹴而就，而是需要企业在研发和生产过程中长期探索，并需要科学而有效的管理和控制。丹尼尔斯（Danneels，2000）对学者们的研究成果进行了总结归纳，提出产品创新是企业为了更好地满足顾客和市场的需求变化而对产品或服务进行的创造性改革或改进。乌尔里希（Ulrich，2011）认为产品创新是企业在研发新产品或服务时进行的艺术创造，可以增强企业的竞争优势。王燕萍等（Wang et al.，2022）指出产品创新是研究开发全新的或者明显提升、优化产品和服务及相关功能。综合上述学者的观点，本书采用厄特巴克和艾伯纳西关于产品创新的定义。自 20 世纪 60 年代开始，学者们将新产品开发方面的实证研究重点放在其开发成功与失败的影响因素上，较少从产品开发周期、开发效率等方面开展研究。

虽然学者们从不同角度对创新进行定义、解释和研究，但产品创新有以下几个共同的特征：第一，创新并非凭空产生和发展，而是需要人们在社会和企业的情境中产生；第二，企业开展产品创新需要承担风险，既有产品研发失败的风险，也有市场风险；第三，产品创新会创造出新事物并被市场接受（Van De Ven，1986）；第四，企业的员工在产品创新过程中，需要建立良好的社会关系，并不断在企业内外部进行信息和思想的交流、互动。

第二节 团队的相关研究

20 世纪 90 年代起，越来越多的企业采用团队的形式展开工作，并且取得了显著的效果。例如，以团队为基础的组织、水平组织、虚拟组织以及网络组织，都需要半自发的、通常是自我管理的团队作为组织基本单位。美国的苹果公司、波音公司、惠普（HP）公司等世界一流企业都将团队作为完成工作任务的主要形式。事实表明，如果某种工作任务的完成需要多种技能、经验，那么团队要比个人完成工作的绩效高。在多变的环境中，团队形式比传统的层级制结构更灵活，反应更迅速。团队是企业提高运行效率的可行方式，有助于企业更好地利用员工的才能。正如德鲁克（1998）所言，许多企业是将团队作为基本单位。这主要是由于环境的快速变化、企业遇到的问题越来越复杂，企业不可能仅依赖单个员工就可以完成任务。相反，企业需要通过团队的形式，融合、运用所有员工的能力和知识，以提高竞争力和抓住发展契机。

一、团队概述

传统的层级制组织是金字塔型结构。这种结构暗示着一种明确的等级意识与集权的科层体制，管理层次分明，遵循统一指挥的原则。这种组织形式强调效率和稳定，运用专业化的分工，职责明确，适合于市场行情稳定，顾客需求变化较少的环境。

20世纪80年代以来，企业的竞争环境复杂多变，层级制结构的弱点逐渐暴露出来：组织功能导向的设计将组织按功能进行专业化分工，造成企业内部的部门、员工只关注自己的本职工作，不会对部门之间、人与人之间的一系列交往互动产生的结果有责任感，从而产生了"学习智障"（圣吉，1995）。

为适应顾客日益多样的需求，越来越多的企业运用团队来完成工作，团队机动、灵活，能够适应多变的市场和顾客需求，因此，团队相关领域的研究引起许多学者的兴趣。罗宾斯（1997）将团队定义为：为了实现目标而由彼此之间相互配合、协作的个体所组建的、具有明确行为规范的正式群体。团队与群体的概念并不相同，所有的团队都是群体，而在群体的概念中只有正式群体才能称之为团队。正式群体中又可分为命令群体、交叉职能团队、自我管理团队和任务小组。卡曾巴赫和史密斯（Katzenbach & Smith，1993）在《团队的智慧》一书中，将团队定义为：团队是由少数具有互补技术、愿意为了共同的团队目标、业绩目标和方法而相互承担责任的人们所组建的群体。他们认为，真正的团队是能够高度信任团队目的、目标和工作方法的。高绩效团队的成员彼此之间非常信任，双方都认同团队的智慧源于对集体工作方法、技术、个人发展和绩效的关注。施克（Shonk，1982）指出，团队成员至少两人以上，成员之间通过相互协作、优势互补以实现共同的团队目标。而杰苏皮（Jessup，1992）则认为，团队不能仅关注团队目标的达成，更要关注团队成员之间相互依赖、相互协作、相互承诺的关系。拉姆斯登，G. 和拉姆斯登，D.（2001）认为，团队由一组具有不同特点的人所组成；团队成员共同担任领导职能；团队特征必须与众不同且优势明显；团队成员之间优势互补、相互协作；团队成员高度认同团队目标，且为实现该目标而共同努力；团队与其他群体、与企业外系统保持密切联系。

虽然学者们的观点不同，但归纳起来可以发现，团队至少要符合以下四个条件：第一，团队的成员两人以上；第二，团队至少有一个目标，换句话说，团队是因为实现共同目标而存在；第三，成员必须互相依赖、协调配合才能实现团队目标；第四，团队成员必须有贡献的意愿，也就是说，团队成员必须愿意为实现目标而努力。

除了以上四点，若干学者还从团队成员间专业互补的角度提出他们的看法，认为团队成员因为拥有不同的专业技能和背景，必须通过相互的协调与帮助，才能实现团队的目标。奎克（Quick，1992）认为团队最显著的特征是，成员将完成团队目标列为最优先事项，且均有其专业的技术，彼此互相帮助，同时也能与其他成员沟通。斯维泽和萨拉斯（Swezey & Salas，1992）对团队的定义则为，可区别的两个或更多的人，每个成员都拥有专业技术与能力，为了实现相同且重要的目标或任务，而进行动态、相互依赖、适应性的交往，且每一个人都负责扮演特殊的角色或发挥特殊的功能。

从绩效角度来看，部分学者认为团队成员需共同为工作的成败负责，或是以团队的整体表现来决定成员的报酬与绩效。莫曼等（Mohrman et al.，1995）将团队视为由一群一起工作的个人所组成，团队成员相互依赖，分享共同目标，通过彼此间的互动及整合以完成工作，提供技术或服务，共同为工作的成败负责。哈克曼（Hackman，1990）也认为，团队内的成员能够认同共同的目标，且拥有决定工作如何完成、工作适当安排以及任务分派等决策的权限，并以团队的整体表现来决定报酬与绩效等。

另外，科恩和贝利（Cohen & Bailey，1997）则从较广义的角度，为团队做出如下定义：团队是指工作上相互依赖，共同为工作成员分担责任，并在一个或一个以上较大的社会体系里（如事业单位或公司），将自己同时也被他人看作是一个完整社会个体的一群人的组合。

本书将团队定义为一种介于部门和个人之间的一种组织形态。其重要特点是具有明确的目标，成员数量较少，且一旦目标完成，有可能团队就解散，组织形式灵活机动。团队成员之间相互了解、相互信任。如果只是将一群人机械地拼凑在一起，他们并不能称为一个团队，而只能称为一个群体。与企业内的部门相比，团队在人数上要少得多。一般在团队中，人数为 4—15 人，而在部门里，最多可达上千人。团队与部门最大的区别在于，团队成员之间依赖性较强，而且在技术方面互补（Levi，2001）。与企业部门的成员相比，团队成员具有较强的专业技能，各自的任务之间相辅相成，并且以完成团队目标作为自己的最高目标。因此，团队成员之间更需要合作，包括频繁沟通、协调、学习和彼此知识共享（Fisher et al.，1997）。

基于以上定义，可以归纳出团队应包含的关键要素：①团队成员在两人以上；②团队成员彼此依赖，并且只有相互协调、合作才能实现共同目标；③团队的主要任务是实现共同目标；④团队成员共同承担团队的成败责任；⑤团队成员有贡献的意愿，即愿意为了实现共同目标而付出努力。

在团队生产过程中，其发展历程可划分为三个阶段。

第一阶段：在泰勒的科学管理方式和亨利·福特装配流水线式的生产观念中，关注增强个人技能，团队由一群具有相同技术的工人组成，团队成员共同完成所处部门的工作目标，其作用是指导和协调该业务范围内的技术相关工作。

第二阶段：开始将具有不同专业技术或技能的员工组建到团队之中，类似工具箱的概念。工具箱中每一件工具的用途各不相同，不同工具搭配可完成复杂的、有一定难度的工作。这种团队或专家组在企业发展过程中发挥了重要作用。

第三阶段：基于戴明与朱兰等的全面质量管理理论，团队概念与客户的需求相结合，强调团队目标要以顾客为重心，组建团队时不仅要跨部门、事业部，还要根据顾客需求的变化而变化。

随着团队理论的不断发展，企业管理的基本单元由过去的个人、部门和事业部转变为团队，许多世界一流企业组建了以客户为中心、以作业活动为基础、以业务流程为重心、以自主管理为准则、以成果共享为动力的团队生产组织方式。团队的生产组织方式不但适应了客户的需求，而且充分调动了团队成员的工作积极性、主动性和热情。团队的生产组织方式要求每个成员既要具备共同的基本技能、共同的团队目标、强烈的进取心与合作意识，又要具备较强的决策能力和协调能力，进而显著提高企业生产运营的灵活性，降低企业的脆弱性，减少企业对个别专业人才的依赖性（麦卡锡，2000）。

团队理论是建立在如下假设基础之上：一个人不可能擅长各个方面的专业知识；一些有相关知识、技术互补的成员聚集在一起可以共同解决问题，这种问题往往是一个人解决不了的。许多企业不断寻求恰当的组织结构，以更好适应变化的环境。在这样的环境中，团队自然受到更多企业的重视。学者们对团队理论开展了大量研究，并取得丰硕成果。研究成果表明：团队在提高企业运营效率、响应顾客需求等方面发挥了显著作用。企业管理者发现，团队比传统的部门、事业部等比较稳定的机构更灵活、反应更敏捷（詹振波，2005）；越来越多的企业发现，采用以团队为基础的工作方式，不但提高了产能与利润，而且也提高了公司产品的销量、扩大了市场份额。公共事业部门的报告称，采用团队的工作方式时，更加有利于完成任务，工作效率更高，员工与客户交流互动更紧密，工作内容比较丰富，工作中遇到难题和困惑时能及时得到团队成员的帮助和支持。这些报告充分表明：团队的工作方式提高了团队成员的合作意向和敬业精神，降低了人员流动和内耗（海斯，2002）。高效的团队可以显著提高企业的运营效率、产品质量、员工满意度，以及客户满意度，诚如德诺伦（转引自 McDonough，2000）所言，企业采用团队的工作方式，既可能是为了适应快速变化的市场环境，也可能是为了模仿成功的竞争对手，但无论如何，团队在企业持续发展的重要作用已经得到企业的普遍认可。

在企业的创新过程中，往往会采取研发团队的形式，将个体的知识、技能汇集起来，进行产品创新。团队已经成为许多企业的基本工作单位，团队中的成员可以在经验和知识方面互补（Celia & Jaime，2003）。由研发人员构成的研发团队对企业获得持续竞争优势起着重要作用。

研发团队可以是项目小组、技术团队或开发模块等，在这种正式群体内部，研发人员之间紧密协作，共享知识，共同提高团队的创新能力和绩效（疏礼兵，2006）。由于不同企业组织结构的差异性，研发团队的范围也存在较大差异。如按照项目小组形式运作的企业研发部门，每一个项目小组事实上就是一个研发团队；大企业或知识密集型服务业由于产品与流程的复杂性，在实际运作中往往需要分解为不同的模块，那么每一个模块也可以看作是一个研发团队；对于大多数企业来说，每一个新产品研发项目就是一个研发团队。总之，本书的研发团队就是基于研发项目而由研发人员组成的正式群体，在这个正式群体内部，成员之间联结紧密，共享知识和信息，共同提高团队的整体创新能力和企业整体绩效。

二、团队绩效的研究文献评述

在与团队有关的文献中，团队绩效是关注的热点之一，对于团队绩效的概念，学者们的观点归纳起来主要有以下几种（见表 2.1）。

表 2.1　团队绩效的内涵

学者	内涵
赫格尔和格穆登（Hoegl & Gemuenden，2001）	团队绩效指团队满足既定质量、成本、时间等目标的能力
纳德勒（Nadler，1996）	团队绩效主要包括三个方面：①团队对组织既定目标的达成情况；②团队成员的满意度；③团队成员继续协作的能力
科恩和贝利（Cohen & Bailey，1997）	团队绩效是指团队成员为达到集体目标而共同努力的过程及成果，包括生产力、决策，服务的质量等，它可以用其输出的产品或服务加以衡量
唐纳德（Donald，1998）	从逻辑上讲，团队绩效包括两个方面，即短期绩效（团队成本、时间和团队目标）和长期绩效（团队内部成长和成熟程度）
哈克曼（Hackman，1990）	团队绩效是指团队实现预定目标的实际结果。主要包括三个方面：①团队的产量（数量、质量、速度、顾客满意度等）；②团队对其成员的影响（结果）；③提高团队工作能力，以便将来更有效地工作
徐芳（2003）	团队绩效包括三个方面，即团队的工作成果（质量、数量、时间、成本和客户满意度等）、团队成员的绩效及未来团队工作的改进

（续表）

学者	内涵
黎琦、黎志成（2004）	团队绩效指团队为实现共同目标而开展的各项工作及其结果，包括三个方面：①团队绩效，包括工作数量、质量、速度、成本等方面；②团队对其成员的影响，即成员的工作绩效；③团队未来工作方式和能力的改进
卢向南、黄存权（2004）	团队绩效是指团队的运行状态（如团队成员工作能力、沟通和决策情况、成员的工作状态等）、项目成果及其影响、团队成员成长状况（成员的成就感、满意度及对团队归属感的培养）等多种因素的综合体

团队绩效的衡量分为客观的绩效指标和主观的绩效指标两大类（Salas et al., 1999），客观的绩效指标是采用客观的数据或直接衡量一些可数量化的行为，例如销售量、生产量；主观的绩效指标则是主观的判断，可通过团队成员或团队领导来进行评定，评定的项目可以是绩效结果、团队效率、团队成长评比等。

团队理论的研究目的是识别出能够预测团队绩效的变量。影响团队绩效的因素很多，学者们对其进行了归纳总结。例如，勒温（Lewin, 1948）在其提出的群体行为动力学理论中指出，影响和制约群体行为的因素主要有群体目标、群体规范、群体凝聚力、群体气氛、群体结构、群体有效沟通、群体人际关系、群体领导行为。辛普森（Simpson, 1994）认为影响团队绩效的主要因素有三类，即团队的构成、团队管理方式及企业其他部门的运营等、团队工作过程和技巧。在构成因素方面，学者们特别关注由多种专业人员构成的团队。查特曼和弗莱恩（Chatman & Flynn, 2001）主要研究多种专业背景如何影响团队的工作，包括团队的协作、创造力、凝聚力和决策等方面。顾祖和狄克森（Guzzo & Dickson, 1996）的研究中关注的变量有团队构成、凝聚度、规模、领导力、动机和团队目标。琼斯和哈里森（Jones & Harrison, 1996）通过研究发现，团队的凝聚力（Cohesion）、任务的重要性或优先次序（Task Prority）、使用者的代表性和团队成员的参与程度对研发团队的绩效有着重要的影响。张小林等（1997）指出团队绩效影响因素主要包括团队成员的能力、性格，团队规模、凝聚力，目标，团队内的关系、冲突，决策等。王重鸣（2000）认为影响团队绩效的因素主要包括团队结构因素和团队过程因素。其中，团队结构因素包括团队构成的多样性、团队的规模、团队角色的组合，团队过程因素主要包括团队氛围、团队学习和自我管理、团队管理动因、团队绩效评价四个因素。

另外，许多学者认为团队所处的环境和拥有的资源将影响团队绩效，主要研究成果如下。

哈克曼（Hackman，1983）认为组织的系统因素和团队工作机制会影响团队成员的交流互动，进而又会影响团队绩效。基于上述假设，哈克曼强调组织因素对团队绩效会产生重要的影响，并指出组织必须建立完善的奖励体系、教育体系和信息系统，以协助团队完成任务。在团队互动中，成员投入的精力多少、成员是否具备相应的技术、成员是否采取恰当的策略是决定团队能否成功的三项过程性关键因素。

格拉斯登（Gladstein，1984）将团队的构成与组织情境作为外生变量，团队的构成会影响团队过程，如执行任务所需要的技能、团队异质性可能影响团队的结构和程序。团队结构对绩效的影响有两种途径：一是直接影响团队绩效，如团队任务明确程度；二是通过团队运作间接影响，如团队目标较清晰则有利于公开沟通，进而促进团队绩效。在此模型基础之上，萨拉斯等（Salas et al.，1992）又做了进一步完善，并认为：①团队互动过程对团队绩效有重要作用，指出沟通、协调与团队合作是影响团队互动过程成功的关键因素；②强调团队训练过程的重要性，认为只有通过训练学习的过程，才能使团队成员熟悉团队运作过程，提高团队绩效；③个人特点、任务特点、团队特点、工作特点会彼此交互影响，并影响团队的互动过程；④强调组织网络和环境因素的重要性。

学者们关注的问题还包括团队成员的异质性及熟悉程度对团队绩效的影响。例如，坎特（Kanter，1989）研究了团队内部成员的异质性与团队绩效之间的关系，发现团队成员的异质性与团队的创造力和决策具有较高相关性。施拉（Sheila，2001）在研究中，将工作多样性分为两种：与工作高度相关和与工作低度相关。其中工作相关度是指工作多样性中所包括的、与工作内容有关的经验、技术和观点的程度，它用于探讨工作多样性能否提高工作中的知识、技术和能力，进而提高团队绩效。施拉的研究发现工作多样性与团队绩效无关。巴诺等（Baron et al.，1986）认为团队成员间的熟悉程度越高、有较好的友谊并不越利于团队绩效，主要原因在于团队的工作重点转向建立良好人际关系，而不是团队目标，甚至可能导致群体盲思的后果。而其他学者的研究发现，团队成员越熟悉越有利于提高绩效。例如，哈里森等（Harrison et al.，2003）以工作开始时团队成员是否熟悉为标准，分成两组团队进行对比研究，发现在工作开始时团队成员就非常熟悉，比在工作开始时团队成员不熟悉的团队在工作效率、质量上表现更出色；然而随着团队成员共同开展工作的时间越长，那些开始时不熟悉的团队，通过在工作中频繁的沟通和交流，团队的工作效率和质量会逐渐提高。

学者们在研究团队凝聚力时，最终的研究结果也并不一致。史密斯等（Smith et al.，1994）以中小型的高科技企业为案例开展研究，发现企业高层管理团队的凝聚力与企业财务绩效之间呈正相关。顾诺（Guzzo et al.，1996）在其研究综述中提到，过去的学术成果中关于团队凝聚力是否会提高团队绩效，学者们的研究结论并不一致。

同时，团队成员具有的知识、技术和能力（Knowledge、Technology、Abilities，简称 KTAs）也会对团队绩效产生影响（Smith et al.，1994）。虽然可以直接测量知识、技术和能力，但许多研究运用的是代理变量，如年龄、职业经历等。

在国内的研究中，卢向南等（2004）提出了项目团队绩效影响因素模型，该模型对影响项目团队绩效的因素进行了分类，主要包括三种：一是项目团队组成因素，二是项目团队工作过程因素，三是项目团队外部的环境因素。其中，项目团队组成因素主要包括团队领导、团队成员个性、角色平衡、团队规模等，项目团队工作过程因素主要包括团队目标、团队成员间的沟通交流、团队成员间的冲突、成员对团队的承诺、团队对其成员的授权程度、团队人际关系氛围等，项目团队外部环境因素主要包括企业环境、风险、工作时间和地点等。该模型与其他模型的最大区别在于，该模型说明各种影响因素与团队绩效的关系类型。

团队的创新过程往往会带来一系列的变化。布朗和艾森哈特（Brown & Eisenhardt，1995）将新产品开发的研究分为三个流派：理性计划学派、沟通网络学派和制度化问题解决学派。虽然各学派的研究存在重叠和交叉（如所有学派都研究不同的成员、过程和结构如何影响团队绩效），但各学派在新产品开发方面都有其研究重点。理性计划学派研究的关注点是产品财务绩效，沟通网络学派研究的重点是沟通对于绩效的影响，制度化问题解决学派关注产品的效用——研发团队、供应商和领导对研发过程的影响。布朗等认为：①项目团队、领导者、高层管理人员、供应商会影响过程绩效（产品开发的速度与生产力）；②有效率的过程、有效能的产品和市场需求量会影响产品的财务绩效（收入、利润率、市场占有率）。在后者三个因素中，过程绩效来自信息之数量、多元化及解决问题组织与项目所能得到的资源，产品效能绩效来自领导者远见、高层管理人员微控、顾客的投入以形成明确清晰的产品远见信息，这两种绩效最终将影响财务绩效。

在团队层次的产品创新研究中，学者们通常会按照"输入（Input）—过程（Process）—输出（Output）"（简称 I—P—O）模型，将变量进行分类。输入变量指一些影响团队绩效的结构因素，如团队构成、规模、任务类型、组织情境以及团队在外部环境中是否能获得资源等。过程变量在输入和输出两端起中介作用，由团队成员之间的交往互动组成，包括基于任务的和社会的交往互动，通常称为团队研究的"黑箱"，主要变量是成员参与度、创新支持程度、领导力和冲突管理等。团队在工作过程会形成工作氛围，如员工感觉到安全、信任，或威胁、焦虑。输出变量包括创新数量、新颖程度、创新有效性（是否达到预期目标）（West & Hirst，2003）。

迈迪贝尔等（Mendibil et al.，2005）在对已有的团队绩效衡量方法进行评估之后，运用集成方法，遵循"输入—过程—输出"的系统思维，将任务特征、团队特征和组织情境交互作用视为输入变量，通过工作过程的转化，最终输出团队绩效。

　　以往团队研究中，大多只能顾及输入（成员属性、组成等）和输出（团队绩效、创新等）部分，而针对过程（如团队关系互动过程）的部分，则大多只能通过定性的方式（访谈法、观察法）进行资料收集。社会网络理论关注个体间关系结构对团队绩效产生的影响，因此在 I—P—O 模型中，需要将团队成员之间非正式交往互动视为过程变量，在输入和输出变量中起中介作用（Brown et al.，2000）。

　　以上研究都强调了团队成员互动对团队绩效的重要性，通过社会网络分析方法，可以详细描述和分析团队成员间交往互动的情况，按照网络结构的理论方法，关注行动者之间关系的结构，这类结构能将资源传递给个体或团队。从结构主义的视角看，节点间关系的结构可以影响与其他重要个体的关系，这些比较重要的个体通常可以传递团队所需资源，相互帮助、建立信任关系以提高团队绩效（Krackhartdt，1992）。

三、团队创新绩效的研究

　　20 世纪 80 年代末，学者们开始研究新产品开发的绩效与评价等问题。当时，新产品开发的压力主要源于市场对缩短产品生命周期和提高新产品研发效率的要求。为适应市场需求的变化，企业创造了并行工程（Concurrent Engineering，简称 CE）的理论和相关技术方法。克拉克和藤本隆宏（Clark & Takahiro Fujimoto，1991）开展了一项为期 6 年的研究，调研了日本、美国和欧洲 20 家大型汽车公司的 29 项新产品开发项目，探讨企业战略、组织和核心能力对新产品开发周期、开发效率、产品精益度的影响。研究发现，日本的汽车公司只需美国和欧洲汽车公司生产工艺的 1/2 和生产时间的 2/3，就能够研发出质量相同的新产品。他们强调面对市场的细分化、多样化，产品创新必须全面精益化，因此积极推广并行工程的理论和技术方法，在企业中建立和完善项目经理负责制。当时学术界重点研究并行工程，对产品开发、制造过程中信息共享不够重视，布伊扬和汤姆森（Bhuiyan & Thomson，2004）指出，并行工程和企业内部的团队间、部门间、事业部间信息共享程度是新产品开发能否成功的两个关键因素，即企业必须同时关注这两个因素，才能有效提高新产品开发绩效。

关于如何对产品创新进行绩效考核的问题，朱渥等（Driva et al.，2001）认为可分为主观评价和客观评价两种。其中，主观评价可分为三项，即企业管理者的满意度，与竞争对手的比较，与预期的时间、成本和质量的比较。客观评价指标可分为新产品开发的成功率、新产品的销售额占企业总销售额的比例、新产品开发所投入的资金等（如投资收益率）。但是产品的财务指标一般与企业商业秘密有关，因此，这类指标往往难以获得。格瑞芬和佩奇（Griffin & Page，1996）学者指出，很多因素会影响新产品的开发，预测其能否成功很难。单个新产品开发项目的绩效主要由三个指标组成，即满足客户需求、能够获得利润、技术或流程方面高效。

第三节　管理学领域对非正式网络的研究述评

一、非正式网络的相关概念

（一）正式组织

巴纳德（Barnard，1971）在其著作《经理人的职能》中，将正式组织定义为：有意识地对两个或两个以上的人的行为、活动或力量进行指挥、协调或控制的一种系统。西蒙和马奇（2008）认为组织是偏好、信息、利益、观念或知识背景各不相同的个体或群体之间协调或整合彼此行动的系统。布劳和斯格特（2006）给出的定义是：组织是为了实现某些具体的目标而建立的。组织目标、组织成员需要遵守的规章制度以及成员之间工作关系（组织结构图），这些并不是在成员相互社会交往过程中自然出现的，而是根据组织目标精心设计的。依佐尼（Etzioni，1964）给出的定义是：组织是处于社会系统之中的单元（或人类的群体），人们为实现某些目标或意图而进行构建或重构。

上述学者们的定义，共同之处在于指出了组织所体现的以下两个结构特征（斯格特，2001）。

第一，组织是有意图地为实现某些具体目标而构建起来的集合体。这里说的"有意图"，是指组织为实现这些具体的目标，对组织成员行为和相互关系进行协调和规范。目标具体性包括：目标是明确的，能够清晰定义和描述目标，可以规范组织成员的行为和协作关系。

第二，组织是一种呈现高度正式化的集体。组织成员工作中可以有条不紊地开展合作，且工作关系是明确的。正式组织结构体现在：组织用明确的规章制度规范成员工作行为，组织用职位说明书的方式表明职位和职位间的关系，而与组织成员属性和关系无关。

由于组织有明确的目标和正式结构，这就使之有别于其他集合体。需要注意的是组织目标和正式结构是两个变量，即组织会随着这两个变量的变化而相应产生变化。

（二）非正式组织

巴纳德（Barnard，1971）在其著作《经理人的职能》中，对非正式组织的定义是"人与人之间接触、相互作用和聚集的总和"。"尽管在其定义之中并没有共同的或联合的目的，但身处非正式组织之中的人们却会产生共同的或联合的重要后果"。非正式组织是人际关系学派常用的概念，是相对正式组织的，似乎有价值判断的意义在里面，属于管理学中的术语。同时，他认为非正式组织是动态变化的，也没有固定的组织结构和确定的分支机构。可以将其视为没有固定形态和结构、关系的密度不断发生变化的群体。

（三）圈子

罗家德（2017）在其著作《复杂：信息时代的连接、机会与布局》中，对圈子进行了定义：一个人与人形成的相对封闭、小规模的行动群体，群体内部成员可开展强烈、密集的情感和工具方面的交流互动、交换关系。该群体是以个人的自我中心网络为基础建立和发展起来的非正式网络。

（四）网络

20 世纪六七十年代开始出现网络的概念，哈兰德（Harland，1995）在其著作《网络与全球化》中提出，"网络"的概念最初被描述为一种纤维线、金属线或其他类似物连接而成的网状结构。到了 20 世纪八九十年代，网络与结网的概念逐渐流行起来，并被广泛地应用于其他学科领域，如地理学、社会学、数学、组织学和经济学之中，特别是随着计算机和互联网的飞速发展，有些学者进一步提出了"网络经济"的概念。虽然不同的学科领域从不同的角度研究网络，但从本质上讲，网络概念都表现出行动主体之间的某种联系（如图 2.1 所示）。

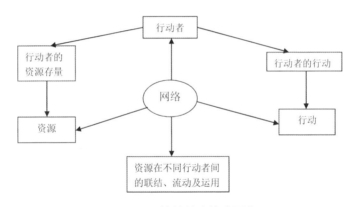

图 2.1　网络的基本构成要素

资料来源：Hakansson，1987

最简单的网络由三种基本要素所构成，即行动者、资源、行动。其中，行动者也称为行动的行为主体，包括个人、团队、部门、企业或者企业集群，从更广义范围而言，还包括政府、社团等组织机构。

（五）非正式网络

在管理学领域，非正式网络经常也被称为非正式组织。而非正式网络是相对于正式组织的结构，是非正式组织结构的形式化，因而和非正式组织结构没有实质性的差别，是社会学领域常用的概念。正式网络是将企业制度化的职位或岗位间关系用网络图的方式进行表达（刘楼和涂成林，2006）。非正式网络是组织内员工之间人际交往过程中自发建立的人际关系（Jansen et al.，2006）。组织内员工之间建立的非正式网络往往由于同事之间的同质性和相互吸引等因素所形成。

二、对非正式网络出现的解释

（一）霍桑实验

对于组织中存在非正式网络（Informal Networks 或 Emergent Networks）的认识可以追溯到 20 世纪 30 年代末。1920—1930 年间，泰勒的科学管理方法运用于各种管理实践后，促进了生产效率的极大提高，但同时也遭到了许多工人的反抗。为找出问题的症结，美国哈佛大学商学院教授梅奥和罗斯利斯伯格（Mayo & Roethlisberger）于 1924 年开始了一项为期 8 年的研究，主要对企业中员工工作和生活进行人类学领域的系列研究，调研的案例企业是芝加哥西方电气公司（Western Electric Company）所属的霍桑工厂，该研究就是著名的"霍桑实验"。实验结果表明，改善管理人员对工人的管理和监督——采用民主的、富有人情味的监督，以及使用泰勒制所采用的物质刺激、严格控制等方式都是有效果的，但前者效果更佳。在进一步的研究中，梅奥总结了这个出人意料的结果（转引自 W·理查德·斯格特《组织理论：理性、自然和开放系统》，2002）："具备了充分的科学实验所需条件，如实验室、控制室等；每一次实验只改变一个变量，其他条件保持不变。但是实验结果令人费解……在实验室增加环境亮度之后，工人们的产量提高了，控制室工人们的产量也提高了。相反，在实验室中降低亮度，将蜡烛从 10 寸减到 3 寸，工人们的产量仍然提高了，同时，控制室亮度不变，工人们的产量也有所提高。"不同的条件会导致同样的结果，研究者们百思不得其解，只得去问工人到底是什么原因。工人们回答是：自己能被选上参加实验，感觉十分自豪，所以他们为取悦研究者和公司而非常努力地工作，因而产量会提高。由此，研究者们发现了"霍桑效应"。

哈佛大学一些团队开展的研究中，如流水线装配组、切割云母实验室、绕线观察室，都质疑了当时所流行的假设员工在工作中只有单一动机的理性模型。企业中的工人并非只是理性的追求经济利益的个体，而是有着诸多动机和价值观的复合体；他们既受到感情、情绪的影响，也受到工作内容、利益的影响；他们并不是单独的、孤立的行动者，而是社会群体的成员，身处群体之中的工人，会表现出强烈的责任心和忠诚感，有时会位于个人利益之上。所以，在绕线观察室中，工人们宁愿按照每天固定的产量——即工人内部群体将每天固定产量作为规范——进行生产，也不愿意提高产量获得更高的工资。而且群体内所建立的非正式等级体系和领导模式对企业管理者所设计的正式组织体系形成了挑战（Roethlisberger & Dickson，1939；Homans，1950）。如果从社会心理学的角度来看，霍桑研究提出了一个更为复杂的人类动机模型，这个模型理论基础是社会心理学，而不是个体的经济利益；从结构主义的角度看，这一研究发现并证明了非正式组织的重要性[①]。

霍桑实验以后，随着人际关系理论的发展，人们不再倾向于从机械论的角度研究组织，并且修正了关于组织中员工是理性的、与管理目标高度一致的假设。梅奥（Mayo，1949）认为，"在每个持续运营的部门，工人——无论他们是否意识到——会形成一种习俗、责任、惯例，甚至是礼节的群体。管理的成败，要视这种群体在多大程度上将管理视为权威和领导而定"。

（二）社会学家的解释

韦伯（1997）认为，行动主体所采取的行动，是根据他主观所形成的意义结构而与他人的行动联系起来。根据韦伯的观点，行动主体所采取的行动并非是孤立的，而是嵌入在一定的社会关系之中，并且基于行动主体主观上的意义结构，与其他人的行动相互联系。在这里，其他人的行动从时间维度

[①] 通过对绕线观察室研究结果的考察，梅奥提出了这样的结论："对于应用于较少（而不是较多）正式社会关系的经济理论而言，这是一个不幸的发现。我们不得不诘问，经济学适合于研究非正式状态下的人类行为（或者说，正常状态下的非正式人类行为）吗？"

可分为过去的、现在的和未来的三方面，行动主体根据自己所期望的他人行动为目的，然后再采取和调整行动，进而实现预期的目的或效果。这就说明行动主体采取的行动并非是自我导向的，而是要考虑其他人的感受、行动和反应。关于行动的类型，韦伯主要分成四种类型：一是目的合理的行动，这种行动把对外界环境以及期望的他人行动作为目的，并采取最有效的方式达到目的并取得效果；二是价值合理的行动，这种行动表现为对自身行动的绝对价值所秉持的理解和信仰，这种价值可以表现在诸多学科领域，如经济学、伦理学、美学、宗教学等，且并不考虑是否具有实际效果；三是情感或是情绪的行动，即由于现实的感情冲动和情绪变化而引起的行动；四是传统的行动，即通过习惯、规范或惯例而进行的行动。

韦伯还给出了这些行动之间的关系。第一，情感或情绪的行动与价值合理行动。二者共同之处在于：行动的意义并非是实现某种具体的目标或某种实际的效果，而是在于行动过程。二者区别在于：情感或情绪的行动通常表现为不是为实现或接近某种最高价值而采取坚定的、始终如一的行动，而往往表现为瞬间的、冲动性的情感或情绪发泄；价值合理的行动则强调行动基于明确的立场和最高价值，并坚定不移地、有条不紊地把达到这种价值作为行动的指引。第二，价值合理的行动与目的合理的行动。价值合理的行动不是为了通过行动来实现预期的结果，而是基于对义务、尊严、宗教等的信仰；目的合理的行动则是以行动的目的、手段和预期的结果作为指引，并且持续地对各种可能的目的、所采取的方法以及行动的结果进行理性的决策和权衡。在现实世界中，人们的行动极为复杂，很少只表现为某种单一的形式，往往是两种或两种以上形式的混合。

吉登斯（1998）认为行动者身处现实世界，在现实世界持续发生的事件中，行动者会出于某些原因采取一系列行动，对事件进行干预或介入，因而，行动是由连续不断的行为过程所组成，即行动流。行动的主要特征包括：首先，行动是行动主体开展的活动，并对客观世界进行干预或介入，目的是对客观世界进行改造或重塑，因此，行动具有实践性；其次，行动者在任何时候都是可以以其他的方式行动的，例如积极的或被动的方式介入或干预连续发生的各种事件之中，这是行动的能动性或灵活性；最后，行动由客观世界连续发生的事件所构成，因此，采取行动之后，未来的结果具有不确定性。

吉登斯将行动的内容分为三个方面：其一，对行动的反思性监控。行动者是基于特定的目的或意图采取行动，能够持续认识和了解自己的种种行动，并且期望知道别人对自己所采取的行动的反应。其二，行动的合理化过程。在一般情况下，行动者能够根据实际需要，对自己或对他人解释他们所采取的绝大多数行动。其三，行动的动机，即导致或激发行动的原因。

詹姆斯·科尔曼（Coleman，1990）提出了行动系统的概念，而且对行动者的行动类型进行了分类。科尔曼认为，行动者在交易过程中采取的行动，其共同之处在于具有明确的目的，并且行动者能够获得利益。该学术观点与经济学中的经济人假设相一致。他将行动主要分成三种类型。

第一种，行动者为了保护个人利益，管理和控制着具有获利作用的资源。由于这类行动过程中只有一个行动者，所以该类型行动没有社会意义。

第二种，行动者努力争取控制那些能使他获得利益最多的资源，这是一种主要的行动类型，行动者利用自己管理和控制着的、对自身而言无益或益处不大的资源与他人交换，他人控制着能使他获利最多的资源。这类行动的前提是如果一个行动者控制或占有了某种资源，他可能从这种控制权或所有权中获得利益。

第三种，行动者控制和占有着能使自己获利的资源，有时会对这种控制权进行单方转让。值得强调的是，这种转让行为之所以出现，是一种具有明确目的的行动，即转让控制权的行动者期待或认为转让之后将使他获得更多利益。

通过上述对网络构成要素的分析，可以看出：网络之所以形成是由于具有行动能力的主体，在主动或被动地参与行动过程中，通过资源的流动和交换，在行动主体之间形成了一些正式或非正式的关系（Hakansson，1987）。比如，在某一企业的外部网络关系中，既可以包括企业与供应商、客户在市场交易过程中所建立的、基于产业价值链方面的合作关系，又可以包括企业在发展过程中与高校、科研机构、政府和行业协会等机构间的关系等。从这方面而言，网络是各种行动主体之间在资源的交换和传递过程中所建立的各种关系总和。这些关系既可以是基于共同的社会文化背景和相互信任而建立的非正式关系，也可以是发生在市场交易过程中或在进行知识创造、技术创新等过程中的正式合作关系。

布劳和斯格特（Blau & Scott，2006）认为，在正式设立的组织之中，组织成员的所有工作活动和互动交流都会严格遵守正式的规章制度。无论管理者花多少时间和精力建立健全组织的规章制度，都不能完全决定组织成员的工作行为、互动交流和社会关系。同时指出，在每一个正式组织中都会出现非正式组织。非正式组织中的成员在共同工作和生活过程中，又形成了其独特的实践经验、准则、价值观、行为规范和社会关系。这些非正式组织不但嵌入正式组织之中，还随着组织正式运营而不断发展。组织正式的规章制度必须覆盖组织成员工作中可能出现的所有情况，即使如此，这些规章制度应用到组织运营的具体场景时，组织成员也会遇到难以判断和决策的问题，这时非正式的惯例或规范就可以为解决问题提供方案。组织经常会遇到规章制度没有覆盖到但又必须立即做出的决策，尤其是在组织运营场景发生变化且必须马上做出决策时，非正式的惯例或规范就又可以为组织成员的决策提供指导和依据。这比组织修改规章制度以适应变化的场景，然后再做决策要高效得多。此外，在规定工人的绩效水平和生产率时容易形成非正式的工作标准或规范。最后，组织的群体内部、群体之间所形成的复杂的社会关系网络和各种非正式角色形成的结构受到诸多因素影响，如正式的组织结构图，员工的个性特征、能力、帮助他人的愿意，个人对群体规范的接受程度等。但是，我们认为非正式结构并不是完全由正式规章制度决定的，这不代表非正式组织是独立于正式组织的。在组织实际运营场景中，员工在开展各种工作、解决组织运营遇到的各种问题时，非正式组织会应运而生，非正式组织所处的运营场景就是由正式组织所构建的。

在布劳和斯格特的著作中，还指出研究正式组织不能仅关注规章制度和组织结构，还要了解非正式网络和非正式规则，才能理解正式组织的本质、管理体制和规章制度。因为正式的管理体制与非正式的规章是水乳交融，不可分割的。组织运营中正式体制与非正式体制的区别属于理论问题，不应该将这种区别显性化，因为实际的组织只有一个。值得注意的是，实际的组织并不是家庭或社区内部的非正式组织。非正式组织这一概念，不是人们在所有社会交往中形成的关系模式，而仅指在正式建立的组织中，员工在工作过程中进行社会交往所建立的社会关系，从而形成了非正式组织。

（三）管理学家的解释

正式的组织结构不能完全取代人际关系结构，使组织的运营从个人的交往中剥离出来。换言之，正式组织并不能将组织中的一切因素（诸如员工的情感、爱好、兴趣等）结构化，特别是当组织目标变得越来越复杂，思考和学习成为企业发展的必需时，组织结构形式化是有限的。也就是说，结构形式化来自对组织行为的计划或规划，但是没有人可以将每个岗位和每个员工的情况全部了解，并且计划非常周全，也不可能对组织内所有的社会关系行为了如指掌，掌握一切情境因素。因此，克来克哈特和汉森（Krackhardt & Hanson，1993）在文章中指出："许多经理人投入大量资源对公司进行再造，不断调整组织结构图，但收效甚微。那是因为企业的实际工作不同于正式组织……非正式网络能跨过正式报告程序以激发员工的工作积极性，并能够按时完成任务。"霍桑实验验证了有着社会性本质的人类关系行为在组织内的客观性，这些关系行为有助于产生：①归属、安全和认同感；②提供友谊的渠道；③提供信息资源。

这说明个体在组织中工作时仍然是社会人，并依据人的社会属性建立起各种关系，而这种关系并不是按照组织的战略、目标建立的，往往是自发产生的。其内在机制是人们在日常工作和生活的交往过程中，由于具有共同的爱好、利益、情感和价值观等联结起来的群体网络。由于非正式组织是动态变化，而且没有固定的组织结构和分支机构，因而，可以把它看成是一种没有固定形态的、密度经常变化的群体。其中，密度变化是由于群体外部因素所造成，这些外部因素会对组织成员交流互动的紧密程度产生影响，而有些交流互动与实现组织正式目标有关。在社区和国家中，非正式组织是普遍存在的（Barnard，1971）。非正式网络由人际关系构成，"并非按照正式组织的规则运行，但为了满足个体的需求会自发地产生"（Simon，1976）。温格和斯奈德（Wenger & Snyder，2000）认为非正式网络是企业里员工由于共享专门知识和信息、交流情感而形成的非正式团队，团队成员在社群中沟通交流与工作有关的信息、方法、观念、经验和情感，分成小组集合在一起，再相互交换意见，分享观点、讨论改进工作相关的方法和技术，这种频繁的互动交流有利于共同分离和创造知识，进而促进公司发展并能满足成员的需求。达文波特和普鲁塞克（Davenport & Prusak，1998）同样认为，非正式网络是指企业员工因志同道合而自发形成的团体，其成员的知识和技术一般具有互补性，并可能产生 1+1 ＞ 2 的协同效应，通常是企业员工因为工作关系进行交流，或因兴趣、爱好、价值观和目标相近而形成。这种非正式网络可以存在于组织内部或外部，成员以线上或线下多种沟通方式来分享彼此的知识、经验、技术和专长，并能够携手共同解决问题，分享经验和教训。

还有学者从其他角度开展网络方面的研究。例如，杨海珍（1999）基于网络产生作用的机理，对非正式创新网络的概念进行定义并分类：非正式创新网络是由人与人之间的关系所构成的网络，分为娱乐网络、职业网络、科学网络、用户网络和友谊网络。研究发现，非正式创新网络对创新型企业具有十分重要的价值，非正式创新网络通常可以从企业外部环境中注入新的知识、技术、思想和信息，可以作为企业的一种无形资产，而且很难复制和借鉴。还有阿肯等（Aken et al.，2000)从契约角度开展研究，将非正式网络与正式网络进行对比和定义：在契约安排的基础上开展的合作活动所形成的创新网络称为正式创新网络；把超过契约的规定或限制，或者是基于一种松散的契约安排开展的合作活动，由此形成的创新网络称为非正式创新网络。在非正式创新网络中，成员的合作依靠相互信任和道德约束来保障，而不是依靠法律、法规或规章制度约束。同时也指出，非正式与正式网络之间是一个连续的过程，并不存在明确的、严格的界限，因此，非正式网络和正式网络之间会发生相互转化。网络正式化的程度会随着时间推移而产生变化，正式网络的形成会促进非正式合作的发展，而随着联盟的形成，当需要获得更多的资源或是信任关系变化甚至恶化时，非正式网络也会向正式网络转化。

布劳和斯格特（Blau & Scott，1962）假定"非正式组织的发展是对其环境所创造出的机会及其所引起问题的响应，群体所处的环境是由正式组织构成的"，这种观点得到了特奇（Tichy，1981）的支持，他认为"规定的组织网络为非正式网络的存在提供了依据"，并且"一种规定的网络发生变化会改变非正式网络"。然而，研究显示，其他因素例如亲近性的、感情的传达和情感的需求也会影响非正式网络。实际上，斯沃茨和雅各布森（Schwarts & Jacobson，1977：159）认为："非正式和正式组织既有联系，又有区别：二者可以从不同的维度进行区分，包括起源和结构的稳定性、影响力的性质、流动性以及网络中个体相互作用的基础；同时，在某种程度上，非正式联结也会反映出正式的组织结构。"

对于如何看待组织中的非正式组织，克诺克库克林斯基（Knoke & Kuklinski，1982）将二者视为对立的或不可调和的。有些学者将正式与非正式结构视为相互关联和交织的。例如，明茨伯格（Mintaberg，1978）认为，正式结构会产生非正式结构，而非正式结构会影响正式结构的作用。进而，学者们意识到，这些观点都不能对二者进行较为满意的解释（Knoke & Kuklinski，1982）。因此，诺瑞和古拉蒂（Nohria & Gulati，1994）认为，我们应从行为的角度，而不是从设计的角度研究组织结构。

克来克哈特和汉森（Krackhardt & Hanson，1993）将组织中的非正式网络比作组织生命体的神经系统，正式组织代表骨骼。骨骼坚固稳健但是过于刚硬，而神经系统则是脆弱、灵活的；骨骼在某种程度上可以观察到，而神经系统只能感觉到，就像一种无结构的组织，没有明确的分工。如果不加以明确、细致地观察，就难以识别出它们。

正式组织通过将产品生产模式标准化来解决简单明确的问题，但当遇到意外的问题时，就需要运用非正式网络。非正式网络能够驱动业务单位进行集体思考、行动和反应，使同事们可以随时随地交流、合作，进而成为一种稳定的网络。

表 2.2　正式网络与非正式网络的对比

	正式网络	非正式网络
结构		
①起源	规定的	自然发生的
②理论基础	基于理性	基于情感
③稳定性	稳定	动态
④目的	完成一项产品或服务	开发员工能力，创造、传播知识，收集和传播信息
⑤凝聚力	工作需要或实现共同目标的需要	共同的兴趣、爱好和专业领域，以及相互间的需要
权力		
①基础	职位	人格
②类型	职权	影响力
③流动性	自上而下	自下而上
沟通		
①渠道	正式渠道	暗中传播
②网络	精心设计和按照正式渠道	粗略设计和通过捷径跨越正式渠道
包含的个体	需要通过正式的职位和职责确定	只有被认为是"可以接受"的人
互动的基础	由工作人员的职能和任务规定	自发的和个性特征

资料来源: Gray & Starke, 1984

　　总之，正式网络大部分是规范化的，个体在正式组织的位置由组织结构决定，例如组织结构图。对非正式网络不能进行命令和指挥，只能受其约束和影响。

　　在研究创新的文献中普遍强调非正式网络的优点（Allen，1977；Conway，1995）。非正式网络被视为组织内和组织间促进沟通、整合、适应和创新的重要方式，是补充和增加正式组织价值的结构。有少数的学者也强调了非正式与正式组织的活动可能有潜在的对立状态和冲突，这种对立状态主要是由于这两种"结构"在目标和目的上表现出的不一致，认为如果非正式组织与正式组织的目标和目的一致，就可以对其有效地管理（Allen，1977）。持该观点的学者认为非正式网络实质上是一种易受误导但良性的组织。

　　组织结构图和职位描述主要反映了一种既定组织的正式结构或规定的网络。这种规定性在不同的组织中，明确程度会有所不同，但通常会受组织的战略和任务支配（Chandler，1962）。由正式结构形成的工作流网络，属于正式组织结构下的关系，即根据组织设计、工作设计、作业流程、规章制度等因素，而规定必须与对方建立互动的关系，这种关系是被指定而非自愿的。相反，非正式网络指经常变化和未被认可的，在正式的人们相互交往的过程中出现的非正式关系（Roethlisberger & Dickson，1939；Blau，1955；Tichy，1981；Monge & Eisenberg，1987）。例如，友谊网络属于非正式网络，行动者在建立关系时是发自内心，并非被强迫的。因此，弗里曼（Freeman，1991：503）认为："在每个正式网络的背后，保证组织正常运行的是各种非正式网络……例如私人的信任和信赖关系（有时是敬畏和责任）……鉴于此，文化因素，如语言、教育背景、宗教信仰、共同的意识形态和经历，甚至共同的业余爱好，在网络的形成中发挥着重要作用。这些社会因素可以弥补经济学解释的不足之处。"

三、非正式网络的影响力

为适应外在环境的快速变化，企业的组织结构会由过去的科层结构转变为较有弹性、扁平、有机的"网络化组织"。组织结构的网络化，促进知识和信息在组织内部快速地传递和运用。通过组织结构（如扁平化组织、矩阵式组织、工作团队等）设计及信息技术维护，提高组织处理大量信息的能力。虽然信息技术有助于企业对显性知识（Explicit Knowledge）和信息的储存、传递和运用，然而针对难以编码化的隐性知识（Tacit Knowledge），则必须靠人与人之间的互动才能有效转移。这是知识管理中的难题之一。正式的组织结构及控制协调机制，只能规定或促进组织成员的表面行为，例如每周固定的会议、专题小组、薪酬制度等，都是以经济理性模式为前提，即从组织成员计算其成本效益、付出，是否公平等方面设计的，但如果成员认为不公平，就会产生口是心非、阳奉阴违的现象。

在正式角色与工作互动关系之外，隐藏着一股力量——非正式关系。现在非常流行的跨职能团队、任务小组等工作形式，虽然有助于团队成员的目标一致及沟通协调，然而仍有许多团队的运作是失败的，这意味着采取团队、专家小组的方式，并不能保证团队成员必定会彼此合作、充分沟通。相反，即使是在非常官僚的组织结构中，也可能有一股强大的非正式力量，能够让组织成员相互信任，有高度的凝聚力（Cohesive）、团结一致（Solidarity），表现出良好的团队效能。

员工个人的非正式网络也可以为改善组织绩效发挥重要的作用。在与阿森切尔战略改革研究院进行合作研究的一个项目阶段，学者们对石化、医药、电子和咨询行业 4 个组织进行了研究，研究目的是要确定，提高组织绩效在掌握专业技术、技术运用以及非正式网络（无论是组织内，还是组织外部）等方面所具有的特征（Cross et al., 2003）。一般来说，缺少技术专长，或者不能够恰当地使用技术，可能使一名组织成员成为效率最低、通常不超过人群总数 20% 的群体当中的一员。然而研究结果显示，高绩效人员与众不同之处在于他们拥有一张范围更大、更加多元化的个人非正式网络。这一发现同我们在其他场合下的研究结果是一致的。研究表明，更加多元化的个人非正式网络，是与较早的升迁、更加频繁的职业流动以及更高的管理效率联系在一起的（Burt, 2000）。

鉴于此，对管理者而言，若能善用非正式网络，将可省却许多监督控制的成本，能让组织成员自我管理。然而这绝非易事，因为仅靠组织结构图无法描绘非正式网络，也无法靠正式的职权进行管理。

非正式网络会影响正式组织的决策制定，但"要么在正式结构中被删除，要么与正式组织不一致"。进一步讲，有的学者甚至假设"组织的运营基本上由社会关系的集合来完成工作"（Whitley, 1977: 56）。圣吉（1995）认为，人们只有尊重非正式网络不受管理的自主性，再依其运作的特点，找出有效的"杠杆解"，扬长避短，使其成为帮助企业构建竞争优势的力量。组织内部正式的控制协调机制作用有限，当面临不确定性及因果关系不明确时，正式组织的约束力便愈显不足，此时非正式网络可以起到辅助作用。然而，非正式网络隐藏在组织结构图之中难以察觉，人际交往中的互动关系是动态的且相当复杂，每个人虽身在其中，但只知道自己周围的部分。在组织中的管理层，其获得的信息理应是最全面的，但其所能认知到的非正式网络，也就只限于自己所接触的范围，难以完全了解全部状况（陈荣德，2004）。

因此，我们不应该把正式组织视为正式和非正式网络之一的构成。在正式组织的各个层级之间，每个人的身份、地位与声望均受其职位所约束，这种约束自然会使人们出现寻求其他身份、地位与声望的意愿。非正式网络对正式组织的影响有：提供社会交往需要的满足，提供精神避难所，降低缺勤率，促进正式组织发挥功效，减轻管理者的工作负担，弥补管理者管理能力的不足，对重要决策的可行性进行评估并帮助推行，非正式网络使正式组织凝聚力增强等。沿着对生命体骨骼和神经系统分析的方式，视二者为相互依存、相辅相成的关系，把二者结合起来，这样的分析或表达才是完整的。为了描述、理解正式和非正式网络的相互关联，应该将非正式网络的存在视为一种势力并予以重视。

在文献中，学者们大多将二者视为共同存在并相辅相成（Monge & Eisenberg，1987），或者认为它们相互融合，难以区分（Mintzberg，1983a）。有的学者则指出非正式网络深受正式结构的影响，并且组织动态性依赖于非正式网络（Reif & Monczka，1973；Simon，1976）。然而，对于二者是否存在相互作用和影响，有人持不同意见。把网络分为正式和非正式，不能简单地说它好还是坏，虽然有些学者称正式层级结构不过是内部组织网络的理想化形式（Lincoln et al.，1979）。

有学者认为，当组织在分成正式与非正式网络后，个体之间的相互作用太复杂，难以描述（Ibarra，1992）。但无论是企业的员工还是研究人员，都不能忽视组织中的非正式网络及其影响。例如，法利斯（Farris，1979）研究发现，组织的决策是由个体或网络中的个体结合自己的个人目标制定的。

有的学者警告不要过分夸大非正式网络的重要性。瑞夫和蒙克萨（Reif & Monczka，1973）的研究显示，非正式网络的作用并非像其他学者所说的那么强，在满足员工的需求、影响员工行为方面，正式网络作用要超过非正式网络。此外，有些研究人员指出，正式组织在满足员工需求上发挥更重要的作用，这可能是由于正式结构比较明确、稳定，而这些特性正是非正式网络所欠缺的。

正式和非正式网络并非相互排斥，在正式网络中难免有些节点存在某种程度上的非正式关系。员工作为社会人，在人际交往时，会有些基本的心理反应，即使是最严格的正式关系，例如领导和下属的关系，也难免有些感情的因素。

四、非正式网络的结构

非正式结构在组织中的作用越来越明显，在某些组织里甚至有增强的趋势，并逐渐发展为非正式网络结构，这种非正式网络结构会随着环境的变化而变化。现在环境越来越多变，组织需要提高其灵活性、柔性来适应环境。任何组织都可能存在正式或非正式的网络结构，组织结构化程度的降低以及对环境界面的扩大，使组织内非正式组织作用更加明显。

（一）非正式网络组成元素

根据研究目标，需要选择恰当术语对非正式网络进行描述。社会学家通常用社会网络分析方法对非正式组织结构进行解构，从而可以得到类似于组织结构图的非正式组织结构图。明茨伯格和卢多（Mintzberg & Ludo，1999）指出，画出和表达这些网络并没有最佳方式，当运用特定术语描述组织时，有必要对这些术语进行适当地修正以符合整体情境。

非正式网络的结构，主要由两个元素组成，即节点和关系。

1. 节点

节点可以是个人、团队或组织等。关于节点在网络中的位置，学者们有不同的观点。

艾伦（Allen，1976）根据网络中行动者所处位置不同，分为以下几种类型。

（1）桥：行动者将两个或两个以上行动者（或群体）连接起来。

（2）联络官：与桥类似，联络官与不同行动者（或群体）建立较多关系，而不是只与一个行动者（或群体）建立关系。

（3）孤立者：没有频繁或充分地与其他行动者（或群体）建立关系。

（4）明星：这类行动者相比其他网络行动者，无论是在群体内部还是外部，与其他行动者建立关系最多。

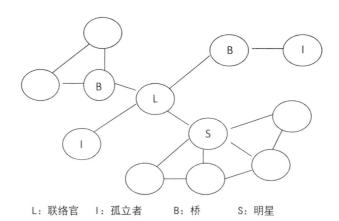

L：联络官　I：孤立者　　B：桥　　　S：明星

图2.2　组织中非正式网络的节点位置

资料来源：Waldstrøm, 2001

在图2.2中，根据节点 L & S 在网络中的连接数量和所处的位置，可以判断出它们是网络中的主角。

斯蒂芬森（Stephenson, 2005）提出了另一种分类方法，通过关注网络中行动者之间的信息流动情况，把网络中的行动者分为以下三种类型。

（1）网络中心：在网络中与其他行动者建立关系最多的行动者。

（2）守门人：在组织的网络中心之间接收和传递信息，因此可以促进（或阻碍）信息在网络中流动。

（3）信息利用者：这类行动者与守门人不同，他们并不传递信息，但会解释信息，因此会影响其他行动者如何理解信息。

在这两种分类方式中，虽然网络中心和明星的描述和作用很相似，但守门人和信息利用者却不相同。此外，联络官可能在子群（或守门人）之间起传递信息的作用，而桥的主要作用不仅是传递信息，还有解释信息的作用。

在研究同一网络时，有可能同样的行动者，在某种类型的网络中处于联络官的位置，而在其他的网络中却是孤立者，这要视具体网络节点间的关系而定。

2. 关系

王卫东（2006）的研究中，将关系分为工具性、情感性和混合性三种类型。工具关系可以使员工获得与工作有关的咨询和建议，因此对于有效地完成任务至关重要（Ibarra，1993）。在这类关系中进行资源交换，主要内容是与完成任务有关的信息资源和知识。相反，情感关系指的是友谊关系，其联结内容充满了感情色彩。这些联结是传递社会支持和价值观的重要途径（Ibarra，1993）。混合关系包括交流情感和经济利益两个方面，通常发生在同学、同事、老乡之间。

特恩里德（Torenvlied，1996）基于艾芭拉的研究，对关系提出分类：①工具关系。基于短期目标进行合作和相互作用。②权威关系。基于权力和影响力。③朋友关系。

工具关系和情感关系并非相互排斥，他们有相互重叠的倾向（Borgatti & Foster，2003）。一种关系有可能导致另一种联结（Krackhardt & Stern，1988），因为人们在工作情境中，彼此之间距离较近，有机会在交往中形成友谊关系（Festinger et al.，1950）。但在理论上，这两类联结的内容仍然有区别，并非所有的同事都是朋友，反之亦然。这二者的区别对团队有重要意义。同时，社会关系定性研究显示，在工作中随着社会联结的加强，关系会从单纯以工具性、完成工作为目的发展到情感关系，从而有利于成员之间传递多种资源（Fischer，1982），并且可用于多种目的（Coleman，1988，1990）。波东尼和巴诺（Podolny & Baron，1997）研究了工作中的师徒关系，这种较强的、涉及面较广的关系，可以提供与工作有关的资源。

在某些文化中，关系的转变受企业制度影响，并且使关系逐渐深入。这些非正式社会关系是文化中的重要方面，已有的社会网络研究发现这对于西方企业文化同样重要。有些学者研究了工作地点的"友谊"关系，询问两个人在组织之外社会交往的程度（Ibarra，1992；Ibarra & Andrews，1993；

Mehra et al.，2006）。如默勒等（Mehra et al.，2006）在美国一家高科技公司的研究中发现，与"伙伴型"同事（定义为"在业余时间你愿意与他们在一起"）有较多非正式联结的员工比起联结较少的员工绩效更高。此外，研究还发现，如果员工在组织中拥有不同的社会交际圈，那么这类员工的绩效较高。艾芭拉（Ibarra，1992）在美国广告公司的研究中发现，在公司员工中的女性对比男性来说，较难获得工具资源，如建议、信息和政治支持，部分原因是她们的非正式社会联结中存在性别隔离。女性不能获得广泛的联结，意味着她们必须建立隔离的网络以获得工具和情感资源。艾芭拉和安德鲁斯（Ibarra & Andrews，1993）运用同样的数据进行研究，发现位于组织中非正式网络中心位置的员工比起非中心位置的员工，更容易意识到部门间的冲突，这意味着运用这些联结可以进行冲突管理。因此非正式联结可以传递多种资源，能够提高团队绩效，并在团队之间起协调作用。

　　本书非正式网络中的关系不仅是工作中的关系，还有工作之余的关系。与建立关系有关的活动从工作地点转到工作地点之外，这引起了联结中所转移的资源类型的变化（Feld，1981）。例如，开始的关系可能传递与工作有关的信息，如果关系转到工作地点之外，就可以转变为与完成任务有关的咨询和建议、政治支持、策略信息和情感支持（如员工一起吃饭、打球等活动）。这使人们更加关注关系中非正式的情感方面，这样可增加成员之间信任程度，给成员们更多的机会和时间，去加强和拓宽彼此的关系。

　　如前所述，两个节点间连接的内容和意义大不相同。根据关注的焦点不同，可以识别出几类可供选择却又有所重叠的方法以确定关系内容的类型。最重要的是，在同一社会网络中，同样的两个行动者在不同时间，同时有几种不同类型的交易内容。这些分类是重叠的，并且十分相似。例如，信任网络与朋友关系、咨询网络与工具关系。基于上述分类，表2.3进行了统一的划分。

表2.3　非正式网络的四项主要内容

情感 朋友、信任和私人关系	政治 影响力、权力和权威
生产 咨询、技术等信息和知识的交换	文化 沟通和信息流动

资料来源：Waldstrøm，2001

这种框架使所有交易内容的类别均包括在这四类之中，上述分类方法对应于研究组织的特定问题。

特奇和塔什曼 Tichy & Tushman，1979）提出一种将正式与非正式网络的划分与公司文化直接联系起来的分类方法：技术方法用于处理与工作有关的问题，政治方法与个体和群体目标有关，文化方法涉及内在的、隐含的、较深层次的寓意和组织的共享价值观。

克来克哈特和汉森（Krackhardt & Hanson，1993）将非正式网络分为以下三种。

（1）咨询网络：指在工作中咨询他人或者被他人咨询的范围大小。该网络是个体在工作中遇到困难时，咨询者与被咨询者之间所形成的关系网络。该网络可以用于确定谁在组织中拥有技术或专业技能。能被他人咨询者，必然有其特殊之处，如经验丰富、拥有决策权和规划资源能力等，因此个体在工作咨询网络中的位置，常被用来代表被咨询者个人所掌握的知识、资源及权力。一个咨询网络中心性高的人通常是常咨询别人或者常被他人咨询的人。

（2）情感网络：指员工之间以交流感情为主的关系。一个情感网络中心性高的人通常是经常与同事有情感支持或者联谊活动的人。该网络由员工自发地建立非正式关系并产生互动的行为，员工之间除了正式的同事关系外，私底下也是很好的朋友，或者彼此可以很放心地向对方诉说自己的想法、心事。

（3）情报网络：指员工会把正式或者非正式的情报向谁传递或者向谁询问。

（二）非正式网络可能存在的问题

克来克哈和汉森（Krackhardt & Hanson，1993）指出了在社会网络中存在的潜在问题。如图 2.3 所示，利用三个小群体内外部关系说明非正式网络的潜在问题类型，图中虚线代表小群体间的关系，实线代表小群体内的关系。

1. 内爆型关系问题。在组织中，如果一个小群体同其他群体缺少沟通交流，比较封闭，这可能导致内爆型的关系问题。这种极端的小群体会导致群体盲思和局部最优化。群体盲思主要是由于小群体非常封闭、内部成员交流沟通非常充分，导致内部信息、知识和经验等同质化严重，缺少外部新信息、新知识的输入，"针扎不进、水泼不进"，集体做决策时，由于信息、知识等缺乏，导致集体决策错误。局部最优化是以丧失组织整体利益为代价，换取小群体利益最优化，即所谓的"损公肥私""假公济私"现象。

2. 无规则沟通模式问题。这类问题与前一问题相反，小群体内成员与其他群体成员沟通时间大大超过在本群体的沟通时间，导致小群体内部凝聚力下降。因此需要合理平衡群体内外沟通，避免此类问题发生。

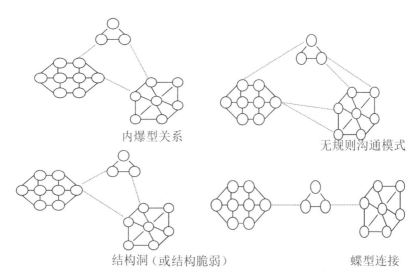

内爆型关系　　　　　　　　　　　　　无规则沟通模式

结构洞（或结构脆弱）　　　　　　　　蝶型连接

图 2.3　非正式网络的潜在问题类型

资料来源：Waldstrøm，2001

3.结构脆弱问题。这种网络内的成员交流互动比较少，有的成员之间没有沟通，导致网络的密度和可达性均较低。当组织进行变革时，网络的脆弱结构导致信息无法传递或传递不及时，员工行动跟不上组织变革的步伐，进而影响组织的生存和发展。

4.结构洞问题。如果一个小群体内部关系非常紧密而对外比较封闭，这将导致网络中出现结构洞。结构洞会阻碍小群体间的信息交流互动，可以视为结构脆弱的极端形式。

5.蝶型连接问题。与网络的整体形状有关，蝶型连接指两个群体依赖一个或几个成员（联络官）传递信息。比网络中的结构洞略微好些，间接联系代表网络中的弱连接，这些位置容易成为信息传递的"瓶颈"。

（三）边界跨越：非正式组织的主要特点

非正式组织的主要特征是成员跨越部门边界，展开多方面的联系。这种边界可以是团队边界、职能边界甚至是组织本身的边界。这类跨越边界的相互作用是创新"相互作用模型"的本质（Rothwell & Zegveld，1985）。相互作用的模型重视组织创新能力，同时管理跨界面的关系，既包括公司内部（在项目组、职能部门和科室之间），也包括公司外部（在产业、地域和国家的内外）。关于成功的技术创新方面的研究成果，强调了内容营销与研发界面关系的重要性。

有的研究指出了边界跨越在创新过程中的重要性（Steward & Conway，1998），特别是在与转移隐性知识有关的方面（Senker & Faukner，1993）。本书因聚焦于研发团队的研究，所以仅探讨研发人员在咨询、情感关系中对团队边界的跨越，也正是基于边界跨越的考虑，本书将研究团队内外部非正式网络的结构特征。

五、非正式组织的结果

巴纳德（Barnard，1971）认为正式组织是根据组织目标进行设计和运营的，而非正式组织是成员在交流互动这类无意识的社会过程中形成的。非正式组织通常会产生两种重要的结果。

（1）它使成员之间形成一定的态度、共识、习惯、规范和惯例。

正式组织在运营过程中建立的规章制度和非正式组织内部形成的规范或惯例之间，存在许多概念混淆之处，导致思维混乱。例如，当人们发生矛盾或冲突时，需要根据法律规定还是风俗习惯来处理？在实践中通常按照风俗习惯进行调解和处理。这一现象不仅在局部地区的小群体，甚至在更大地区大型群体中，非正式组织的惯例或规范与正式组织建立的规章制度都存在分歧、不一致，甚至相互矛盾。非正式组织的惯例或规范符合个体无意识的、非理性的行为和习惯，而正式的规章制度符合人们理性的、精心谋划的行为和政策。从这种意义上讲，正式组织的员工行为是比较符合逻辑和理性的。

（2）它是创建正式组织的先决条件。

组织成员能否在共同的目标、沟通模式、心理状态等方面达成共识，并形成合作意愿，这需要组织成员提前进行交流互动。当创建正式组织的意图是由成员们互动交流后自发形成时，非正式沟通、交流和互动的作用体现得淋漓尽致。此时成员们的非正式关系可能是暂时的，并取决于成员们在正式组织和非正式组织中的经验、知识。

非正式组织催生了一定数量的正式组织，如果不创建正式组织，那么非正式组织可能无法存在或扩大。部分原因在于组织成员们在沟通交流过程中，发现彼此存在共同需求和利益，当这些需求和利益是物质因素而非社会因素时，组织成员可能联合或合作——至少能实现分配制度，也可能产生利益冲突、对立、敌视，直至解散组织。

即使当组织成员的需求不是物质因素而是社会因素时，也就是说组织成员出于人际交往中合群的需求，为保持与其他成员联系，也需要高度关注人际交往行为的目的。当组织成员行为不是出于合群的目的，而是出于本能和习惯时，这一点更明确。可以观察到的事实是，人们普遍会开展各种活动并会寻求活动的目标，但是，人与人之间长期的社会联系，即使目标是纯粹社会因素，如果没有具体互动行为也无法长久。人与人之间消极和被动的关系是无法长久的，人际交往中建立的关系似乎会促使人们完成某些工作或任务。一般情况下，组织存在目的仅仅是成员建立联系后获得的满足感，此时，也可以观察到人们的目的或具体的目标，而能否实现该目标并不重要。例如，人们在社会交往中需要讨论某些话题，但参与者对讨论的话题并不关心，人们获得的满足感需要以讨论这类话题为基础。这在社会交往过程中司空见惯。

因此，人们要想在社会交往中获得满足感，就需要明确社会交往的目的。最简单的让人们一起做事情的方式就是谈话，围绕某个话题开展的特定社会交往活动通常持续时间较短，而再设计某个话题开展社会交往，对于个体和群体而言并不容易。因此，提前确定社会交往模式对于人们开展社会交往至关重要。当人们为各类社会交往提供条件和机会时，人们并不容易建立人际关系。例如，对于失业者而言，他会产生失落感觉和行为，当失落感对一群人同时产生影响时，这群人就会做出疯狂的事情。这群人聚集起来时，需要让他们开展某些社会交往活动，这几乎是必不可少的。

与缺乏具体目标的行为相反的情况是：人们处于复杂社会关系之中，需要在许多不同群体中开展各种形式的社会交往，并建立社会关系。在这种情况下，人们无法决定应开展哪些社会交往活动或与什么群体建立联系。由于无法做出选择或承担相应责任之间存在矛盾，导致人们行动迟缓或瘫痪，法国社会学家涂尔干将这种状态称为"社会失范（Anomie）"。巴纳德（Barnard，1971）认为人们社会交往互动行为迟缓的原因在于缺少行之有效的行为规范。

人们开展社会交往活动往往会选择在当地能够直接联系到的群体。人们在大型组织、国家或教学中建立的社会关系往往是在能够直接接触到的群体中，如果相隔千山万水人们是无法开展社会交往活动的。建立社会关系是人类基本需求之一，这需要人们与附近的人开展社会交往或交流互动。面对繁重的工作和危险的任务，人们选择主动承担而不是退避三舍，原因就在于想与其他人合群，并保持"社会整合"的感觉，这种感觉可能源于本能、社会交往的条件、生理需求，或者这三者的综合。

最后，人们运用逻辑思维和科研能力的主要原因和结果体现在人们围绕共同目标开展合作中。人类的理性行为首先是围绕目标进行合作的行为，通过合作行为也使人们获得了采取理性行为的能力。

正是由于上述原因，无论是长期存在的小型非正式组织还是大型群体，似乎都影响或控制着正式组织。正式组织是一个社会结构的组成要素，也是人际关系保持稳定性和持续性的支柱。与之相反的情况是正式组织瓦解为若干个敌对的群体，敌意又成为人们整合为不同群体的原因。因此，随着正式组织范围的不断扩大，就允许和要求人们增加社会交往以提高社会凝聚力。当政府增加职能部门时，政府部门之间缺少社会交往，政府社会凝聚力并未提高，而增加经济等方面交流互动之后，政府社会凝聚力才会提高。当增加正式的政府部门时，也会相应增加军队、经济和其他正式组织，最终构成一个大规模的社会结构。当这些正式组织倒闭或减少时，就会出现社会解体现象。事实上，社会就是由正式组织构成的——小型组织如家庭，大型组织如国家。

这就再次证明在非正式社会群体中，人们的态度、制度、惯例会影响正式组织，并且有些可以在正式组织中体现出来。它们是同一现象中相互依存的两个方面——一个社会是由正式组织构成的，非正式组织为正式组织的产生创造条件，并使正式组织富有生机和活力，这两者相互依存、相辅相成，缺一不可。当社会解体后，分裂出来的社会群体或存在冲突的社会群体彼此之间不是没有影响的，恰恰相反，社会群体之间的影响不是相互合作，而是相互争斗，处于矛盾和冲突中的社会群体依然需要创建正式组织。如果社会中完全没有正式组织，会导致纯粹的个人主义并使社会陷入混乱的状态。

六、正式组织创造了非正式组织

巴纳德（Barnard，1971）认为，正式组织在非正式组织的基础上产生，对于非正式组织而言是必不可少的；但是当正式组织开始运营之后，会创造并需要非正式组织。

在一个正式合作的组织中，人们经常采用非正式组织开展重要而且必需的工作。实际上,正式组织中的高层管理人员经常会否认或拒绝非正式组织的存在,这可能是由于高层管理人员更关心正式组织的问题,或不愿意承认这种难以确定、难以描述、难以具体化的非正式组织问题。但不可否认的是,企业高层管理人员甚至整个高层管理团队经常对组织成员中普遍存在的影响因素、态度、焦虑等毫不知情。这一点不仅在商业组织,而且在政府部门、军队、大学也普遍存在。

人们耳熟能详的是:"如果仅仅分析组织结构图、章程、规章制度,或者仅仅通过观察组织员工的方式,既不能理解一个组织,也不能理解组织运营状况。"(Barnard,1971)对于大多数组织而言,"了解组织实际情况的诀窍"主要是了解在非正式组织中有哪些人,会发生哪些事情,以及背后的原因。

实际上,无论我们是否通过正式组织,都会建立社会关系并积累大量经验,非正式组织是经验中必不可少的一部分,我们并没有意识到它,而且看到的只是具体的社会交往的一部分。显然,人们建立正式或具体的社会关系时,必然存在交流互动,顺其自然地形成了非正式组织。

罗家德(2017)指出,人们在工作场所建立的小圈子,一般是基于自我中心的社会网络建立和发展起来的。这类小圈子内部通常会有一个或几个中心人物,圈子成员间是类似家人、亲戚或同学这样的强联结,圈内成员们也可以不断将自己熟悉的朋友、同事拉进圈子。在圈子实际运作过程中,成员们会逐渐熟悉起来,这样圈子就形成了一个紧密、长期且稳定的网络结构。在这些圈子中,存在明确、强有力的互惠互利的规范或惯例,成员迫于群体的压力,会遵守这些规范或惯例。因此,一个圈子可以帮助个体抵御组织内不确定或不利情况,并为他们提供相对安全的氛围。

在一个圈子中核心人物有一个或几个,核心人物动员或说服家人、亲戚、朋友等熟人形成圈子。圈子成员存在稳定的关系、情感或忠诚的动机,这就是圈子的最内核,俗称"班底""亲信"或"嫡系"。人们加入圈子不仅是情感交流的需求,还有人情交换,使人们得以构建自己的自我中心网络,并积累社会资本,最重要的是构建"命运共同体",互相帮助。

总结非正式网络的研究成果,学者们提出以下命题:

（1）大型的、复合的正式组织会产生复杂的非正式网络（Groat，1997）。由于员工间关系主要在组织中的正式网络中产生，当两个人建立正式工作关系时，也有可能建立非正式关系网络。凭直觉来看，大型组织更可能产生较复杂的非正式结构（Mintzberg，1983a）。

（2）当正式的组织结构没有完全建立起来，规章制度、部门职责、岗位职责、工作汇报关系等不明确、不完善时，组织成员之间将自发建立非正式关系以弥补正式组织规章制度、职能方面的空白或不足之处（Groat，1997）。

（3）等级森严、建立正式沟通结构渠道的组织会促进组织成员在正式工作关系中进行沟通交流，这在一定程度上减少了员工间非正式沟通（Groat，1997）。组织中无论是否有管控员工的非正式沟通的策略，经理人都有权力干涉和控制非正式沟通的渠道，以使非正式组织与正式组织目标一致。

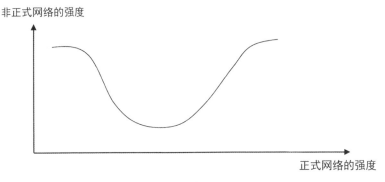

图 2.4　非正式网络和正式网络之间强度关系的函数

资料来源：Waldstrøm，2001

图 2.4 显示了上述三个命题的联系——在正式组织的两个极端，即正式组织结构不完善或过于严格时，非正式网络强度最大，可以有效弥补正式组织的不足；而当组织结构正式化适中的情况下，非正式网络可能较活跃，但其作用不强烈。

（4）如果管理者刻意地阻止员工进行非正式沟通交流，会导致员工按照个人意愿、兴趣或需求等建立非正式关系（Groat，1997；Krackhardt &Stern，1988）。管理者反对或阻止员工建立非正式关系网络，主要是因为这些社会关系并非按照组织目标建立，也不是经过理性、严谨的逻辑建立，而是为了满足员工个人的意愿、兴趣和需求，这些关系就不符合组织规章制度，并且不受管理者监督和控制。

然而，如果没有对非正式网络有意识地引导和管控，它们在组织中将无法充分发挥积极作用，甚至会造成管理混乱（Krackhardt & Stern，1988）。与这一命题相关的问题是：员工个人（或者小群体、派系）的目标和正式组织的目标是否一致性。两者的分歧越大、越不一致，这种自发形成的非正式组织对正式组织的潜在破坏性越大。

（5）员工在组织中担任的职位越高，其个人目标与组织目标就越一致（Farris，1979；Hollingsworth，1974）。现在没有证据支持此命题，因此有待于进一步实证研究。

（6）文化或民族差异会导致非正式网络的差异（Monge & Eisenberg，1987）。由于组织文化和非正式组织关系密切，因此某个民族特有的文化、规范、风俗习惯等很可能使共同民族的成员形成小群体，这类小群体在组织中发挥的作用，以及如何管理和规范这类小群体，使之符合组织战略目标，是未来实证研究课题之一。

七、非正式组织在正式组织的作用

非正式组织在正式组织之中必不可少的作用之一是沟通（Barnard，1971）。第二个作用是通过提高员工工作积极性和保持职权体系稳定性以增强正式组织的凝聚力。第三个作用是维护成员的人格、自尊和独立选择的能力。由于非正式组织中成员之间的互动交流既没有明确目的，也不受组织权力支配，这类互动交流的显著特点是自由选择，而且经常有机会增强成员的态度和观点，这个作用会使组织成员保持个性，但正式组织却努力使成员降低个性、增强集体意识和认同组织目标，所以人们通常认为这个作用对正式组织具有破坏性。

罗家德（2017）认为，在工作单位的小圈子有核心，而其他成员形成外围,成员之间遵循人情交换的惯例或规范。核心成员关系密切、牢不可破,并承担"无限责任";外围成员则存在有限的人情交换,而且可以有"先借后还""先借晚还"等延迟偿还的现象。例如,在最紧要时刻或危急关头,成员之间需要帮助时,可以"只拿不给",危机过后再偿还人情债。成员之间关系远近、强弱是动态变化的,不但可以将成员发展成类似家人进入核心,而且可以将圈子外的人发展成熟人进入圈子。圈子规模可大可小,成员进出自由,这使圈子具有相当的弹性和灵活性。

同时,罗家德认为圈子既有正面作用,也有负面作用,像一把"双刃剑"。小圈子是围绕核心人物建立起来的,核心人物往往才华出众、能力超群,并与他人建立关系,逐渐形成一个小群体,然后像滚雪球一样越来越大。圈子成员不仅关系密切,还有着广泛的共同利益,成员之间长期的忠诚、情感和友谊关系不仅是个人利益、长远利益,还包括圈子的利益。在遇到问题、困难时,圈子成员会互相帮助,共渡难关。这种情况发展到极端是圈子成员只在乎内部利益,共同向圈外争夺、占有有价值的资源,然后在圈子内部进行分享。由于圈子的建立和运作是以核心人物为主,圈子内部资源也由核心人物负责分配和统筹,核心人物又成为圈子内部利益的代表。因此,圈子文化与权力结合起来,有时候会出现权力个人化的现象。当组织的公共权力集团化和个人化时,公共权力被圈子所拥有和运用,就变成圈子牟取利益的工具。

罗家德认为圈子本身无所谓好坏,关键在于组织管理者如何有效、合理地利用它,取长补短,使其符合组织整体利益。

本章小结

本章通过梳理产品创新、团队理论和非正式网络相关研究,重点论述了非正式网络概念、结构、影响力及其在正式组织中的作用,下一章将介绍本书采用的社会网络理论和方法,并论述非正式网络在团队产品创新中的作用机理。

第三章　社会网络分析方法

本章将介绍社会网络理论的起源与发展、本质，社会网诺分析方法的基本概念、特点、原则及命题、局限性等内容，为开展实证研究奠定基础。

第一节　社会网络理论的起源与发展

"社会网络分析"是西方社会学的一个重要分支，是20世纪三四十年代出现并且有重要发展的研究社会结构的最新研究范式和视角（刘军，2006）。在过去的100年里，网络思想被应用于物理学、生物学、语言学、人类学、社会学以及精神疗法等不同的领域之中。20世纪70年代，社会网络分析开始被用于组织行为学和组织间关系的研究中。网络分析学家认为个体的活动大部分取决于其联结的更大的社会关系网络，通过运用网络方法，研究者可以解释任何个体和单位在其所属的更大的活动空间中的交往互动。

社会网络分析的核心是研究人际关系的静态模式，以及关系的成因与结果（Tichy，1980）。齐美尔（Simmel，1923）在社会网络的研究中，指出个体与网络群体存在着自由与约束的双重性：当个体加入群体时，会受到群体的约束进而建立个人与群体的基本关系，这就是所谓的社会网络。因此在研究组织中的个体时应从其所处的社会网络角度入手。个体进入群体时，受到群体的自由和约束之间的关系，进而产生群体的互惠关系（周雪光，2003）。博特（Burt，1992）基于网络与个人的双重性探讨，对网络中个体自由的意义做了更进一步诠释：网络中的自由并非与他人毫无关系、可以为所欲为，而是指与他人有独特且具体的关系，在个人加入各种网络时，从中彰显出个人特性。1950 年齐美尔研究二方、三方关系时，运用了社会网络的方法。之后很长时间里，人们忽视了这种方法，直到 1985 年，格兰诺维特在其文章中研究个体的社会关系构建和维系问题，才突出了社会网络理论的重要性。

社会网络方法与管理学中的权变理论相似，属于结构主义视角。其假设是行动者（包括个人、组织、组织的集合）的行为和结构可以通过其所属非正式结构（例如友谊、咨询、同事网络）的形态及其所处位置（如较高或低位置和非正式影响力）来理解（Shrader et al.，1989；Wellman，1988；Burt，1983，1992）。权变理论关注的是行动者结构特征，即正式组织结构中两个职位之间的层级数；社会网络研究关注的是行动者之间的关系。社会网络学者提出的问题主要是：社会网络结构如何通过资源配置支持或约束行为（Gargiulo & Benassi，1999；Wellman，1988）；社会网络如何通过创造和采纳文化规范影响结构的形成、转换和再造（Mancv，2001）；如何用社会网络结构解释行动者的绩效（Powell et al.，1996；Burt，1992）。为回答上述问题，研究人员运用社会网络分析来检查群体中行动者之间的联结及其关系的性质。社会网络分析方法能提供"关于组织内职位之间交流和关系结构方面全面而翔实的信息"（Shrader et al.，1989：44），因此提供了对行动结果的动态解释。这种方法可以对个体行动者和组织内外的整体网络结构特征进行识别，这些结构特征可以用一系列的变量描述，如社会网络的中心性、密度、连接性、对称性、互惠性和聚类。社会网络理论可以在管理问题解释中提供有意义的分析角度和具体方法，这里对其相关文献进行评述。

一、社会网络理论的思想来源

社会网络理论是社会学的重要研究方向之一，已经逐渐成为一种研究范式和具体的研究领域。其起源与发展过程是国内外学者们重视并运用结构性和系统性思维的产物。纵观社会科学学科发展的历史，几乎难以找到其他的研究领域，能够像社会网络理论这样，源于社会学，而被其他的社会科学和自然科学领域所普遍接受和应用，产生出大量的学术研究成果，并持续成为学术界的研究焦点（弗里曼，2008）。社会网络领域的研究成果整体上呈现出一种极具开放和兼容并蓄的显著特点（奇达夫和蔡文彬，2007）。社会科学领域中的网络思想来源主要有三个。

第一，基于物理学力场理论的德国学者们将网络理论和方法应用于对个体之间社会互动交流的研究中。这些学者包括库尔特·卢因，弗里茨·海德里和雅各布·莫雷洛等。20世纪20年代开始，学者们将社会网络理论和方法进行创新，然后引入美国学术界。换言之，就是基于卢因和海德里的研究成果，运用社会网络理论研究人类认知和人际关系间相互作用，并对未来的学者们在该领域开展持续研究产生深远影响。

第二，运用数学方法研究人类交流互动。这类研究在库尔特·卢因的著作中体现得淋漓尽致。在美国学术界，率先运用数学方法研究人类社会交往互动的是以图论（Graph Theory）为研究工具的社会计量学家，如卡特赖特和哈拉瑞。然后哈佛大学哈里森·怀特教授的一个研究团队也采用了图论的方法描述小群体间的人际关系。在著名的"霍桑实验"中，学者们开创了运用社会网络图（Sociogram）对人际关系进行研究的先河（奇达夫和蔡文彬，2007）。到20世纪70年代中期，《社会网络》杂志创刊，网络分析逐渐成为在社会学中颇有影响力的研究方法。

学者们将数学方法运用于社会网络研究之中，进一步推动该领域从描述性研究转变为分析性研究。

在随后研究中，学者们发现图论方法只适用于极少数的个体数量，如两人、三人关系的研究，一旦研究的个体数量超过十个，图纸中的点和线就会变得十分复杂，难以满足学者们研究工作的需要，这也是图论方法的局限性。于是，随着研究个体数量和网络规模的不断扩大，社会学家开始将矩阵方法应用于社会网络分析之中。矩阵的引入不但为研究社会中大量的成员间关系提供了可能，而且有利于在研究中应用计算机技术。而且，随着计算机运算能力的不断增强，网络方法的独特优势更加明显，学者们运用计算机可对社会领域中的诸多个体同时进行统计分析，从而更便捷地发现人类的社会结构和互动的新特点。

第三，运用人类学方法研究组织问题的科研人员。人类学家在复杂的社会中开展人际互动关系研究时，发现运用传统角色地位的结构功能理论，无法解释在现实世界中发生的人际互动行为（Milardo，1988），所以必须寻求新的理论进行解释。人类学家巴恩斯（Barnes，1954）在研究挪威一个渔村的社会结构时，发现如果仅仅从正式的社会结构角色（如社会阶级、职业、地位）开展研究，无法完全解释整个渔村实际运作的内在机理和状况，但是研究以非正式的关系（如亲属、朋友等）为基础而形成的非正式网络结构特征和角色，却能够解释此渔村内渔民之间互动行为的内在机理。鲍特（Bott，1971）对社会网络进行了后续研究，但网络的概念并没有引起学者们的关注。一直到20世纪60年代后期，社会网络理论才逐渐被各领域学者所接受，并逐渐运用到社会科学的研究之中（Wasserman & Faust，1994）。

二、在管理学的应用

在20世纪的最后20年，非正式结构在个人或群体形成社会化组织的过程中所起的作用引起了组织理论研究者的兴趣，主要有两个原因。第一是企业内外从事业务的变化。人们认为自己所处的组织结构与传统的市场或层级制组织结构的定义不同。波威尔（Powell，1990）称为网络型组织，他认为，这种新型组织结构并非市场制和层级制组织结构的简单混合，相反，这种组织结构有其独特逻辑和优势。第二是1970—1980年流行的研究组织经济学和正式结构论转为研究个体在形成组织过程中所起的作用（Podolny & Page，

1998）。克诺克和库克林斯科（Knoke & Kuklinski，1982）试图将网络方法解释社会现象的理论基础整合起来，他们将社会网络方法与传统方法进行了对比：经济学和心理学的大量文献中假设个体在决策和行动时不考虑其他行动者的行为；对人类有目的的行为分析无论是基于追求效用最大化，还是基于诱因刺激的减弱理论，这类对个体行为的研究总体上都忽视了社会行动者所嵌入的社会情境。

虽然社会网络理论起源于人际间的互动关系，主要运用于人类学、社会学、社会心理学等领域，但由于理论核心在个体间的关系和结构特性对个体的影响而并不考虑网络中个体属性，因此个体可以是个人、团队、部门、企业甚至国家，其应用范围十分广泛，政治学、经济学等各种领域皆可运用其概念及分析方法，来补充及强化各自研究领域在研究方法上的应用及理论的解释能力（奇达夫和蔡文彬，2007）。

人们从社会网络角度对于个体和组织行为的积极作用进行全面研究（Podolny & Page，1998；Coleman，1988；Powell & Smith-Doerr，1994）。格吉洛和贝纳西（Gargiulo & Benassi，1999）将其作用归纳为：第一，网络有利于获取信息、资源和机会（Podolny & Baron，1997；Burt，1992；Coleman，1990）。第二，社会网络帮助行动者使相互依赖的重要任务协调一致并克服集体行为中的难题（Blau，1955）。此外，社会网络可以帮助经理人和组织减少由于任务相互依赖而产生的不确定性（Blau，1955）。

三、在组织理论的研究领域

社会网络理论视角将人类社会结构视为由人际关系构成的网络，其理论价值在于将个体行为与集体行为之间、网络结构与行为之间、微观现象与宏观现象之间建立桥梁与纽带，从而用一个理论模型解释个体与集体的相互作用过程。同时，社会中个体间关系不是线性关系，社会构成也不能简单地对个体加总求和；相反，个体之间存在非线性关系，即个体间建立关系和交流互动会产生 1 + 1 > 2 的协同效应。从社会网络视角来看，个体之间既不是相互独立、毫无关系，也不是被各种关系所束缚、无法自主决策。格兰诺维特（Granovetter，1985）指出行动视角有时会犯"低度社会化"错误和结构观点有时会犯"过度社会化"错误，这两种视角都忽视了一个中间环节，就是个体之间的关系和社会网络结构。社会网络结构与行为之间互为因果，即个体之间建立人际关系后自发组织成社会网络，社会网络又会引起集体行为和场力；同时，场力会影响集体网络结构，场力与集体网络结构共同形成个体行为的约束或限制因素。关于"场"的定义，布尔迪厄（Boudier，1966）认为在一个比较封闭的区域中，社会、经济实体、产业或组织，都可以视为场。在场中个体之间存在的许多作用力，就称为场力。迪马齐奥和鲍威尔（DiMaggio & Powell，1983）对组织中"场"的定义是由诸多组织构成的社群，组织开展相似的业务活动，并遵守共同的规则，注重自身声誉和口碑。也就是说，组织遵守的场力包括：信息类的，如声誉、口碑等；规则类的，如惯例、法律法规、道德等。图 3.1 展示了场、行为与社会网络的因果关系（罗家德，2020）。

从社会网络视角来看，场力没有直接影响个体及其行为，而是通过个体所处关系和网络发挥作用。与个体有关系的人获得了某些信息或遵守某些规范，会向行动者传递信息和规范，使个体也必须遵守。场力如何促进个体建立关系，以及个体如何在社会网络结构中占据相应位置，这属于社会网络研究的议题之一。集体中稳定的合作行为会改变集体的社会网络结构，而在不同的网络结构中，个体采用相同的行为叠加起来成为不同的集体行为，而集体行为如果能够持续很长时间，而且固化成行为规范或规章制度，就自然成为场力。图 3.1 中箭头方向表示了上述过程的因果关系，而社会网络分析就是要解构集体和个体间相互转变的因果关系，人际关系和社会网络在转变过程中发挥桥梁和纽带作用。

罗家德（2020）在图 3.1 基础上，对社会网络理论中集体与个体视角的研究成果进行梳理，分成七大领域。图中椭圆中文字就是每个领域在因果关系中的位置。

第一，人际关系研究和场力对关系的影响。即个体属性这方面的因素

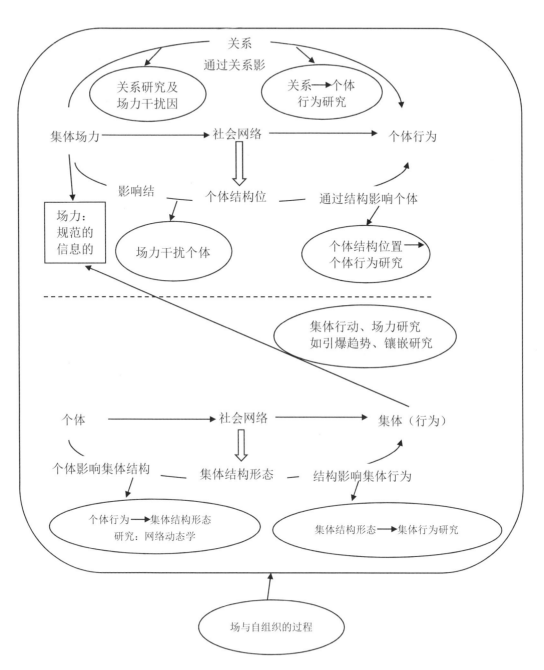

图 3.1 场、行为与社会网络之间因果关系示意图

资料来源：罗家德，社会网分析讲义（第三版），2020

与场力和集团网络结构因素共同影响人际关系，如关系的强、弱，信任关系等。社会心理学领域研究有助于学者们研究人际关系的形成、运作机理，社会学领域研究则有助于学者们研究场力对个体建立人际关系的影响。

第二，关系影响个体行动。这是个体的社会资本领域范畴。个体、群体或企业的关系及自我中心网络的广度、多元化程度，对个体获得商业信息和稀缺资源，甚至生存与发展有着重要影响。

第三，场力或集体网络结构对个体结构位置的影响。组织行为学和社会心理学领域学者研究个体如何占据网络结构中的位置。

第四，个体在网络结构中所处位置如何影响个体行为。博特在这一领域开展研究，并提出了著名的结构洞理论。还有学者研究个体行为如何叠加并成为集体行为，以及集体行为形成场力的内在机理。

第五，个体行为对集体网络结构的影响。这既是个体行为自组织领域的研究，也是动态社会网络理论的重要议题之一。沃斯和斯托格兹（Watts & Strogatz, 1998）开展的"小世界"研究（Small World），通过研究个体在人际关系中发挥桥梁和纽带作用以及个体采取的"趋同"行为，解释社会网络中的小世界结构，得出个体决定了社会或者局部群体的网络结构。

第六，集体网络结构对集体行为的影响。这是集体社会资本领域的重要研究内容。在组织中，集体的学习、创新、知识获取和传播、工作绩效提升，甚至企业的战略联盟成败都很大程度受到内部社会网络结构的影响。

第七，集体行为对场力的影响。组织中群体的集体行为以及群体之间的交流互动，有可能形成更强、更具影响力的场力。如组织内信息传播和累积会促成流行，群体类似行为会形成趋势或某种制度、规范或惯例。

四、研究视角

在社会网络分析中包括两种视角：一种视角主要源于社会学和组织理论，把社会关系网络视为一种存在于企业内部、企业之间以及企业所处的环境之中的分析工具或研究方法；另一种视角则具有明显的跨学科特点，它把社会网络视为一种行动主体间的合作机制进行研究，或作为一种资源配置关系，主要把网络与市场等级并列，视为一种重要的、值得研究的现象（彭文兵，2001）。

学者们从多个层次对社会网络影响进行了研究。在组织间的层次，人们将企业绩效视为市场结构变化的结果。例如，1996年波维尔（Powell）及其同事在研究生物科技公司1990—1994年的绩效时发现，如果一个产业中，技术发展迅速且技术源于复合知识时，创新会发生在企业网络中，而非在单个企业里。他们将企业网络描述为学习型网络，学习过程通过大量的组织间合作完成。

运用社会网络分析在组织间的研究成果要多于组织内的研究成果。组织内的研究主要是案例研究（Shrader et al.，1989）。这类研究发现了非正式组织的积极作用，包括较早地晋升（Burt，1992）、组织绩效（Barnard，1938）和参与技术与管理创新（Ibarra，1993）。

社会网络研究能够吸引国内外越来越多学者们的关注，主要有以下两个原因。

一是全球化竞争的需要。从现实情况看，实际的经济行为与过去相比，发生了很大的变化。在经济全球化的今天，为了竞争的需要，企业之间的合作越来越普遍，企业通常会采取合同合作等形式进行战略联盟，因此在各类企业内部以及企业之间开始出现了规模庞大的网络化结构与网络化行动。

二是亚洲地区经济崛起的网络研究热。日本、亚洲四小龙经济的崛起，使西方学者开始对亚洲经济进行研究，他们发现日本、韩国、新加坡及中国等国家的经济有着特殊的组织结构，他们把亚洲经济称作网络资本主义。经济学家用传统西方主流经济学对亚洲经济崛起的解释明显缺乏力度，后发现借助新经济社会学的网络理论和分析工具能够对亚洲经济进行合理的解释，因此越来越多的学者开始关注网络分析，并用其分析经济现象（见表3.1）。

表 3.1 社会网络分析的一般应用

组织合作与联盟关系有效性	高管们正在越来越多地采用跨组织的企业形式，例如企业联盟或者建立其他形式的战略合作关系，来共享各个组织的特有能力。社会网络分析能够说明这类组织合作的举措在信息流通、知识传递以及决策过程方面是否有效
评估组织战略落实情况	知识密集工作中的核心能力通常是跨职能或跨部门边界之间的人际协作。社会网络分析使高管们确定不同职能、不同部门之间当前是否存在着有效的人际协作，是否可以支持组织实现战略目标
提高高层领导战略决策能力	高层领导班子的核心职能之一是取得信息，制定合理的决策，同时把决策的内容在更大的组织范围内进行有效的传播。社会网络分析可在由高级领导层及它的下一级领导人员之间进行，因此它可以帮助分析高层领导内部人际网络的连通情况，还可以提示信息在该领导小组内部与外部之间流通的方式
整合围绕核心业务进程的人际网络	核心业务进程当中无形的人际网络常被职能部门边界支解。人们的认识与组织结构的壁垒经常妨碍将特定的专业技术知识整合在一起，从而影响工作质量、组织效率与创新。像工艺流程图对工艺整合安排所起的作用一样，社会网络分析可以围绕在核心业务进程起关键作用的职能部门，对其间的信息与知识的流通情况做出诊断分析
促进创新	大多数具有重要价值的创新活动都是人际协作、共同努力的结果，无论是新产品开发还是过程改进，社会网络分析对于一个组织如何整合其专业技术知识及其效率，具有独到的分析能力
确保大规模改组或组织整合后，网络的后续整合取得成功	对知识密集型的组织类型而言，大规模的组织变革从根本上来说是人际网络整合问题。在这类改组措施实施之前进行社会网络分析，有助于全体员工了解拟议中的改组方案，帮助组织者识别哪些员工是人际网络中的网络核心。组织者希望将其设计为网络的节点，这是由于这些人具有向他人传递信息的能力。社会网络分析还可以作为一项跟踪项目，在社会网络分析实施后 6-9 个月后再次进行，使领导者了解为使改组整合的举措获得成功，还必须进一步解决的问题
有助于发展专业社区	专业社区通常不被认为是组织内独立存在的一种组织形式，但对有形组织需要获得切换传递却由于物理空间或组织结构设计而分布开来的专业技术知识来说，这种形式起到重要的作用。通过社会网络分析可以发现专业社区中的关键人员，并可以对社区当中的人际连通整体状况作出分析

资料来源：罗布·克罗斯和安德鲁·帕克，2007

第二节　社会网络理论的本质

社会网络是由行动者及其关系所共同组成的，其探讨的核心基础是"关系"的联结，而非行动者本身的属性，属性仅被视为是社会网络中的一种资源（Lin，2001）。社会网络理论认为个体是嵌入在网络结构中的，其认知、态度及行为会受到所处网络结构的影响，无论是获取资源的机会或者是被网络的整体规范限制了的行为。由于社会网络强调的是关系联结，将个体仅视为在网络结构中提供资源的其中一个来源，故对个体的属性及影响其行为的意志，不列入考虑范围。也正因如此，社会网络研究大都是针对个体所在网络结构中的位置，来分析该位置对其认知、态度及行为表现的影响，而个体的行为进而会影响其在结构中的位置，由此形成一个动态过程（陈荣德，2004）。

霍曼斯（Homans，1950）认为人们建立关系是为了交换有价值的资源，关系能否持续存在依赖于双方在关系中的回报。根据交换理论，霍曼斯尝试将微观与宏观的分析层次结合起来，并描绘出个体在互动中所形成的社会结构。艾默森（Emerson，1972a，1972b）将交换理论的关注点从二方关系延伸到二方关系所嵌入的整个关系网络，验证了个体层次和群体层次交换以及权力的依赖关系。他认为当个体或群体交换有价值的资源时，有可能形成大型的关系网络。该理论认为个体与他人构建关系的动机并非是追求投资回报的最大化，与利己主义的理论不同。相反，个体建立关系的动机是基于他们有能力将对资源提供者的依赖最小化，而增加资源索取者对自己的依赖。社会交换中通常要对这些依赖性进行管理并形成优化的策略。社会交换理论的学者认为，这些依赖关系将个体联系起来形成群体。有些学者将这一观点进行延伸，形成了网络交换理论（Bienenstock & Bonacich，1997）。

社会网络理论将"关系"视为一个客观存在的事实，例如亲属关系、师生关系、朋友关系、老乡关系等，探讨因此客观存在的关系，而此关系将牵

涉到"群体规范"及"结构特性"对个体所提供的机会与限制，影响其态度
与行为。个体处于社会网络之中，其态度与行为在某种程度上必然会受到其
他成员的影响，即必须同时考虑其他成员的态度与行为，因此限制了本身的
行为。例如，为了顾及整体的利益，而在与个人利益冲突时做出是否妥协的
决定，或为了维持良好的关系，而必须表现出其他成员所期望的言行举止，
较不能完全依自己的意志行动（奇达夫和蔡文彬，2007）。

事实上，个体间关系的建立，牵涉到个体间接互动的机会、建立关系的
意愿以及关系建立的能力，除了持经济理性决策的社会交换理论外，还包括
许多深层次的心理因素，如情感、内在成就动机、社会归类、社会认同、社
会支持等。因此，个体的属性及成对匹配性便在其间扮演重要的角色，但这
部分是社会网络理论所略去不谈的。

根据社会网络所涉及内容，我们可将其概念区分为三个部分：一是整
体网络的结构特性，二是关系的性质，三是关系的内容。整体网络的结构
特性包括网络的规模（参与个体的数量）、联结的密度、联结的集中度或分
散性、子群等网络结构。关系的性质是指关系的强度、持久性与互惠性等。
关系的内容是指关系的品质，若关系的内容是正面的、能维持情感的，则为
社会支持；若关系的内容是负面的、强求的，则为紧张的关系（Umberson
et al.，1996）。

利用社会网络分析，可以使我们深化对行动主体的社会经济行为及其
过程的理解。但因为许多描述网络的概念都是针对某些特定的研究问题，彼
此之间缺少必要的整合，所以还没有建成一种完整的体系。美国学者博特
（Burt，1982）在分析网络模型时，基于两个维度——行动者的总体与分析方
法，提炼并总结出了六个社会网络分析模型（见表3.2）。

表 3.2　网络分析模型

分析方法		作为分析单位的行动者总体		
		行动者	作为网络次群体的多个行动者	作为结构化体系的多个行动者或次群体
分析方法	关系	广泛的、密集的或多元的个人网络	作为网络派系的初级群体	密集的、可转移的体系化结构
	位置	作为一个中心或声望占据一个网络位置	地位或角色集：一组结构平等的行动者	地位或角色：集分化的体制化结构

资料来源：Burt，1982

　　表 3.2 中，可以将行动者的总体分成三个层次，即：最高层次是在分析关系时，把体系中的所有行动者视为一个分析单位进行处理；最低层次是在分析关系时把个人视为分析单位；在最高层次和最低层次之间的是将总体行动者细分为不同的次群体，然后将次群体视为分析单位。表中还列出了两种分析方法：一种是关系分析法，该方法用于研究行动者之间的关系密度；另一种是位置分析法，该方法用于分析关系的模式，关系模式确定了行动者在行动体系中所处的位置。运用关系分析法可以研究行动者相关的一种或几种关系，也可以不考虑其他各种关系所产生的影响；而运用位置分析法，把行动者当作若干行动体系中的一个，则必须考虑行动者所涉及的各种关系。

第三节　社会网络分析的基本概念

一、社会网络

　　由行动者和行动者之间关系组成的集合。社会网络的重要特征之一就是对关系的表达和分析。

1. 行动者

指在一个社会网络中与其他人（或者行动者）相联系的个人、团队、部门、企业或企业集群，从更广义讲，还指政府、社团等组织机构。"行动者"的概念并不表示这些社会单位具有采取"行动"的意愿或能力。大多数学者在社会网络领域研究关注的是同类型行动者群体（如工作团队中的成员），这种群体称为单模网络。

笔者认为，既然是社会网络领域中的"行动"，应该理解为行动者建立、维护或中断社会关系的行为。

2. 相关关系

行动者之间是通过社会关系连接在一起的。在沃瑟曼和福斯特（Wasserman & Faust，1994）的著作中，关系所涉及的范围和类型非常广泛。一种关系的特点是将一对行动者联系起来。在网络分析中常用的典型关系如下：①由一个人相关的人，对这个人进行评价（相关的人，如这个人视为朋友的人、这个人喜欢的人、这个人尊重的人）；②传递物质资源的关系（如企业业务交易关系、租用或借出）；③联合或灵活性关系（如行动者共同参与某种社会活动，或共同隶属某家社会团体）；④交流互动行为（如行动者一起交谈、传递信息）；⑤地理位置或地位的移动（如移民、社会或地理位置的移动）；⑥地理位置的联系（如一条公路、河流或桥梁将两个地点联系起来）；⑦正式关系（如组织中职位之间的关系）；⑧血缘关系（如家族关系）。

由于本书关注的是非正式网络，是由行动者之间非正式关系所构成，即行动者在企业制度规定的正式关系之外所建立的关系，例如基于亲情、友情等的人格化联结。个体之间的交往互动就形成了网络的关系，关系是否存在或建立，关系方向、强弱、距离与结构都是网络分析中需要探讨的问题。

需要说明的是，非正式关系并不等同于人格化联结，这点无论对于个体层次还是组织层次的行动者来说，都是如此。举例来说，人体器官移植存在需求方，但当前更紧缺的是供方，因此在通常情况下，患者的亲属常成为器官提供者（供方）。这里，器官需求者和提供者之间可能有血缘关系，但是我们也应该看到：这种关系一方面并不是正式的（没有什么规定要求亲人之间需相互捐献器官），另一方面又是极具人格化色彩的（若非是亲人，可能就不会有意愿去捐这个器官）。可是，正因为局限于人格化的联系，使患者得到可配型器官的可能性大大降低了。相比之下，输血问题之所以能摆脱这样的困境，就是因为有了制度化的供血渠道，如无偿献血者优先用血制度以及血库的建立等。尽管需输血者并不认识那些有偿或无偿的献血者，但借助于制度化的联结，特定血型的需求者仍然可以超越人格化因素而获得所需的资源。由此可见，对行动者之间的非正式关系，绝不可单纯地从人格化联结的角度来考察（王凤彬和刘松博，2007）。

3. 关系类型

在社会网络中节点间关系类型可以用多种方式描述和分析。本书的分类是基于特奇和塔什曼（Tichy & Tushman，1979）的建议，将关系类型分为结构特征、交易内容、关系的性质三种。本书主要探讨关系的结构特征和交易内容。

（1）结构特征

为了描述非正式网络结构，常使用以下术语：密度，指实际的连接数与可能存在的总连接数的比率；聚类度，测量相互连接的个体形成的密集区域在网络中出现的部分；开放性，用于描述外部连接数占所有可能的外部连接数的比率；稳定性，指网络在一段时期内变化的程度；可达性，指两个节点之间连线的数量；中心度，指个体在正式层级中所控制的关系数量。

（2）交易内容

虽然网络的结构可以预测不同的结果（奇达夫和蔡文彬，2007），但在结构中流动的资源同样重要，也就是说，社会网络研究人员根据关系的内容进行分类。莫奇（Monge & Eisenberg，1987）提出在社会网络中针对关系内容，可以按照表达感情、试图施加影响、信息交换、实物和服务的交换这些方法进行分类。

弗里斯等（转引自 Monge & Eisenberg，1987）将信息分为三类，分别是：①与生产有关的信息，来自在工作范围内完成任务的需要；②创新型信息，具有前瞻性，并且在解决组织问题、提高办事效率方面处于核心位置；③生活信息，与个体的社会心理需求有关。

4. 点的度数

在一张社会网络图中，与某个节点相邻的节点称为该节点的"邻点"（Neighbourhood Node），节点 n_i 的邻点数量就称为该节点的度数（Nodal Degree）。在一张有向图中，一个节点既可以邻接至（Adjacent To）也可以邻接自（Adjacent From）另一个节点，这取决于连线的方向。节点的度量可以表示行动者建立关系的情况，是测量节点"中心度"指标的基础。

5. 密度

密度（Density）已经成为社会网络分析最常用的一种测度，是图论中的另外一个概念。几乎每个社会网络研究都离不开对密度的测量，它在社会网络分析中占据重要地位。

（1）密度的定义

密度这个概念是为了计算各个线的整体分布，以便对比该分布与完备图的差距有多大。在节点数量固定情况下，节点之间的连线越多，该图的密度就越大。具体地说，密度指的是一张图中各个节点之间联络的紧密程度。它是表示图的特征的一个指标。在本书中，密度代表团队成员彼此关系的平均强度，研发人员彼此的互动关系越多，则密度越大。

（2）密度测量及相关问题

密度是衡量社会网络结构松紧程度或行动者之间相互联系的程度，以无向图为例，图中实际拥有的连线数 l 与最多可能存在的连线总数之比来表示，即：

$$密度（Density）= 2l \, / \, N \, (N{-}1)$$

其取值范围为［0，1］，N 是社会网络中行动者的总数。当社会网络中所有的行动者彼此之间都有联结关系时，其网络密度达到最大值 1；当社会网络中的行动者彼此之间没有任何联结关系，其网络密度为最小值 0。

通过密度计算公式可以看出，一张图的密度取决于另外两个网络结构变量，即图的内含度（Inclusiveness）和所有节点的度数之和。内含度指图里所有关系包含的节点总数量，即图中除孤立节点以外的节点数量之和。不同的图之间进行对比分析时，测量内含度方法是内含节点数量与总节点数量的比值。

有向图密度的计算公式要相应做出调整，因为有向图节点之间最大连线数正好等于它所包含的节点总对数，以 N 表示节点数量，则最大连线数为 $N(N-1)$，因此密度计算公式为：

$$密度（Density）= l / N(N-1)$$

在社会网络中可以分为自我中心网和整体网络，这两类网络密度计算方式不同，学者巴恩斯（Barnes，1954）对这两类网络的密度计算进行了研究。作为自我中心网络，也称个体网络，其密度表示与网络中心行动者建立直接关系的其他行动者的数量。作为整体网络，其密度表示整体网络的行动者之间所建立关系的情况，这样，密度指标就从局部的自我中心网络扩大到具有全局视野的整体网络。

在计算密度时，一个基本问题是密度依赖于图的规模，这就导致不同规模网络的密度无法比较（Friedkin，1981）。在密度计算公式中，节点间连线数不同，图的密度也不同，但是它们都可以与完备图中的密度做比较。如果每个行动者能够建立和保持的关系数有一个上限，则整个图的连线总数就受到点度数的限制。这意味着，在其他因素不变的情况下，大图的密度要比小图的密度小。梅优和莱文杰（Mayhew & Levinger，1976）认为，一个人用于建立和保持某些关系的时间是有限的，用于保持某种关系的时间更有限，并且随着交流互动人数的增加，每个人投入到保持某种关系的时间就逐渐减少。因此，当回报减少并且成本或代价增加时，行动者就可能会终止建立新的人际关系。按照这种逻辑，行动者能够接触并维持的关系数量将随着网络规模的增加而减少，时间和金钱等有限的资源也会限制密度的增加。

密度可以用于反映节点间相互联结的程度（Scott，2000）。例如，如果团队 A 和 B 都有 6 名成员，每个团队可能有 15 个联结对。如果团队 A 有 10 对联结，团队 B 有 4 对，那么团队 A 的网络密度将高于团队 B，即成员之间互动频率高，沟通障碍小。

6. 中心性

沃瑟曼和福斯特（Wasserman & Faust，1994）认为，中心性（Centrality）是社会网络分析中的重要指标。如果在社会网络中某个行动者在人际交往中左右逢源、八面玲珑，在建立和维持人际关系过程中引人注目，则称这种行动者是显著的，类似"明星"的角色。诺克和博特（Knoke & Burt，1983）对行动者在社会网络中引人注目的特点建立了数学模型。哈伯尔（Hubbell，1965）和弗里德金（Friedkin，1991）在论文中指出，测量显著性不仅要考察行动者直接或邻近的关系，还要考察那些通过中介关系与行动者建立的间接关系。学者们认同这一观点，并将其作为测量行动者中心性的原则沿用至今。如果是无方向的关系，在社会关系矩阵 X 的第 i 行（X_{i1}，X_{i2}，$\cdots$，X_{ig}）与第 i 列（X_{1i}，X_{2i}，$\cdots$，X_{gi}）相同，那么行动者 i 在网络中的显著性，就取决于社会关系矩阵 X 中 $g-1$ 个可能存在的关系，从而确定行动者 i 在网络中的位置。当社会网络是有方向的，那么社会关系矩阵的第 i 行和第 i 列不相同，行动者 i 在网络中的显著性，由 i 所在社会关系矩阵的 2（$g-1$）个输入项所决定。

在测量节点中心性时有不同形式，同时需要关注中心度的"整体"与"局部"的区别。某个节点是社群图的局部中心，意思是说该节点与紧邻节点之间建立许多关系；某个节点在整个网络处于战略中心地位，指的就是整体中心性（斯格特，2007）。

与节点的中心性有关的概念是一张社会网络图的"中心势"（Centralizaton），指的是一张网络图的节点之间的总体凝聚力或向心力。例如，一张图中的节点可能较多地集中在少数节点或群体附近。

在研究中心性和中心势过程中，学者们通常列出节点的绝对中心性的表达公式，然后为了比较不同图的节点中心性，需要使用节点的"相对中心性"，就是把绝对中心性指数进行标准化。具体操作方法是：节点的绝对中心性除以节点所在网络图中所有节点最多可能存在的中心度指数之和（通常在星状网络图中，各个节点的中心度指数之和能够达到最大值）。

一般而言，学者们将社会网络的节点中心性主要分为三种形式，即点度中心性、中间中心性和程度中心性（刘军，2004）。

（1）点度中心性

在社会网络中，与很多节点建立了关系的节点，就处于网络中心位置，并拥有较大的影响力和权力，点度中心性就是测量与该节点有直接关系的节点数量。在无向图中是点的度数，在有向图中由于关系分为发出的和接受的，点度中心性就分为点入中心性和点出中心性。斯帕罗等（Sparrowe et al.，2001）指出，点入中心性是以网络中的行动者主动与其他行动者建立关系的数量之和，点出中心性指行动者承认对该行动者建立关系的数量之和。

学者们将点度中心性一般分为两种形式，即绝对中心性和相对中心性，其中，相对中心性是将绝对中心度标准化后得到的。

首先解释绝对点度中心性。如果用 C_{AD} 表示绝对点度中心性，那么节点 x 的绝对点度中心性为 $C_{AD}(x)$[①]。这种指标测量的是与节点有直接关系的节点数，没有测量有间接关系的节点，这种中心性属于局部中心性（Local Centrality）。

其次解释相对点度中心性。绝对点度中心性只适用于同一张图中节点之间，或者在同等规模的图之间进行比较，当图的规模不同时，图与图之间节点中心性无法比较。为填补这个指标不足之处，弗里曼（Freeman，1979）提出节点相对中心性的指标，即用绝对点度中心性除以图中节点最大可能的度数得到的比值。这种对绝对中心性标准化的方法，得到的相对点度中心性就可以在不同的图之间进行比较。

在有方向网络中，节点 x 的相对点度中心性 $C'_{RD}(x)$[②]，其计算公式为：

$$C'_{RD}(x) = \frac{x的点入度 + x的点出度}{2n-2}$$

其中：n 表示网络规模。

在无向网络中，节点 x 的相对点度中心性 $C'_{RD}(x)$，其计算公式为：

---

① $C_{AD}(x)$ 中的 AD 是 Absolute Degree 的简写。

② RD 是 Relative Degree 的简写。

$$C'_{RD}(x) = \frac{x的度数}{n-1}$$

其中: n 表示网络规模。

当 $C'_{RD}(x) = 0$ 时，节点 x 为孤立点；当 $C'_{RD}(x) = 1$ 时，节点 x 为网络核心点之一。

基于度数对节点中心性的测量，可以将节点之间的直接关系进一步扩大到节点之间的间接关系，这时"邻点"就包括与一个节点距离较远的节点。

计算局部中心性的时候，不需要考虑整体网络有无核心。以图 3.2 为例，行动者 A 有五个相邻的行动者 D、E、F、G 和 H，即使行动者 E 不同 A 建立联系，还有其他四个行动者与 A 有联系，并可以提供帮助。反观行动者 E，如果行动者 A 不跟他来往，行动者 E 就会陷入孤立状态。而程度中心性衡量的是社会网络的局部中心，利用相邻点的数量作为局部中心性的衡量指标，行动者与相邻点建立联系越多，则局部中心性越高。行动者 A、B、C 都属于局部中心点，都拥有 5 个相连的行动者，度数为 5，其他节点度数是 1 或 2，A、B、C 是在网络中具有较高权力并处于有利位置的行动者。

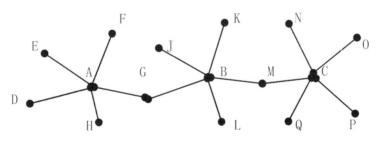

	A, C	B	M, G	J, K, L	其他节点
绝对局部中心性	5	5	2	1	1
相对局部中心性	0.33	0.33	0.13	0.07	0.07
接近（整体）中心性	43	33	37	48	57

图 3.2　局部中心性和整体中心性

资料来源: 斯格特，2007

（2）接近中心性

接近中心性（Closeness Centrality）用于衡量网络的整体中心性（Globally Centrality），可以判断一个行动者与其他行动者的接近程度，与其他行动者距离越近，接近中心性越高，表示其能较快地取得信息和知识等资源。

弗里曼（Freeman，1979）提出测量节点的接近中心性需要根据节点之间的距离，而社群图中两点之间通常会有一条测地线，测地线的长度就是两个节点之间的距离。在网络中如果一个节点与其他所有节点距离都很短，那么该节点就是整体网络的中心。在图 3.2 中，行动者 B 跟其他行动者的距离总和是最小的，因此 B 就是整体网络中心。和行动者 A、C 相比，行动者 B 不仅是局部中心，而且还是整体中心，且具有更高权力。

接近中心性的计算公式为：

$$C_c(x_i) = \left[\sum_{j=1}^{n} d(n_i, n_j)\right]^{-1}$$

标准化接近中心性计算公式为：

$$C_c(x_i)' = \frac{n-1}{\sum_{j=1}^{n} d(n_i, n_j)}$$

其中：$d(n_i, n_j)$ = 连接节点 i 到 j 的最短距离。

图的接近中心势计算公式为：

$$\sum_{i=1}^{n} C_c'(x^*) - C_c'(x_i)$$

标准化接近中心势的公式为：

$$C_c = \frac{\sum_{i=1}^{n} C_c'(x^*) - C_c'(x_i)}{[(n-2)(n-1)]/(2n-3)}$$

其中 $C_c'(x^*)$ 表示行动者集合中标准化接近中心性的最大值。

（3）中间中心性

中间中心性（Betweenness Centrality）用于计算节点在社会网络的中间位

置，指一个网络中两个行动者之间交流互动，必须通过另一个行动者作为中间人进行推荐或介绍。中间中心性指标较高的行动者，在行动者之间引导信息和知识等资源流动的机会也较多，也就是说他占据了操纵信息和知识等资源流动的关键位置。弗里曼（Freeman, 1979）认为，这种位置上的行动者通过控制或者曲解信息、知识和经验的传递而影响其他行动者，甚至整个群体。中间中心性高的行动者，在组织中可发挥正面的积极作用，也可能发挥负面的消极作用。在组织的人际交往过程中，当同事发生矛盾、误会时，中间中心性高的行动者可以在同事之间进行调解、斡旋和协商，化解和消除同事之间矛盾和冲突；也可能激化、挑拨同事之间矛盾和冲突。例如，有的人倾向于向领导、其他同事传递对自己或对自己所处派系有利的信息如"报喜不报忧"，或者传递对竞争对手不利的信息如造谣中伤、挑拨离间等，从而使自己获得利益，"鹬蚌相争，渔翁得利"指的就是这种现象。

在图 3.2 中，如果行动者 A 希望与 B 建立关系，就一定要经过行动者 G，因此行动者 G 就有权力选择帮忙或者不帮忙，利用这种权力就有收取利益或服务费的机会。中间中心性是要衡量某节点存在任两点中间的程度。例如，行动者 G 和 M 就是图中的中间媒介者，因为两者被包含在任两人间的程度是最高的，因此行动者 G 和 M 拥有中间人或者守门人的权力。

在用数学公式表达中间中心性时，假设在一张社群图中节点 j 和 k 之间测地线数量用 g_{jk} 代表，第三个节点 i 操纵或控制节点 j 和 k 之间关系的程度用 $b_{jk}(i)$ 代表，也就是说节点 i 处于节点 j 和 k 之间测地线中的概率值。连接节点 j 和 k 之间测地线中，经过节点 i 的测地线数量用 $g_{jk}(i)$ 代表。那么中间中心性的计算公式为：

$$b_{jk}(i) = \frac{g_{jk}(i)}{g_{jk}}$$

关于节点 i 的绝对中间中心性 C_{ABi} 的计算，就是把社群图中所有节点的中间中心性求和，即：

$$C_{ABi} = \sum_{j}^{n} \sum_{k}^{n} b_{jk}(i)$$

其中：$i \neq j \neq j$，且 $j < k$

图的中间中心势计算公式为：

$$C_B = \frac{\sum_{i=1}^{n}(C_{\mathrm{ABmax}} - C_{ABi})}{n^3 - 4n^2 + 5n - 2} = \frac{\sum_{i=1}^{n}(C_{\mathrm{BBmax}} - C_{RBi})}{n - 1}$$

其中，C_{ABmax} 是节点的绝对中间中心性，C_{RBi} 是节点的相对中间中心性。

上述三项中心性指标的计算大多数情况下是以无方向的关系来进行处理的。对于有方向的关系，如果要使其转换成无方向的关系，主要有两种标准——最少关系和最大关系。最少关系规定只有双向关系才算两者关系成立，而最大关系则规定单向及双向关系都认为两者关系成立（罗家德，2020）。如果要衡量点入和点出的程度中心性就必须采用有方向的关系来计算。

在研究过程中需要计算中心性时，对于选择哪个指标比较合理，弗里曼（Freeman，1979）认为，要根据研究问题、目标而定：如果关注人际交往，可选取点度中心性指标进行计算；如果研究行动者对其他行动者人际交往和建立人际关系的控制、维持等，可选取中间中心性；如果研究人际关系中信息或知识等传递的独立性和有效性，可选取接近中心性。无论如何，中心性三种指标的计算中，星形网络的中心都处于核心位置。

由于上述三项网络中心性的计算方法不仅复杂且费时，因此可以通过 UCINET 6.0 软件进行计算。

二、图与矩阵

学者们将数学中的图论应用于社会网络领域，主要原因在于（Harary，Norman & Cartwright，1965）：首先，图论中相关数学符号和专业术语用于展示网络特征和网络属性，更有利于学者们开展研究工作；其次，图论中相关的数学公式和算法有利于对网络属性进行量化分析（Freeman，1984）；最后，除了专业术语和数学算法之外，图论还有利于对图及其结构的进行定理证明。

除了将数学体系用作分析工具，图论还将行动者和社会关系有机结合起来构建社会模型，以这种社会模型表示社会网络。这种模型将实际社会网络中主要元素提炼出来，从而起到简化社会网络的作用（Hage & Harary，1983）。

社会网络数据由一组或多组行动者之间关系的指标所构成。在研究过程中，不但需要记录网络数据集合里行动者属性信息，还需要表示行动者集合、关系的符号。通常使用图论对网络数据进行表示，将行动者视为网络节点，行动者之间关系用连线表示。例如，一个行动者集合可以用字母 N 表示，集合中有 g 个行动者，那么这个集合就用表示为：$N=\{n_1, n_2, \cdots\cdots n_g\}$。

矩阵是表示和统计网络数据的又一种方法，矩阵中所表示的信息与图完全相同，但更便于在计算机中进行统计分析。

1. 图

（1）定义

图指没有方向的二元关系所组成的社会网络模型，即网络中每一对行动者要么存在关系，要么没有关系。在图中，节点表示行动者，连线表示行动者之间的关系。一张图 G 由两个集合所组成：节点集合 $N=\{n_1, n_2, \cdots\cdots n_g\}$ 和各对节点之间的连线集合 $L=\{l_1, l_2, \cdots\cdots l_L\}$，那么可以把图记为 $G(N,L)$。

两个节点之间连线分为三种类型：对称线（Mutual，即双向箭头）、不对称线（Asymmetric，即单向箭头）和没有线（即节点之间没有关系）。

（2）有向图和无向图

根据行动者之间关系有无方向划分，可将图分为有向图（Directed Graph）和无向图（Undirected Graph）。无向图可视为对称图的延伸，表示行动者之间是否建立关系。作为有向图而言，以两个行动者 n_1 和 n_2 建立的关系对为例，如果行动者 n_1 指向 n_2 关系，则记为 $n_1 \rightarrow n_2$。这种关系比较典型的是经济上的借贷关系，或者向专家请教咨询时所建立的关系。

把行动者之间关系对的集合用 S 表示，S 中有 L 个元素，那么用数学公式表达为：$S=\{s_1, s_2, \cdots, s_L\}$。

在三个行动者 A、B、C 组成的社会网络中，关系为：A↔B，A→C，C→B，那么网络图与矩阵如图所示

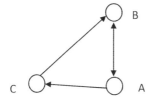

	A	B	C	行总和
A	—	1	1	2
B	1	—	0	1
C	0	1	—	1
列总和	1	2	1	

图 3.3　一张有向图及其邻接矩阵

资料来源：刘军，2004

（3）完备图和非完备图

当图中所有节点都有连线，图中连线数量达到最大值时，这种图为完备图（Complete Graph）。当用一条线把两个节点连接起来时，这两个节点是相邻的。

2. 矩阵

矩阵指由纵向和横向排列的二维数据所组成的表格，源于数学中方程组的系数和常数构成的方阵。在社会网络中的节点进行编号，然后按照行和列排列成二维数据表格即可得到矩阵。例如，矩阵常用大写英文字母 A 表示，如果有 m 行 n 列，可表示为矩阵 $A_{m \times n}$，矩阵中第 i 行 j 列的元素 a 表示为 a_{ij}。

$$A = \begin{bmatrix} a_{11} & a_{12} & \cdots a_{1n} \\ a_{21} & a_{22} & \cdots a_{2n} \\ \cdots & \cdots & \cdots \\ a_{m1} & a_{m2} & a_{mn} \end{bmatrix}$$

当矩阵的行数不等于列数时，这种矩阵称为"长方阵"；当矩阵的行数等于列数时，这种矩阵称为"正方阵"（或方阵）。

如果矩阵中的行和列表示的是同一个行动者集合里的行动者，则矩阵中的元素表示行动者之间的"关系"，这是 1- 模网络矩阵。如果矩阵中的行和列表示分别来自两个不同的行动者集合的行动者，则矩阵中的元素就分别视为两个行动者集合里各行动者之间的"关系"，这种是 2- 模网络矩阵。如果

矩阵的"行"表示行动者,"列"表示行动者所属"事件"或"活动",则矩阵中元素表示行动者归属"事件"或"活动",这是 2- 模网络矩阵中的隶属关系矩阵。

2. 测地线、距离和直径

图中的两个节点是由一系列线段连接起来的,那么这两个节点之间就存在路径,路径中线段之和就是路径的长度。两个节点之间的距离就是最短路径的长度,在社会网络中称为测地线或者捷径(Geodesic)。在一张图中可以包含不同长短的若干条测地线。两个节点间的测地线距离(也称最短距离,Geodesic Distance;或简称距离,Distance),一般用 $d(i, j)$ 表示节点 n_i 与 n_j 之间的测地线距离。一张完备图的直径是所有节点之间测地线的最大值,用符号表示完备图直径为:$\text{Max } d(i, j)$。一张图的直径取值范围为:最小值 1 到最大值 $g-1$。如果一张图是非完备的,则其直径是无穷大,因为在一个非完备图中一个或多个节点之间的距离是无穷大。

三、二方组

1. 定义

网络分析最基本的层次就是两个行动者之间存在一种连接或相关的关系。这一对行动者中关系就是双方共同的属性,而不是仅属于某一方。许多网络研究关注行动者之间的关系。这种二方组就是网络研究中的分析单位。二方组包括一对行动者和双方的关系。二方组分析所关注的是一对行动者关系的性质,例如是否为互惠关系,多种相关关系连接时某些特定关系是否会同时出现?

上述定义用数学符号表达时,在网络中行动者 i 与 j 建立的二方组用数学公式表达为:$D_{ij} = (X_{ij}, X_{ji})$,$i \neq j$。该二方组的关系是没有方向的,第一个行动者的标号小于第二个行动者的标号,即 $i < j$。如果网络中有 g 个行动者,那么当网络中的关系没有方向时,共有 $\dfrac{g(g-1)}{2}$ 个二方组;当网络中的关系

有方向时，共有 $g(g-1)$ 个二方组。

2. 二方组的同构类和谱系

如果是无向图，二方组有两种同构类，即：$D_{ij}=(0,0)$ 和 $D_{ij}=(1,1)$。如图 3.4 所示。

如果是有向图，二方组有三种同构类，即：虚无对 $D_{ij} = (0,0)$，表示行动者之间没有关系；非对称对 $D_{ij} = (1,0)$ 或 $D_{ij} = (0,1)$；互惠对 $D_{ij} = (1,1)$，表示行动者之间存在双向关系（Wasserman & Faust，1994）。

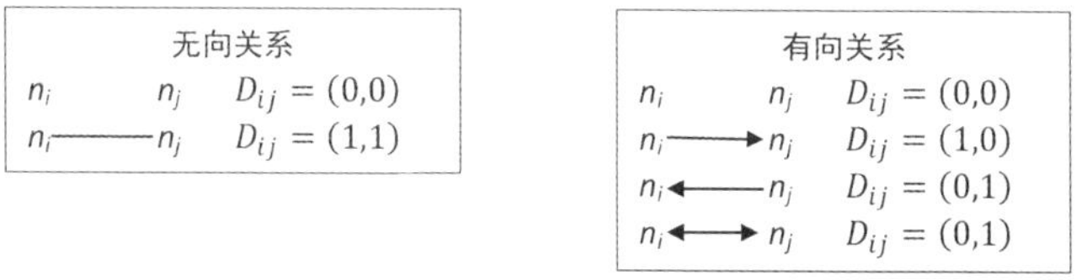

图 3.4　无向关系和有向关系的二方谱系图

资料来源：刘军，2004

在一张无向社会网络图中共有 $\dfrac{g(g-1)}{2}$ 个二方组，以大写字母 M、A、N 分别表示图中的互惠对（Mutual Dyad）、不对称对（Asymmetric Dyad）和虚无对（Null Dyad），那么 $\dfrac{g(g-1)}{2} = M+A+N$，二方谱系（dyad census）为 $<M、A、N>$，包括了网络中全部可能存在的二方关系。

四、三方组

1. 定义

由三个行动者构成的子群和行动者之间的关系。社会学家齐美尔（Simmel，1908）在其著作中指出，研究对象从两个行动者发展到三方组（由三个潜在关系）至关重要，"两个元素（在三方组中）是相互联系的，不仅通过一条直接——最短的，而且通过虚线，这种情况对于形式社会学而言是一次飞跃"。

2. 三方组谱系

如果是无关系网络图，则三方组中可能有4种状态；如果是有方向关系，则三方组可能有 16 种状态。有一种三方组中的任意两个行动者之间没有关系，那么称之为"虚无三方组"，其他 15 种三方组结构如图所示。

图 3.5　无向图中存在的 4 种三方组

资料来源：刘军，2004

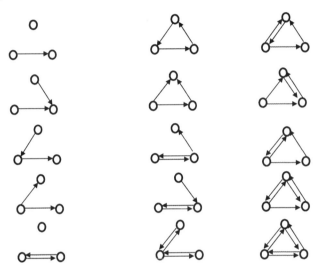

图 3.6　有向图中可能存在的 15 种三方组结构

资料来源：刘军，2004

五、自我中心网络

这种类型网络有一个焦点的行动者，即"自我"，和一组与自我行动者相联系的行动者，以及这些行动者之间关系的相关指标。

六、整体网络

整体网络研究通过计算各种结构特征，可以对整个网络的特征有比较全面的了解。主要包括群体、子群、凝聚子群等概念。

1. 群体

网络分析并非仅仅关注二方组、三方组或子群的简单汇总。网络分析的优势更多地体现在将行动者群体的关系模型化。一个系统是由一个群体（通常是有边界的）中成员的关系所组成。社会科学家对群体有各种各样的定义。对社会网络领域而言，一个群体是行动者之间关系的集合，且关系是可以测量的。群体是可以用理论的、经验的或明确的标准进行表示，群体中的行动者属于一个边界明确的集合之中。为了使群体的定义概念化、理论化，也为了开展实证的需要，将群体视为有限个体的集合，并用网络指标进行测量。

2. 子群

二方组是一对行动者及其关系，三方组是三个行动者及其关系。依此类推，我们把行动者的子群定义为任意集合中的所有行动者和行动者之间的关系。如果子群内所有行动者都直接建立了关系，这时子群称为派系（Clique），如果子群内行动者有的建立直接关系，有的没有建立关系或者交流互动不频繁，这时的子群称为社会圈（Social Circles）。

3. 凝聚子群

凝聚子群指通过社会网络分析可以查找出网络中的一致子群。所谓一致子群，就是一个行动者组成的子群，行动者之间联系密切、比较频繁或者积极（Wasserman & Faust，1994）。这些联系紧密的行动者可以作为独立的分析单元，而且在总结网络整体特征的时候，先分析是否存在凝聚子群，如果存在凝聚子群，再研究子群内部成员之间为什么相互认同。

七、网络数据

沃瑟曼和福斯特（Wasserman & Faust，1994）认为，社会网络数据至少包括一个对某个行动者群体测量后得到的结构变量数据。在实际工作中，变量的选择和最适合的测量方法取决于研究目标和内容。另外，还要结合关系的性质，若研究行动者之间的情感关系或友谊关系，则最好运用问卷法或者访谈法，而不是查阅、搜集档案数据或历史记录。

1. 结构变量与属性变量

社会网络数据中包括两种变量类型，即结构变量和属性变量。结构变量是测量一对行动者（即两个行动者）所得到的数据，这类数据是社会网络数据体系的基础。结构变量是测量两个行动者之间建立的某种特定的关系，如企业之间业务往来、人际交往中的情感，这些两两之间建立关系的行动者一般属于某个特定的行动者集合。属性变量指行动者属性特征，个人属性包括性别、学历、民族、职务、职称等，企业属性包括员工数量、法人治理结构、企业战略、营业收入、利润等信息。

2. 模式

模式表示结构变量测量的一组特定行动者的实体。当结构变量测量的是一个集合中行动者之间的关系时，称之为 1- 模网络。依此类推，当测量两类行动者集合之间的关系，或是一类行动者集合和一类事件集合之间的关系时，称之为 2- 模网络。

3. 隶属变量

在社会网络分析中，将一种特殊的 2- 模网络称为隶属网络。其特殊之处在于，这种 2- 模网络中的一个模式为行动者集合，另外一个模式为事件集合，事件可以是某种俱乐部或者非营利组织等。在这种网络中的数据，事件并非是成对的行动者，而是行动者的子集合。子集合对于行动者数量并没有限制，即子集合规模可大可小。一个隶属变量所测量的就是参与某种事件的行动者集合，如加入某个俱乐部的行动者等，因此，每个隶属变量都是由某类行动者子集所决定的。

第四节　社会网络分析的特点

社会网络分析的学者将整个社会都视为由相互交织或平行的网络所组成的大系统，关注社会网络的结构特征及其对个体行为的影响，研究隐藏在复杂的社会系统表象之下的、固定的社会网络模式，这种模式能够提示行动者在工作和生活中的重要特点。学者们认为行动者工作和生活高度依赖自身如何建立、维系和扩展社会关系这一过程。甚至有学者相信，个人、团队或组织的成败之关键就在于自身建立的内部或外部社会关系网络结构（张文宏，2007）。

通过研究社会网络结构性质，集中研究某一社会网络中行动者的联结模式如何为行动者带来机会与约束，其分析过程以联结一个社会系统中各个节点的社会网络为基础，行动者按照社会网络中的节点位置，有差别地占有稀缺资源和结构性地分配这些资源。因此，社会网络分析是一种综合的分析方法，其独特之处是研究资源、机会和位置沿着某种社会关系结构而流动的范式，强调按照社会网络结构对行动在于资源、机会的限制和约束，而不是从行动者的内在动机和需求等个性特征来解释行动。

社会网络分析的是行动者之间相互关联的、复杂的现象，这是社会科学中大部分理论模型和研究范式刻意回避或难以解决的。它通过构建与客观世界之间的相似性来研究联系（Connections），基于同构（Isomorphic）和同态（Homomorphic）的图形构建直观分析的理论模型，按照统一的方式分析社会网络结构中行动者所扮演的角色、所处位置及其相互作用。因此，社会网络分析目的是运用综合的相关理论和先进的技术，研究社会网络整体结构特征和本质（Berkowitz，1982），同时，也以新颖的方式和视角对社会现象、管理学相关领域进行解释和分析。

社会网络分析的领军学者、美国教授格兰诺维特（Granovetter，1988）在"社会科学中的结构分析"系列丛书的序言中写道："结构分析（或社会网络分析）按照具体的行动者如个人、团队和组织中的关系，分析和解释社会行为、组织结构以及表现。"传统社会科学研究方法的特点主要体现在以下四个方面（Blau，1967）：一是将个体视为独立的行动者，简化相关特征再进行分析和解释；二是重视社会心理学领域抽象概念（例如意识、价值观、认知等），并研究其因果关系；三是不同类型的技术制约认知和物质条件、因素决定论；四是基于"变量"作为主要概念进行分析和解释客观现象。这四种传统研究策略中涉及的"结构"指的是变量之间的关系，并非客观存在的社会实体间的联系和结构。

巴里·韦尔曼（Wellman，1988）在《结构分析：从方法和隐喻到理论和实质》一文中，总结归纳了社会网络分析的五项范式特征，认为不论是整体网研究还是个体中心网研究，均受到这五项特征的影响。

一是通过网络结构对行动的限制和约束的角度，而不是从个体属性的角度来解释行动。在传统社会科学研究中，将个体属性（如年龄、性别、学历）或社会属性（如社会经济地位、价值观、态度）作为独立的分析单位，将相同的属性进行合并，再进行统计分析。这种分析方法假设具备相同属性的个体，必然会遵循类似或相同的方式开展活动，而忽略了个体之间客观存在的社会关系及关系结构所带来的影响。社会网络分析与心理学理论和方法有明显区别：从心理学角度来看，人类行为是唯意志的，受预期目标的驱动；社会网络分析排除了个体属性因素影响，集中分析个体、群体和组织之间关系，也可以说，结构性的社会关系比行动者的个体属性解释力更强。

二是规则源于行动者在社会网络结构中的位置。社会网络分析学者首先研究在实际中如何采取行动的规则，而不是解释行动者应该如何行动的规则。他们力图用网络结构对行动者的约束、限制或带来的机会而不是用行动者内驱力来解释行动者所采取的行动，这就是网络分析学者所关注的决定行动的结构性因素，把规则视为网络位置的结果而非原因。

三是社会网络的结构决定二方关系（Dyadic Relationships）的作用。许多学者在研究社会网络时，把二方关系作为分析的基本单位，而社会网络结构决定了二方关系产生作用的场景，行动者之间建立关系后，就为网络成员创造了直接或间接联系他人和资源的机会，也就影响了各种资源在特定关系中的流动、获取和配置。因此，个体不但没有完全地自由选择伙伴关系，而且关系的维持也跟二方关系所处的社会网络结构有关，二方关系只是作为社会结构的一部分才有意义。

社会网络结构不仅影响微观层面二方关系的交流互动，而且在更大规模的整体网络中也成为被分析对象。网络成员之间的联结可提供接近与其有关的成员的机会，网络成员可利用多种直接或间接的联结获取有价值的资源。

四是世界是由网络而非群体构成的。在网络分析者看来，结构分析从网络开始，它既可以分析没有形成群体的网络，也可以分析组成群体的各种网络，具有较大的选择权和较大范围的适应性。

五是社会网络分析法有效补充个体主义方法的不足之处。传统的个体主义方法是将个体（个人、团队、部门或企业等）作为独立的研究对象，通过分析个体属性（如年龄、性别、学历）与特征来解释和预测个体行为的研究范式。虽然统计方法在不断发展，但其研究对象仍然是独立的个体，关于统计模型中变量的相关性和显著性的假定本身也使统计方法更适合进行个体属性研究，忽视了个体所建立的关系和所处的社会网络所产生的影响。

在调查研究方面，有三种相互联系的收集资料的方法推动了社会网络分析法的发展：从联系而非范畴的角度界定总体和样本；从相互关系而非范畴的视角描述和分析资料；在直接研究社会结构时，社会网络分析特别是整体社会网络分析，较多地运用数学中行列式的方法，较少地运用个体主义的统计技术（如在社会科学领域广泛使用的 SPSS、SAS、STATA 软件）。

韦尔曼又指出，虽然社会网络分析遵循上述五个分析范式，但不同的研究在具体方法运用上又有所侧重。

在奇达夫和蔡文彬（2007）的著作中，总结了网络研究的三个显著特点。

一是网络研究聚集于行动者的关系和关系模式。网络研究方法可用于验证某种社会背景中行动者的关系模式与其他重要模式（如行动者决策模式）是否相关。使用网络研究方法，可以同时对整个关系系统的结构和系统中的组成部分的结构进行分析。所以，学者们能够获取组织中的信息流动方向，即信息从何而来、去到哪里，并发现资源流动过程中网络结构中的约束或限制因素（Wellman，1988）。由于在一次研究中可以同时掌握整个网络系统和组成部分的结构特点，使得社会网络分析方法对于组织领域学者来说非常重要。

二是微观 – 宏观的分析相结合。网络分析方法既可以研究个体建立的关系产生的结果，又可以研究宏观的社会结构对个体如何产生影响。同时，运用网络分析法还可以研究组织中社会关系的密度等结构特征（Alba，1982）。像密度这样的结构特征变量，是个体之间建立的关系所形成的；反之，建立的关系结构又可以用于分析个体的行为。

科尔曼（Coleman，1990）提出"浴缸模型"进行说明（如图 3.7 所示）。"4"表示以集体状态的因素对集体结果进行解释和说明；"2"表示以个状态体因素对个体结果进行解释和说明；"1"表示由集体层次到个体层次时，集体状态的因素决定了个体状态因素，这就是所谓的"过度社会化"观点；"3"表示由个体层次到集体层次时，个体行为的简单加总求和就是集体行为，这就是所谓的"低度社会化"观点。科尔曼认为，这种解释忽视了个体间社会网络的结构所产生的影响。

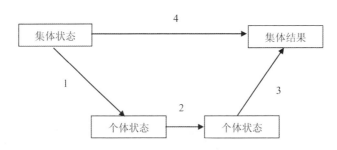

图 3.7　微观与宏观分析相结合的浴缸模型

资料来源：罗家德，2020

从社会网络的视角来看，过程"1"可分为三个研究领域，将集体的力量看作场力，主要是信息与规范方面的场力（DiMaggio & Powell，1983）。首先，集体力量会影响个体建立人际关系和关系网络的形成；其次，这些人际关系与个人中心网络，无论是建立朋友关系进行情感方面交流，还是个人凭借社会网络获得社会资本（Lin，2001），都会影响个体的行为结果；再次，场力引起个体人际关系的变化，从而使个体在网络结构中所处的位置发生变化，如博特（Burt，1992）提出的结构洞，或普里戈津（Prigogine，1955）提出的封闭网络的个体中心性，也会显著影响个体的行为结果。

过程"3"可分为三个研究领域：首先，个体建立或者中断人际关系的行为将引起网络结构产生较大的变化（Powell et al.，2005），这属于网络动态学领域重要议题之一；其次，网络结构与个体行为共同作用和演变，将涌现（Emergence）出集体行为，并产生集体结果（Hempel，1966）；再次，长期持续的、在组织内产生广泛影响力的集体行为最终会形成新的场力，这就是过程"1"中影响个体人际关系与个体在社会网络结构中所处位置的力量（罗家德等，2008）。

综上所述，在网络分析中所发现的行动者之间的关系结构，形成了可能连行动者自己都没有意识到的现实情况（Galaskiewicz，1996）。社会网络结构往往不是显而易见的，因为它是由各种不同类型的关系、以各种方式联结而成的，而且各种网络关系可能跨越不同分析层次，往往需要多年的长期积累所形成。从这一点来讲，社会网络分析所具有的潜在优势是：可以帮助行动者发现在某种社会关系结构中所隐藏的限制条件和机会。

三是定性、定量和图表数据的整合。社会网络分析可以在定量分析基础上，辅以定性数据和图表数据，从而有利于提炼分析结论和观点。传统的社会科学研究方法中，数据统计分析过程比较抽象；而社会网络分析过程中，数据分析方法更加符合实际情况。

第五节　社会网络分析的原则及命题

社会网络分析基本假设是：行动者之间的关系是最重要的基本分析单位。社会网络视角包括以行动者之间的关系作为基本概念或过程，构建和表达理论、模型和应用程序，即由行动者间的联结所形成的关系是网络研究的基本要素（沃瑟曼和福斯特，2012）。社会网络分析除了使用关系概念之外，还有以下几项重点原则。第一，行动者及其采取的行动是相互影响、相互依赖的，行动者不是相互独立、自我管理的个体；第二，行动者之间建立的关系（或联结）是有价值的资源获取、传递、流动或分配的渠道；第三，行动者的个体网络模型将所处网络结构环境作为对单个行动者提供的机会或约束；第四，网络模型将结构（社会结构、经济结构或政治结构等）概念化为行动者之间长期的关系模式，并进行描述、界定。

韦尔曼（Wellman，1988）针对网络研究提出如下命题。

（1）人们利用人际关系传递资源时，通常并非互惠关系，而是一个行动者单方面向另外一个行动者传递不同类型和数量的资源，即只有付出没有回报。

通过人际关系及其关系网络传递的资源，不仅是有形物品，还包括行动者在其所处工作和生活环境中获得的信息、与其他行动者交流互动中产生的喜悦和感激等情感因素。

（2）网络成员之间存在直接或间接的关系，因此，所有关系必须界定在更大的社会网络结构框架之内。

关系之所以能够建立和存在，是由于互动双方彼此愿意交往。一种关系的特定性质要视其所处的社会网络而定。较小的、密切联系的群体中的关系，与较大的、联系松散的社会网络中的关系大相径庭。

（3）人们不断建立社会关系，关系结构随之发生变化，必然会形成社会网络、小群体以及网络边界和交叉联系。

这个命题源于两个弱假设。第一，网络中的关系通常具有传递性。如果A与B、B与C之间有关系，那么A和C之间就有潜在的间接关系，未来转变为直接关系的概率就逐渐增加。例如，朋友的朋友之间很有可能也会成为朋友，而不太可能成为敌人或间接关系（Holland & Leinhardt，1977）。关于传递性的观点在所有网络中普遍适用，并不仅限于行动者建立的朋友关系。如果传递关系（或介绍关系）时产生成本或付出代价，造成网络成员通过网络建立关系时消耗自身资源，那么网络成员通常会意识到成员间建立并保持直接关系会更高效。

第二个弱假设是一个个体可保持的关系数量和强度是"有限极限"的（许多个体能够接近极限值）。因此，许多人不会与他人建立新关系（或与现有关系增加新的互动），除非个体中断现有人际关系（Pool & Kochen，1978）。

由于关系的传递性和互惠性，在网络中建立了关系的两个成员，通常会关注其他人加入的联系紧密的小群体（Abelson，1979；Milardo，1982）。由于"有限极限"的作用，造成加入联系紧密小群体的成员通常没有时间与其他人建立关系。因此，这种关系结构化的过程促使成员在小群体内建立关系，而难以在小群体间建立关系。这种小群体网络与随机网络形成鲜明对比，随机网络中每个成员之间建立关系的机会是平等的；与没有小群体的均匀网络相比，均匀网络中每个成员有相同的关系数量（Erdös & Spencer，1974；Holland & Leinhardt，1979b；Rapoport，1979；Rytina & Morgan，1982；Laumann，Marsden & Prensky，1983）。

然而，并非所有网络关系都可以成为小群体。由于"有限极限"和互惠性是弱假设，个体通常是多种类型社会网络的成员，并且他们的关系可以联结到其他小群体。无论是与外部建立广泛关系的网络成员，还是只在网络内建立关系的成员，都可以通过网络（或网络中的小群体）以多种方式传递信息、影响力和物质资源（Gouldner，1958）。小群体成员建立的交叉联结使小群体可以获得外部资源，并为建立联盟或合作奠定基础。小群体内部的关系是成员间分配资源和团结互助的基础。

（4）小群体和个体都可以使用交叉联结建立关系。

网络中的节点不一定是个人，可以是节点集合、群体、国家或其他单位。在这类网络中的关系，可能是网络成员在若干小群体中建立的，或由于有些成员有外部网络建立的关系。虽然成员间的关系显而易见，但其重要性在于这类关系将不同群体联系起来（Bonacich & Domhoff，1981）。学者们运用网络视角研究关系结构产生的结构性约束或限制时，可将宏观与微观关系结合起来，网络视角在这方面有着广阔的应用前景。

（5）不对等的关系和复杂网络导致网络成员在获取稀缺资源时并不公平。

在不对等的关系和边界明显的小群体之中，资源在网络中流动时既不是公平的也不是随机的。小群体的密度、群体间边界封闭性，群体内外部关系模式都会影响资源的流动。成员在网络结构中所处的位置不同，会显著影响他们获取资源的机会。实际上，成员获取稀缺资源的机会不公平，可能会导致关系更加不对等。

成员之间、小群体之内关系不对等，这些关系整合到层级化网络之中，会导致成员获取资源更加不公平（Davis，1970）。与理想的层级模型相比（如组织结构图），组织运营实际的网络通常会包括成员间相互传递资源的关系和由多种形成闭环的关系组成的复杂结构。虽然组织中实际的网络并不完美，但仍然是层级化的，而且网络累积效应会导致成员间资源分配不公平。

将网络位置视为资源：成员在网络中的位置及承担的责任就是一种稀缺资源，因为它决定了获取资源的机会。例如，网络中处于"看门人"或"经纪人"位置的成员，会获得与其他成员不同的利益。网络中的"看门人"位置，可以控制其他成员与组织领导接触、交流和互动的机会，通常会得到更多的资源，如财物、影响力、利用组织资源的机会，以及行使权力时获得的满足感。经纪人于两个小群体之间发挥桥梁和纽带作用，在小群体间通过经纪人传递资源时，经纪人会获取一部分资源，精明的经纪人会防止两个小群体之间建立直接关系并传递资源。经纪人由于在网络中处于特殊位置，所以并不完全属于任何一个网络。若经纪人在网络中处于边缘位置，意味着网络成员会不完全信任他们，因为任何一个小群体也无法运用权力管控经纪人（Marsden，1982）。

（6）网络成员或小群体采用合作或竞争的方式获取稀缺资源。

在社会系统中的成员或小群体为生存和发展，本能地采用竞争方式获取稀缺资源。资源在系统中是稀缺的，面对"僧多粥少"的局面，系统中的各种利益群体为获取资源而展开竞争。在层级化网络中，网络成员存在许多不对称关系，因此必须运用合作或互助关系接近并获取资源。网络中小群体通过将这些关系整合成联盟或派系，争取组织中的稀缺资源。

学者们展示了人群开展集体争夺资源（如食品骚乱或反抗活动）时的结构，发现这是不同利益的群体争权夺利行为的部分体现。这些参与集体暴力的人群并不是大众社会领域学者所定义的"无家可归、相互独立的个体"，相反，这些人是本地居民，他们联结成紧密的反抗群体，更有可能开展集体争夺资源行为——无论是否采取暴力行为（Feagin，1973；Snyder，1978）。

人们集结起来争夺资源的行为会引起社会结构的变化。随着时间推移，联盟或派系会产生相应变化，其社会网络的关系结构也会重新组合，并引起全局性和系统性后果（Nicholas，1965）。虽然社会网络中关系结构重新组合会导致资源重新分配，但并没有改变社会系统中的劳动分工。自马克思开始，许多学者认为有组织的争夺稀缺资源的行为是大规模社会变化的前提条件，但没有说明产生这些变化的内在机理。

第六节　社会网络分析的局限性

尽管学者们运用社会网络分析取得丰硕研究成果，但有些研究人员认为该视角有一定局限性。他们对社会网络分析的批判集中在网络分析的假设上，特别是研究网络结构与行动结果的关系时，排除了个体属性因素的影响。关于组织中成员个性、价值观和价值观相似性的经典研究显示，这些因素与工作中的行为、绩效和过程存在显著的相关关系（Erez & Earley，1993；Meglino & Ravlin，1998）。总结学者们观点，认为网络研究局限性体现在以下几个方面。

1. 不同情境对网络结构的影响：网络分析的原则是网络结构影响行动者和网络层次的结果。网络研究中值得研究的领域是研究在不同情境下不同网络结构是如何形成的，而不能简单地认为网络结构是既定的。塞兰斯克（Salancik，1995：346）认为，"人际交流互动作为网络的基本元素，容易被视为既定的"。又如博特（Burt，1992）研究了结构洞存在的套利机会。但什么因素影响并决定了结构洞的价值？情境有没有影响，如何影响结构洞的作用和价值？这些问题在博特的著作中都忽略了。

2. 建立人际关系的机会是平等的假设：网络分析方法假设"在行动者之间的交流互动方面没有局限性。理论上讲，一个社会网络的形成是由于所有的行动者之间建立了关系"（Wasserman & Faust，1994：42）。这是将所有行动者视为在既定网络中有相同机会建立关系，也就是说，既然在两个行动者之间建立关系没有困难或障碍，那么建立的所有关系具有相同价值。然而在组织中，人们认为有些人际关系会比其他关系更有价值，在结构洞理论中，有些结构洞跨越了组织的、职能部门的、地理或地位的隔阂，产生的价值可能更高。追根究底，结构洞理论是基于没有建立关系的行动者之间缺乏信息和知识沟通交流的情况，这其中暗含的假设是这种方式获得的信息和知识是有价值的，特别是当接收者得到的信息和知识与已经获得的信息和知识不同时，或者是接收者不能从其他途径获取类似的信息和知识时。

3. 人际关系中经济因素与情感因素的相互影响：由于网络理论应用于组织时没有加以限制，学者们坚持在组织中惯于运用经济学和理性方法研究社会网络。组织中的人际交往不仅仅是由于正式层级结构或自私自利的动机，还因为基于彼此信任、共同爱好、认同感、亲切感、相互关心的关系因素（Salacik，1995）。组织研究中的社会网络研究很大程度上将个体视为彼此在争夺资源、权力和声望，进而在相互依赖的竞争中构建。博特（Burt，1992）关于结构洞的"收益"代表了这一研究方法。博特认为，每个行动者在竞争领域中都有一个联系网络，竞争领域的社会结构中关键的是回报率，"行动者的网络结构及其在社会结构中所处的位置对于在获取高额投资回报率方面能提供竞争优势"。按照这一思路，克来克哈特（Krackhardt，1992）研究组织中的权力，将重点放在组织成员之间建立的情感或友谊关系，并假设组织成员都在努力争权夺利。

4. 结构如何促进或结束行为：组织中的社会网络如何促进或约束行为，这方面研究并不多。研究组织中的网络通常关注信息的流动、咨询，以及这些流动的模式产生什么结果。社会网络在一定条件下可以约束组织成员的行为并造成负面结果（Labianca et al.，1998）。例如，人们运用研究结构特征，得到了许多期望的结果，包括信息共享和影响力（Bonacich，1990；Krackhardt，1992），但在社会心理学的研究中，却发现许多负面结果，这与强联结的高密度网络有关。既定的网络可能会产生双重的，有时是矛盾的结果，这使得组织中社会网络的作用研究又增加了新的课题。因此，虽然许多研究强调组织中社会网络产生的有益结果，但还要进一步在这些研究中辨别在什么情况下会产生期望的结构或意外的结构。

从学术研究的角度看，社会网络分析提供给研究人员与以往不同的思维模式，可以将其运用于更多的研究领域，并使研究数据以不同的方式表示。对于企业实践而言，这也是一种可尝试使用的工具，协助企业了解其组织内部的社会网络，并进一步分析网络数据，画出网络结构图，以找出管理中存在的问题。例如，某人在内部信息传递中，因处于结构洞的位置，而形成信息流动的瓶颈（Bottleneck），这时可以尝试建立多种信息传递渠道，以降低其不断增加的负荷及潜在的问题。或者某个处于两个没有联系的子群中间，起着中介或桥梁的作用，能掌控在这两个子群中信息及资源的流动，因此能产生"渔翁得利者或第三方得利（Tertius Gaudens）"的效果（Burt，1992），但也可能因为两个子群都认为担当桥连接的人是自己人，要求其代表该团体的利益，遵守该团体的规范，以至于"桥"没有任何自由度，两面难讨好，这便是齐美尔联结（罗家德，2020）。

第七节　社会网络与社会资本

一、个体社会资本

社会网络将个体的特性视为某种资源，而根据个体在网络结构中所处的位置，可探讨因其所处的位置所能带来的优势，即可由外部取得各种资源的机会，进而延伸出社会资本的概念。科尔曼（Coleman，1988）认为"能将社会结构资源作为个人拥有的资本及财产，即是社会资本"。个人因在网络结构中所处的位置不同，而获得不同的资源，此资源既包括有形的资源，也包括无形的资源（如知识、信息、情感支持等）。博特（Burt，1992）认为，人们在工作中可以为组织带来三种资本，分别是财务资本、人力资本和社会资本，并将社会资本定义为"朋友、同事或更为广泛的联系，通过联系可以获得使用财务资本和人力资本的机会"。在网络研究文献最初使用社会资本这个术语时，它被描绘为可以通过激活"社会网络中特定的联结"来获得经济利益的"个人投资"（Mitchell，1974：286）。从个人投资这个意义上来看，社会资本可以与其他类型的资本如货币资本或文化资本等相交换（Bourdieu，1980）。个人间的联结对于得到工作有促进作用（Granovetter，1974），对于获得晋升也有益处（Burt，1992）。社会资本通常被描述为与货币资本等其他类型不同的资本，其区别就在于社会资本蕴涵于人们的关系之中，行动者并不能像控制他们的货币资本或人力资本那样控制他们的社会资本。要利用社会资本，就必须依赖其他行动者的合作，比如，征求他人的建议或者获得工作中的帮助等（奇达夫和蔡文彬，2007）。

林南（Lin，1999，2001）认为，社会资本是行动者从嵌入在社会网络的资源中获得的，它植根于行动者建立的社会网络和社会关系之中，所以定义社会资本为"嵌入在一种社会结构之中的、能够在有目的或意识的行动或活动中获取、调配、运用或动员的有价值资源"。遵循这一定义，社会资本的内容可分为三种要素：嵌入在一种社会结构之中的有价值的资源，行动者获取、调配、运用或动员这些社会资源的能力和水平，通过个人有目的或有意识的行动以获取、调配、运用或动员这些有价值的社会资源。可以理解为，社会资本所包含的三种要素涉及社会关系结构和个人采取的行动，即结构的（嵌入性）、机会的（可获取性）和行动导向的（运用、调配或动员）。林南提出社会资本的理论模型可分为三个过程：社会资本中的投资过程，社会资本的获取、调配和动员过程，社会资本的回报或收益过程。他把个体的社会行动进行了分类，即工具性行动和情感性行动，其中工具性行动指行动者为获得外部有价值的资源而采取的行动，而情感性行动指行动者为维持已经拥有的资源而采取的行动。作为工具性行动，可以确定的有三种回报方式：经济或金钱回报、政治回报和社会回报，而且各种回报均可被视为行动者增加的资本。作为情感性行动，社会资本是行动者巩固已有资源和防止可能的资源减少或损失的一种行为，主要作用是接近、说服或动员拥有权力、资源和利益的其他人，因此，行动者为了巩固现有资源，可以储存甚至与其他行动者共享、共用嵌入性资源。情感性回报可分为三个方面：身体健康、心理健康和工作生活满意。另外需要强调的是，工具性行动和情感性行动的回报存在相互作用和影响，通常这个作用和影响是彼此增强的。

中国学者边燕杰是从个体层面开展社会资本研究的领军人物。他提出基于三种不同的视角定义社会资本：第一，社会资本就是社会关系网络，个人的社会关系网络越多，其所拥有的社会资本存量越多。第二，社会资本就是社会网络结构，当社会网络的密度较高时，就有更强的约束力，使个人遵守群体规范，而低密度的社会网络对个体约束力降低或减少。当个人处于网络的结构洞位置时，就有更多机会或优势对网络内外部信息、知识等资源的流动和传播进行控制，有利于其在职场竞争或市场竞争中脱颖而出并获得更好的个人发展。第三，社会资本是一种嵌入于个人所建立的社会网络中的有价值资源，个人在社会网络中所处的位置，最终表现为凭借所处位置获取、动员和使用网络中的有价值资源。在整体研究上述三种不同的定义基础上，边燕杰（2004）指出，"社会资本的存在形式表现为社会行动者之间建立的关系网络，本质是嵌入在这种关系网络之中的，在社会行动者之间可转移、可调配、可使用的有价值资源。任何社会行动者都不可能独自占有这种资源，必须通过行动者之间的关系网络发展、积累和运用这种有价值资源"。

二、企业社会资本

在企业社会资本的研究中，学者们把企业社会资本分成两种：以资源为基础的概念和以能力为基础的概念。

以资源为基础的企业社会资本概念，将社会资本作为企业所拥有的一种资源。纳哈皮特和戈沙尔（Nahapiet & Ghoshal，1998）率先清晰地定义了企业的社会资本，即源于个体或社会单元构建的关系网络中所嵌入的、有利用价值的资源，这种资源可以是实际的，也可以是潜在的。从该定义可以看出，以资源为基础的企业社会资本由关系网络和基于关系网络互动的资产组成。林德斯和加比（Leenders & Gabbay，1999）则认为，社会资本是基于关系网络内部，并且能够通过关系网络产生利用价值的资产，然后定义企业社会资本是企业内部的资源，这种资源可以是有形的，也可以是无形的，并有利于企业实现战略目标。

以能力为基础的企业社会资本概念，认为企业社会资本是企业获取关系网络中有价值资源的能力。边燕杰和丘海雄（2000）关于企业社会资本的定义是：企业通过与市场中的相关主体构建关系网络，并从关系网络中获取稀缺的、有价值资源的一种能力。与企业的资金和人力资本类似，企业的社会资本同样需要持续的积累和再生产过程，它是企业可持续发展必不可少的关键要素。张方华（2004）将企业社会资本定义为：企业基于信任和规范所构建的所有社会关系的范围与质量，还包括在此基础上争取获利外部资源的能力，并将社会资本分成三个部分，即纵向、横向和社会关系资本。

对学者们关于企业社会资本的概念进行总结之后可以看出，社会资本源于社会网络，镶嵌于社会结构之中，社会网络结构会影响到社会资本的产生，而探讨社会资本，必然会运用到社会网络的概念。

第八节　社会网络与团队交叉研究的文献述评

1950 年，社会网络和团队的研究出现交叉。凯泽和雷泽（Katz & Lazer，2004）认为网络视角用于团队研究有以下三大优点。

第一，网络分析的原则可以引导团队理论的学者对以往研究中难以证实的现象进行调研，团队情境就是较好的例证。从网络视角看，团队情境是由人、资源，以及团队所嵌入的、与其他单元连接而成的社会结构。按照这一理论原则，社会网络分析可以为调研团队及其外部情境提供一系列的工具和方法。

实际上，近年来，许多团队理论的学者需要更多的理论和研究方法融入团队外部环境的研究中，研究团队领导如何管理与外部战略行动者的关系（Ancona & Caldwell，1992a）。网络理论运用结构化方法对外部关系及其影响进行了定义和测量。关系可能来自单个的团队成员，或者来自团队这一整体，将团队或个人与外部的个人、团队或其他资源联系起来。

第二，网络视角有助于研究人员将团队内部研究与外部环境研究结合起来。研究人员关注的要么是团队成员的关系（如凝聚度、协调能力），要么是团队之间的关系，但网络方法可以检验这两种方法是如何交互作用的。例如，雷泽和拉泽（Lazer & Katz，2003a）发现，如果团队成员与同一位外部成员是朋友，那么会影响团队成员的社会性惰化程度。

第三，网络理论可以为辨别和探测团队互动时的重要特征提供一些分析方法。虽然特征之一——中心势——已经引起学者重视，网络分析方法还有助于研究人员获得其他团队互动的重要特征。例如，孤立点如何影响团队运作特殊节点（如中心点）的能力是否重要？

巴费勒斯（Bavelas，1950）在马萨诸塞州技术学院进行了一项实验，旨在研究团队成员沟通模式如何影响团队绩效，结果发现网络中的复杂信息对团队绩效起着重要作用。当在网络中传递简单信息时，成员集中沟通是最佳的方式；当传递复杂信息时，集中沟通会导致混乱。在网络研究的文献中，基本单位是联结，一对行动者之间存在着联系，就称为一个联结（Wasserman et al.，1994）。在组织内部网络研究的文献中，通常会检查人们在沟通中形成的联结，如与任务有关的沟通、与情感有关的沟通等。例如，艾伦（Allen，1971，1977）在麻省理工学院进行的研究中，假设团队成员之间的沟通会提高研发团队的绩效，即研发人员内外部联系越多，团队绩效越高，其研究方法是观察团队成员在一段时间内的工作，并记录其沟通行为。

采用类似研究方法的还有凯兹和塔什曼（Katz & Tushman，1981），他们在一家大型公司 60 个项目团队共 345 名成员中，每天随机抽取 1 名成员对其沟通行为进行跟踪记录，该研究历时 15 个星期。

还有学者研究团队内部沟通。例如，科勒（Keller，1986）在对 32 个团队的研究中发现，团队内部凝聚度有助于绩效提高。同样，安卡娜和考德威尔（Ancona & Caldwell，1992a）发现团队内部沟通越充分（如更清晰地界定目标、制定工作计划和工作排序等），绩效越高。同时，还有学者发现矩阵式组织中项目经理的领导力越强，员工内部沟通次数越多，反而沟通质量会下降（Joyce，1986）。

对于内部沟通的跨职能问题，多尔蒂（Dougherty，1990，1992）进行了研究。他采用多案例、探索性研究方法，研究妨碍跨职能沟通的因素，结果显示，不同的职能部门就是一个"思维世界"，不同部门的员工从各个侧面了解产品研发过程，并且用不同方式理解研发过程。这些差别会导致相同信息表述不同。有趣的是，成功项目的特殊之处不在于妨碍因素是否出现，而在于他们如何克服困难。

研究人员还对一段时间内的沟通是如何影响绩效的有所关注。例如，凯兹和塔什曼（Katz & Tushman，1981）研究团队的平均存在时间、外部沟通与绩效的关系。他以一家美国大型公司的 50 个团队为样本，研究发现当团队平均存在时间增加时，团队绩效会提高，但在 5 年之后，两者会呈负相关，而绩效下降又与外部沟通减少有关系。

对于团队的研究，学者们关注的是团队成员之间的沟通数量（Shah & Jehn，1993），例如，每位团队成员交谈了多少次（Brown & Miller，2000），谈话内容是什么（Larson et al.，1996）。研究层次是团队或个体层次，而不是二方层次（谁和谁交谈）。同时，沟通通常被视为正式关系，而不是非正式的互动模式（Guzzo & Shea，1992）。这类研究根据团队成员工作经历，将团队成员分为陌生人、熟人或朋友，在此基础上研究团队层次的沟通情况（Gruenfeld et al.，1996）。

从社会网络的角度来看，研究人员关注的不是沟通的数量，而是谁和谁沟通，以及这种关系模式对于产品创新有什么影响。现有研究成果显示"关系"在组织研究中是重要的构念（Nahapiet & Ghoshal，1998），许多研究探讨了基于人际关系形成的非正式网络及其对创新的影响，一些颇有影响的研究显示网络的密度、中心性等变量与创新成功之间存在着正相关（Powell et al.，1996；Powell & Smith-Doerr，1994；Ibarra，1993；Van de Ven，1986）。据此我们推断该构念对于团队层次的研究同样重要。

在随后40年里，社会网络和团队这两类研究又分开了，笔者对2005—2007年全球排名前5位的管理类顶级期刊（*Academy of Management Journal*，*Organization Science*，*Administrative Science Quarterly*，*Strategic Management Journal*，以及 *Organizational Behavior and Human Decision Processes*）进行检索，发现共有42篇关于网络的文章，41篇关于团队的文章，只有3篇文章研究了网络和团队。虽然文章比较少，但20世纪90年代只有2篇文章进行了相关研究，因此，这类研究的数量还是增加了，这说明学者们已经意识到网络团队间交叉研究的重要性。

现将这种交叉研究方面的相关文献归纳如下：

艾芭拉（Ibarra，1993）和史瑞德等（Shrader et al.，1989）的研究中强调了非正式网络与产品创新和管理创新之间的关系，非正式结构居于网络中心位置，有机会扩大其沟通网络，有利于获取知识，因此提高了创新能力（Hansen，2002；Tsai，2001；Ibarra，1993；Burt，1983；Allen，1977；Tushman，1977）。艾芭拉对79位正式员工进行了实证研究，以个体属性（经历、资格和学历）、正式职务（研究人员、项目经理和实验室主任）为自变量，并以网络中心性为中介变量，探讨它们对个体运用权力的影响，其中权力主要运用于企业的技术创新和管理创新之中。结果发现，行动者的个体属性会对管理创新产生正向影响，网络中心性会影响管理创新，并且网络中心性在其他非网络变量与管理创新之间产生中介作用，同时还发现，网络中心性对于个体在技术创新中的作用并不显著，中介作用也同样不显著。艾芭拉认为，网络中心性管理创新与技术创新中存在差异的原因是，管理创新需要个体掌握更广泛的信息和知识，因此网络中心性就更重要，作用更显著；而技术创新通常是在研发团队内部制定并开展的，团队成员沟通交流较多，彼此都很熟悉，因而网络中心性的影响就降低了。

鲍德温等（Baldwin et al., 1997）对 250 名 MBA 的社会网络进行了研究，主要探讨网络关系对学生态度和绩效的影响。结果发现个体在情感、沟通和敌视网络中处于中心位置会影响学生的态度和成绩。此外，对 62 个团队的内外部关系的研究发现，这些关系会对团队绩效产生显著影响。

汉森（Hansen, 1999）在对一家大型电气公司 41 个部门 120 个新产品开发团队的研究中发现，"业务单元间弱联结有助于项目团队在其他项目团队中找到有用的知识，但不利于传递复杂的知识。传递复杂知识需要强联结"。斯帕罗等（Sparrowe et al., 2001）研究非正式网络结构对个体与群体绩效的影响，发现社会网络中心性与个体绩效之间存在正相关，但在群体层次、网络中心势与群体绩效之间存在负相关，特别是在复杂任务的情况下，咨询网络密度与群体绩效不相关。

阿罗等（Arrow et al., 2000）将网络理论与复杂科学结合起来，构建了一个团队模型，该模型将团队视为一种由团队成员、任务和工具构成的动态"协调网络"。整个团队的网络可以分解为由单一要素（人员、任务或工具）构成的网络和连接不同类型节点的网络，从网络视角对一些概念进行定义，如劳动分工（将人与任务联系起来的集合）、职务（将人与工具和任务联系起来的集合），从而产生了新的构念。根据团队内网络构成要素重要程度的不同，可以区分为不同的团队类型，如任务网络（这种网络中任务和工作网络是首要的）和团队网络（这种网络中成员和职务网络是首要的）。

斯帕罗等（Sparrowe et al., 2001）对 38 个团队的 190 位员工进行了实地研究，将企业内非正式网络分为咨询网络和妨碍网络，主要探讨企业内咨询网络和妨碍网络对个人和团队绩效的影响。自变量为网络的密度和中心性，因变量为个人绩效和团队绩效。研究结果显示，咨询网络中心性与个体绩效正相关，即在咨询网络中具有较高中心性的成员，由于与其他成员联系较多，能够获取和积累更多的信息、知识和经验，还能够与其他成员交换有价值的资源；妨碍网络的中心性与个体和团队绩效呈负相关；咨询网络的密度与团队绩效没有显著的正相关。该研究的贡献在于将网络结构与个体工作中职责内外绩效联系起来，同时兼顾了工作中的妨碍网络，从而推进了网络与个体和团队绩效的理论研究。

瑞根和朱克曼（Reagans & Zuckerman，2001）研究了成员多样化、网络结构和团队绩效的关系。在该研究中，将成员多样化转为社会资本的不同形式，持悲观态度的学者认为，多样化的团队会降低团队密度，成员之间缺乏协调；持乐观态度的学者认为，成员多样化会跨越团队边界，进而提高团队学习能力。他们的研究结果显示，团队内部的联结密度越高，绩效越好。

克洛斯和普鲁塞克（Cross & Prusak，2002）开展了一项针对企业内中高层管理者的研究后发现：首先，非正式网络并不是企业正式组织结构的一部分，因此经常缺乏资源，也无法得到高层管理者恰当的关注。只有当企业高层管理者公开并且系统地与非正式网络进行合作，团队才能够发挥更大作用。其次，在企业中人际关系比较稳定的员工，都对于自己的工作比较满意，相比人际关系脆弱的员工，其离职率更低。

卓秀足等（2005）采取个案研究的方式，从社会网络理论的视角，探讨工作团体中的互动网络结构对团体效能的影响。其研究采用网络密度与群体中心性两种指标，探讨社会网络和团体心情（正向、负向）、团体效能（集体自效、团体凝聚力与团体绩效）间的关系。研究结果分析发现：社会网络密度会影响团体效能，社会网络密度高时，团体的凝聚力和主观团体绩效都表现较佳，反之则表现不佳；同时社会网络的群体中心性和团体的集体自效有关，各分店网络的群体中心性越高，集体自效感越强。

布尔克迪和哈里森（Balkundi & Harrison，2006）对团队成员的社会网络结构与团队绩效的关系进行分析，该研究显示，团队内人际关系网络的结构越紧密，越利于实现目标，团队成员也乐于一起工作，即团队绩效越高。在团队之间形成的网络中，团队越处于中心位置，其绩效越高。

陈明惠等（2007）认为研究网络与专案绩效关系时，应该同时考虑专案组与外部、跨团队以及组织高层的网络关系，同时以专案开发阶段的观点探讨团队网络与研发绩效的关系。该研究对象为 11 个研发专案的 128 名成员。结果发现，专案团队与外部网络和跨团队网络的活动会随着专案的发展阶段呈倒"U"型现象，即先增后减的情形。专案发展阶段仅对于外部网络和研发专案绩效的商业价值构面的关系具有调节作用，然而对于其他网络形态与研发专案绩效的调节作用并不显著。表 3.3 总结了社会网络结构影响产品创新的因素。

表 3.3　社会网络结构影响产品创新的因素

社会网络变量	期望的关系	原因
任务相互依赖	正相关	增进信息交换，缩短沟通渠道（Hage，1999；Gordon et al.，1974；Hage & Aiken，1969；Woodward，1958）
社会咨询网络中心性	正相关	增加信息交换的质量和数量；提高决策质量，作为学习渠道；提供合法性基础在团队层次（Sparrowe et al.，2001；Ibarra，1993） 在组织内外层次（Hansen，2002；Tsai，2001；Goes & Park，1997；Powell et al.，1996；Wasserman & Faust，1994；Ancona & Caldwell，1992；Burt，1992）
团队的密度	负相关	团队绩效受不合作行为和恶劣的氛围影响（Sparrowe et al. 2001）
团队的密度	正相关	信任、共同规范利于得到支持和获取信息（Burt，1998；Coleman，1990；Coleman，1988；Granovetter，1985）
团队的网络中心势	负相关	中心势较高的沟通渠道不利于信息交换的数量和质量（Sparrowe et al. 2001；Shaw，1964），妨碍信息交换和参与决策（Sparrowe et al. 2001）

资料来源：Rizova，2003.

　　大多数文献（Guzzo & Dickson，1996；Guzzo & Shea，1992；Hackman，1990）没有从团队内外部非正式网络结构的角度研究团队，本书将从研发团队内外部非正式网络的视角，探讨其对产品创新绩效的影响。

本章小结

本章对现有研究文献进行梳理，对非正式网络的研究始终没有停止过，特别是随着社会网络理论的不断发展，为研究提供了更为有效的工具。总的来说这方面研究还比较零散，还有许多值得进一步研究之处。

在企业的产品创新过程中，往往采用由研发人员组成的团队来完成任务。团队已经成为许多企业的基本工作单位，团队中的成员可以相互在经验、信息和知识方面起到互补的作用（Celia & Jaime，2003）。研发人员的工作要求有很高的创造性和自主性，知识、技术含量较高，工作选择的流动性强，工作过程往往难以监督控制，绩效不易直接测量和评价。由研发人员构成的研发团队对企业获得持续竞争优势起着重要作用。

研发人员在团队内外建立关系，这些关系模式产生了社会交换的相互依赖网络，同时某些人就成为交换中值得信任的伙伴，可以获得资源和支持。例如，当研发人员在工作之余交流时，双方的信任、机会和积极性会增加社会交换的层次。人们在社会交换网络的连接中处于恰当的位置，可以使他们及时、有效地运用资源解决问题（Burt，2000）。因此他们可能处于多种网络之中，并且在多种网络中处于的位置也不尽相同。例如，一名研发人员可能属于以下几种网络：高层管理团队、同学会、老乡会等。关键是，有些网络会重叠，有些与工作有关，有些偶尔与工作有关。此外，在每种网络中关系的类型可能不同。即研发人员可能会属于许多不同类型的网络，使其有机会获得信息和知识。因此，这些网络的结构和关系类型会影响团队所获得信息的数量和质量，进而影响产品创新绩效。

本书是以社会网络理论探讨研发团队内外部非正式网络结构如何影响产品创新绩效。因此，书中收集和整理了有关团队理论、社会网络理论等领域相关研究成果与文献，加以分析与整合。根据相关学术文献分析，总结归纳出以下结论。

（1）团队内部的咨询和情感密度会对产品创新绩效有影响，但现有的研究结论并不一致，而且这类研究在国内较少。在团队内部网络密度与团队绩效之间的研究中，斯帕罗等（Sparrowe et al.，2001）的研究显示，咨询网络密度与绩效之间没有正相关的关系，而其他学者（Balkundi & Harrison，2006；Baldwin et al.，1997；Reagans & Zuckerman，2001；卓秀足等，2005；陈明惠等，2007）的研究结果显示，团队内部密度越高，团队绩效越好。本书在国内的情景中对二者进行实证分析，可以填补该领域的空白。

（2）团队外部联结中，团队的网络中心性会对产品创新绩效产生影响，但现有的研究结论并不一致。以往研究较多关注团队内部的网络结构，而在团队之间形成的网络结构研究中，许多学者（Balkundi & Harrison，2006；Sparrowe et al.，2001；Tsai，2000）的研究显示，中心性与绩效呈正相关。在本书中将中心性分为点入中心性与点出中心性，然后探讨二者与产品创新绩效之间的关系。

（3）以往的研究中，并没有对中心性的方向加以区分。本书将咨询网络的中心性分为点入中心性和点出中心性，从而可以辨别哪些团队经常向其他团队提供意见和建议，哪些团队经常向其他团队征求意见和建议。

（4）以往研究只是理论上认为咨询和情感关系存在相关，本书将运用UCINET 6.0 中的 QAP 分析进行实证检验。

在下一章中，本书将进一步分析企业研发团队非正式网络结构特征对产品创新绩效的作用。

第四章　概念模型与研究假设

第一节　概念模型

本书探讨团队内外部的非正式网络，同时将非正式网络区分为情感网络与咨询网络，综合以上信息，提出包含研发团队内外部网络变量和产品创新绩效的概念模型（如图4.1）。

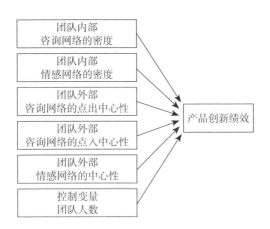

图 4.1　本书概念模型

第二节　研究层次

将社会网络观点应用于管理领域已成为一种新的趋势，在管理学领域的网络研究中，可以分为如下层次：组织层次（Ahuja，G.，2000；Hansen，1999；Powell et al.，1996）、团队和群体层次（罗家德等，2003；Hongseok OH et al.，2004）与个人层次（Ibarra，1993；Cross & Prusak，2002；Perry-Smith & Shalley，2003）。

许多学者认为，除了各个层次上的网络关系分析外，社会网络分析在同时连接宏观层次与微观层次资料时有其独到之处，并认为其确实能以单一架构同时分析跨组织及组织内的网络资料（Abbott，1993；O'Reilly，1991；Krackhardt & Brass，1994）。因此，社会网络理论可同时研究组织中跨层次之间的问题。例如，同时研究团队中成员的属性、成员之间的互动情形以及团队内关系网络结构等因素，并探讨这些因素对团队成员个人"态度"和"行为"的影响，也可以探讨这些因素对团队的运营绩效所造成的影响，或者探讨团队内部网络的中心性及密度对团队任务绩效、知识创新、知识共享等的影响。

由于社会网络理论并没有限定具体的分析层次，因此学者们可以较容易地跨层次分析。例如，可以研究团队在整体网络中的位置（Ancona，1990），描述特定团队的内部沟通网络的结构（Sparrowe et al.，2001），或者研究个体在团队中的位置（Bavelas，1950），这些在团队、个体层次的研究结果可以用于其他层次。以下讨论的问题都是在多层次上描述，因此可以从网络研究成果的一个层次推出另一个层次的命题，如表4.1所示。

表 4.1　映射不同研究层次的命题

网络研究的成果	团队研究的成果
个体：组织	个体：团队
组织：组织内部网络	团队：组织内部网络
组织间网络：组织	团队网络：团队
组织：组织间网络	个体：团队
个体：网络	团队：组织内网络

资料来源：Lazer & Katz, 2003

　　表 4.1 的第一行表示在网络研究中的文献，如个体在组织网络中所处的位置影响其在组织中的绩效，把这类研究可以放到团队层次，研究个体在团队中的位置如何影响其在团队中的绩效。本书借鉴的正是个人在网络中的位置对个人绩效影响的成果，将其放到团队层次进行检验。

　　当然，其中有些推断是需要验证的。例如，关于如何提高组织在网络中绩效的研究，就不能推断为个体在团队中如何提高绩效。关键问题在于某个构念或过程在多层次中是否仍然起作用（Brass，2000）。比如说，研究信息扩散的过程，网络中某些位置对于个体获取信息有利（如中心位置），这类研究结果就可以提到其他的分析层次，如团队（由团队组成的组织内网络）或者组织（由组织构成的组织间网络）。然而，如果某个构念或过程专门用于描述某一特定层次，那就不能用于其他层次。例如，用于描述个体的构念（如"自我约束"），就不能用于组织层次研究。

　　本书立足于团队层次，但所考察的社会网络关系既包括团队内部研发人员之间的咨询和情感关系，也包括这些人员跨越团队边界的外部咨询和情感关系。团队内外部的结合研究，使本书具有了跨层次的特点。

一、研发团队的内部网络结构

研发团队内部非正式网络指研发人员之间的关系模式。这种模式对每个研发人员和整个团队都有重要意义。因为每个团队都由不同人口统计背景、不同关系的成员组成，团队成员间背景之同构型与异质性隐含了团队成员的社会互动基础，此特性自然会影响到团队运作的顺畅，并进而影响团队的绩效。换言之，在需要进行大量而密集互动的工作团队中，研发人员在团队中联结的程度决定了信息、知识等资源在网络中的流动效率。例如，研发人员存在情感联系，双方经常在工作之余一起娱乐、休息、聊天，就会增进彼此信任，还会共享知识和信息，在工作中也会形成互助关系，进而有利于研发团队的产品创新。团队成员间联结可能会对成员间互动、团队过程产生很大的作用，进而影响产品创新绩效。

内部联结的第一个问题是，内部联结是否越多越好？有的学者（Balkundi & Harrison，2006；Baldwin et al.，1997；Reagans & Zuckerman，2001；卓秀足等，2005）认为团队内联结越多，团队绩效越好。而斯帕罗等（Sparrowe et al.，2001）的研究并未支持该假设。

第二个问题是，在联结数一定的情况下，团队内部什么类型的联结与提高团队绩效有关？斯帕罗等（Sparrowe et al.，2001）的研究检验了团队内部集中化沟通对团队绩效的影响，发现当传递复杂信息时，集中化的沟通方式会导致团队混乱。布朗和米勒（Brown & Miller，2000）研究发现，任务的复杂程度与沟通网络集中化有关系，团队在完成复杂程度较低的任务时，沟通网络呈现集中化趋势。

二、研发团队的外部网络结构

不同的组织形式会采取不同的外部沟通策略（如公共信息、两种方式对称、不对称沟通），这要根据组织目标、结构和环境特征而定（Sutcliff，2001）。同样，团队由于其职能、结构和与外部关系、沟通网络中所处位置不同，也会采取不同的外部活动方式。此外，各种信息和资源是团队采取外部活动的约束条件，并会形成团队独特的外部情境，要了解团队如何运行，有必要审视团队所嵌入的环境（Stohl & Putnam，2003），也就是说，团队在社会网络结构中所处的相对位置十分重要。在网络中处于正确的"位置"时，个人会占有更多的"微观社会资本"，所能获取与传递的信息、知识、经验和技术等也会大不相同；同理，一个团队在整体社会网络结构中处于正确的"位置"时，其所能占有的"宏观社会资本"会更多，团队成员间相互传递的信息、知识、经验和技术也更加丰富，从而有利于激发出更多创新的思想。社会资本是一种嵌入于人际关系之中隐含的、有价值的资源与信息（Nahapiet & Ghoshal，1998），也就是说，企业中很多信息、知识和技术是个人所拥有，并且是隐性的，而这些信息、知识和技术往往都是通过非正式的群体或者是在互动交流过程中产生的比较多（McElroy，2002），因此，个体在网络中就会对绩效产生影响。

汤普森（Thompson，1967）运用相互依赖的方式，提出了研究团队之间关系的概念基础。基于汤普森的成果，学者们尝试定义团队之间的相互依赖关系，并进行操作化。在此基础之上，其他学者做了进一步的研究。例如，安卡娜和考德威尔（Ancona & Caldwell，1990，1992a，1992b）关注外部沟通的内容。这些学者收集了 5 家公司 45 个研发团队共计 409 名成员的问卷，用于调查沟通与研发成功模式的关系。研究中，安卡娜和考德威尔（Ancona & Caldwell，1990）将团队成员的外部沟通活动分为四类：大使型活动（Ambassador activities）、任务协调活动（Task coordination activities）、侦察活动（Scouting activities）和守卫活动（Guard activities）。其中，大使型活动主要是政治活动，目的是获取团队工作所需支持和资源，缓冲外部压力和印象管理；任务协调活动主要是技术或设计问题的协调，常需要跨组织实施；侦察活动是主要针对某一具体的职能（如营销）进行有关竞争、技术和营销方面的信息扫描；守卫活动是避免内部信息泄露。研究发现团队成员通常与外部职能类似的人进行沟通，因此，团队中拥有不同职能的成员越多，外部沟通就越多，绩效也越高（Ancona & Caldwell，1992a）。如团队之间的"边界跨越"关系可以将信息和资源带进团队，使团队得以有效运营。团队在外部网络结构中的位置，会对团队获取资源产生影响。在团队之间的网络中处于有利位置，这类团队往往在获取、控制资源方面占有优势（Burt，1992）。

随后，安卡娜和考德威尔（Ancona & Caldwell，1992b）辨别出了45个团队的策略。一项有意思的发现是，团队在外部的沟通频率与其绩效没有显著影响，相反，沟通策略与绩效却显著相关。最成功的团队是综合采用了多种沟通策略，将大使型活动和任务协调活动结合起来，有助于团队获取资源、信息，进而提高绩效。因此指出研发团队不能仅依靠提高沟通频率，还要注重沟通的性质。本杰明（Benjamin，1993）在有关外部沟通与印象管理的研究中得出了类似的结论。

对连锁董事的研究发现，团队的外部关系能够提供有价值的知识（Davis，1991；Hauschild，1993），因此对团队成功起到了重要作用。然而，学者们对团队外部关系重要性的研究结论并不一致。

鲍德温等（Baldwin et al.，1997）发现团队外部关系与团队成功没有关系，而斯帕罗等（Sparrowe et al.，2001）发现这二者呈负相关。鲍德温等指出，他们的研究没有发现二者的关系，是因为该研究中的团队几乎不需要外部沟通，团队的内部联结比外部联结更重要。

汉森（Hansen，1999）和哈斯（Haas，2002）的研究结果提供了另一种解释。汉森发现联结的强度与传递信息的复杂程度之间存在交互作用：弱联结有利于传递简单信息，复杂信息需要由强联结传递。因此，安卡娜与斯帕罗的研究不一致可能是由于没有区分联结的强弱程度有关。哈斯发现外部联结对于绩效的关系可正可负，这取决于团队自治程度和任务压力两个因素，团队自治程度低或者任务压力过大，外部联结会对团队绩效起负面作用。

外部关系可以通过除信息流动之外的其他方式影响团队绩效。雷泽和凯泽（Lazer & Katz，2003a）的研究发现，当团队成员有许多重复的外部关系时，成员之间"搭便车"的现象较少，即结构嵌入性会约束团队成员的努力程度。外部关系的影响取决于整个网络结构性和制度性权变因素。雷泽等的研究强调了团队需要权衡外部关系对团队的利弊：当团队外部关系出现冗余时，可以限制机会主义行为；当团队外部关系非冗余时，团队可以接触到更多的信息和资源（Burt，1992）。可见，有效管理外部关系的团队可提高团队绩效（Ancona，1993）。

从理论上说，无论是团队内部还是外部关系的考察，都可以将团队成员作为网络"节点"进行关系结构特征的分析，但出于简化网络图的目的，在本书案例研究部分（第四章）涉及团队外部关系对象时，我们将之归纳到团队层次进行典型团队内外部网络结构描述和特征分析，至于整体网络层面的研究均以团队作为网络节点。

第三节　网络边界的确定

界定一个研究项目的边界是由理论上做出的调查情境中"重要"的因素决定的（Scott，2000）。由于本书研究的是整体网络，必须要把边界内的所有行动者都列在问卷上，并发放给所有的行动者，所以一个发散的社会网络是无法做结构调查的（罗家德，2020）。

韦伯（Weber，1947）认为一个组织群体是"根据规则限制外人进入组织且具有封闭性的社会关系"，这种定义是强调组织群体参与者的主观认定组织群体关系的意义，通过这种"唯实法"（Realist）或称为声望法的策略来界定网络边界。第二种界定网络边界的策略是根据社会建构意义（Social Reality）来界定的"唯名法"（Nominalist），该方式是根据研究者的研究目标及其所建构的概念来界定社会网络的边界。网络边界的界定应视研究目的、经费、时间而定。例如，劳曼和巴比（Laumann & Pappi，1973）在社区精英网络界限设定时，会同时考虑精英在经济、政治、社会整合及文化模式维护功能的分布及代表性。

表4.2列出了网络边界"唯实法"及"唯名法"观点的内涵、适用场合及区别。

表 4.2　网络边界观点

网络边界观点	内涵	适用场合	备注
唯实法	①强调团队参与者主观认定团队关系的意义 ②由规则限制外人进入且具有封闭性的社会关系	团队成员本身容易认定时	本书采用"唯实法"观点
唯名法	依据社会建构意义或研究者本身目的来界定	团队成员本身不容易认定时	

　　本书主要探讨企业研发部门内部的研发人员形成的非正式网络与团队产品创新绩效的关系，因此需要采用"唯实法"的观点，并对网络边界定义为在研发部门内部由研发人员构成的咨询网络和情感网络。

　　此外，社会网络分析包括两种不同的观察视角，即"自我中心观点"（Ego-Centric）与"社会中心观点"（Socio-Centric）（罗家德，2020）。通过分析社会网络节点之间的连接状况，总结行动者的社会网络特征，当采用不同的观点时，会对社会网络分析的方法和结果的解释产生不同影响。

一、自我中心观点

　　自我中心观点关注的是与特定行动者相关的连接，也就是以特定行动者作为研究重点，分析该行动者与其他行动者之间的社会网络特征。因此，研究范围并不受社会范围的影响和限制，而是以特定行动者为中心向外画出整个网络图。这种网络关注的是行动者对外的连接所能带来的资源，焦点在资源的取得。行动者在网络结构中的位置，会影响到其所能获得的资源，愈近于网络中心位置，所能建立的联系愈多，与其他行动者的距离愈近。本书第五章进行的典型团队的案例研究即是采用了自我中心观点。

二、社会中心观点

　　社会中心观点又被称为整体网络观点，强调网络结构中全体成员的结构分布情况，也就是在确定的范围内，研究处于该范围内所有行动者的关系性质和状态，如团队、部门、企业和地区等。其研究重点是资源的流动与配置。有形的资源会愈使用愈少，因此重在配置，即将资源传递到最需要的位置去；而无形的资源，如信息、知识等，愈使用愈多，故重在流动，使之尽可能地在网络内扩散，让更多成员能享用此资源。因此，基于社会中心观点开展的网络分析，需要收集网络内所有行动者彼此间关系的数据，建构这种整体网络需要网络内全部行动者的资料回复。根据本书的问题和研究目标，需要采用社会中心观点来探讨研发团队内外部非正式网络的结构特征。

第四节　研究假设

网络结构是指节点的联结模式，联结模式对于每个节点和整个网络都有重要意义。节点联结模式会增进或限制个体获得有价值的资源，决定了资源是否能够在整个网络中流动。社会网络分析强调联结模式的重要性，从而使该方法在分析上具有独到之处。

虽然网络结构可以预测结果，结构中所流动的资源的性质同样重要。根据克来克哈特和汉森（Krackhardt & Hanson，1993）对非正式网络的分类——咨询、情感和情报网络，本书主要研究咨询网络和情感网络对产品创新绩效的影响。咨询网络对于创新绩效至关重要，因为其传递的是与工作有关的信息、知识、意见和建议；情感网络传递的是社会支持和价值观等资源（Ibarra，1993）。

由于非正式网络是个体在共同的兴趣、爱好或价值观的基础上自发建立起来的，并且个体之间有一定感情基础，所以在业余活动中个体之间就有更多时间和机会交流工作心得、信息、知识和经验，无形间促进了个体间信息、知识和经验等的共享。同时由于员工的个人关系和兴趣爱好各不相同，会加入不同的非正式网络，这些网络之间就存在交叉关系。温格和斯奈德（Wenger & Snyder，2000）认为，非正式网络内部成员间产生更多的交流互动，能够实现知识与学习共享的效果，同时这些交流互动往往是企业知识创造和技术创新的重要源泉。成员在实践社群中开展与工作相关的信息、知识、观念、经验等分享或情感方面交流互动，以小组为单位集合起来，交流意见或建议、分享经验和思想，有利于提高工作绩效并能满足成员需求，通过频繁的沟通、交流和互动，共同分享信息、知识和经验，从而实现技术创新。

哈格斯特朗（Hagerstrand，1967）从空间角度出发，对创新的扩散进行了开创性的研究，总结并提炼了以下两种观点。①信息的传播主要通过个体的社会交流网络，这类网络的结构特征主要由不同社会和自然的交流状况所决定，它的传播效果呈现为一个随距离递减的函数。大多数人的交流网络受地理位置限制，因此具有地方性。②扩散信息时能否被接受，主要包括两个决定性因素：一是潜在接受者采用创新的一般倾向或是否具有创新精神，二是创新是否与社会和经济发展状况以及潜在使用者心理特征一致。哈格斯特朗的研究中已经涉及了非正式网络的思想，并对其重要性给予了积极而充分的肯定。

哈坎森和约翰森（Hakanson & Johanson，1988）认为个体间的非正式交换关系比正式交换关系更为简单、快捷，建立关系也更容易。在企业创新的各个阶段，它都能有效促进个体间信息、知识和技术交流，并合作解决工作中的问题。朱斯科维奇和贾斯特曼（Zuscovitch & Justman，1995）指出个体间形成的非正式网络是促进企业创新扩散和创新过程可持续发展的一个重要因素。道基森（Dodgson，1996）认为非正式网络是企业创新工作者的正和游戏。

安吉斯·帕克（Pyka，2000）在研究中分析了创新人员加入非正式网络的动机，认为主要原因是技术创新的速度越来越快，技术领域的整合，以及分布比较广泛的隐性知识。

总而言之，就企业研发人员个人而言，非正式网络对于产品创新所产生的作用主要包括以下几个方面。

（1）非正式创新网络能够有效促进企业隐性知识的溢出（Freeman，1991）。野中郁次郎和竹内弘高（Nonaka & Takeuchi，1995）认为隐性知识是人们无法用文字或语句表达的、主观的知识，也就是只可意会不可言传的知识，很难与别人交流和分享，并且接受者也无法立即了解和掌握的知识。因此，知识拥有者需要传递的知识遇到了阻碍。1996年经济合作与发展组织（OECD）在《以知识为基础的经济》报告中提出，企业创新活动是由企业和用户在沟通交流显性知识（Codified Knowledge）和隐性知识（Tacit Knowledge）的过程中相互作用、相互促进所形成和推动的。

根据上述学者们的观点，可以看出创新扩散实质上可视为人们开展知识交流的过程，即一个在创新源之间、创新源与潜在使用者之间和潜在使用者之间沟通交流与创新相关的显性知识和隐性知识的过程。人们以非正式方式沟通交流与经济相关的问题时，人们头脑中的隐性知识被反复探讨，通过隐喻、类比等方式，使头脑中隐性知识逐渐清晰起来，进一步转化为显性知识。显然，显性知识要比隐性知识更容易传播和扩散。使隐性知识转化成显性知识，然后再积累隐性知识，并使之显性化，这是知识促进经济发展的、呈螺旋式上升的循环过程。

（2）非正式网络提高了人们知识交流的效果。克洛斯和普鲁塞克（Cross & Prusak，2002）在研究中发现，采用人际沟通方式与阅读方式的学习效率相比，二者相差14倍。在正式交流场合，如演讲、报告时，由于意识到自己的语言和行为的重要性，人们经常会感到紧张和拘谨，担心自己表达不准确、技巧不熟练和表达内容不熟悉等，过度赋予自己语言和行为的重要性，从而极大影响了知识交换、信息交流的自由度。与此同时，正式交流的主题和内容也颇受限制，沟通交流的内容主要围绕明确和固定的话题展开。反之，在非正式交流场合就完全不同：随机、轻松、互动式的沟通交流方式几乎可以在任何条件下展开，双方具有一定的感情基础及生动、直观的交流方式，使人们可以对所有的事情和观点畅所欲言，而不必担心有什么错误或需要承担什么责任。宽松且愉快的沟通氛围、双方的面对面交流、信息的直接反馈、非语言的信息表达可以使双方准确地理解彼此的信息、知识和思想，并且抓住所交流问题的本质和争论的焦点，这种生动、直观的沟通交流方式使人们感觉不到任何压力和紧张感，同时，非正式沟通交流具有简单、便捷的特点，可以使交流的人员直接切入关心的主题，从而显著提升沟通效率。

（3）非正式网络在业务流程中可以"取捷径、抄近道"，从而提高了信息和知识传递的速度。人们在工作中进行非正式交流的频率要比正式交流高得多，人们更多地通过非正式网络来收集信息、解决问题——社会科学文献中最重要的发现之一是知道谁具备哪些知识，比自己具备知识更重要（Granovetter，1973；Allen，1977；Burt，1992；Wenger & Snyder，2000）。管理人员通常认为员工会到数据库、因特网，或者是更传统的贮藏地，如装满法律、法规、技术手册等的文件柜去寻找信息与知识。虽然数据库（还有那些为其提供支持服务的人员）规模变得越来越大，却常常得不到充分利用，人们更愿意向同事咨询信息（Linden et al.，2002）。

艾伦（Allen，1977）在总结其一项长达 10 年的研究成果时指出，工程技术人员或科学家在寻找信息时，从同事那里获得要比从浩如烟海的文献检索中获得相关信息要容易得多，有的研究甚至表明向个人咨询得到结果的容易度是通过非人力资源（如查询一个数据库或者使用文件柜）寻找的 5 倍。而其他的研究结果也表明：你所认识的人对你的认知具有显著的影响力，因为人际关系在获取信息、解决问题及认识到如何更好工作的过程中，起着极其关键的作用。另外，非正式交往是人们日常生活中不可缺少的一部分，可以发生在任何时间、地点，所以非正式交往的频率也要比正式交往高得多。

从这些理论研究中可以看出，将不同的技能、知识背景和不同解决问题方式的员工整合起来难度很大（Janis，1972），简单地将组织结构图中的部门、职位进行调整也并不能保证知识型员工之间能够有效地合作。非正式交往互动却是知识、信息等资源传播的重要途径，例如，卢森勃路姆和沃雷克（Rosenbloom & Wolek，1970）的研究表明，科学家 40% 的知识是通过非正式交往中获取的，工程师通过非正式交往获取的知识则有 60% 以上。在非正式交往时，一般人们的心情比较放松、自由，交流的内容覆盖面也较广，可以直切主题，提高交流效率和增强交流效果。

同时，通过非正式网络进行的交往互动具有很强的信息搜寻功能。只要一个成员提出信息需求，网络中其他成员会及时响应需求，同时从自己的大脑中自动搜索和回忆与需求相关的信息，并将其提供给信息需求者。卡明斯和克洛斯（Cummings & Cross，2003）对182家为开发新产品或者进行工艺改造而临时组建的小组中的人际网络模式及其绩效进行分析，发现成员之间彼此的人际网络连通分断的组织——如以上司为核心的层级式结构或者将组织分割成更小的组织单位（核心边缘结构或结构洞式的结构），与成员之间彼此可以流畅地切换传递对方专业技术知识的组织，绩效相差很多。

企业内员工之间形成的非正式网络是组织内资源和信息的流通渠道，这些非正式关系的强弱影响着资源和信息交换的速度、质量和数量。非正式网络使得企业内不同的个体、团队、部门之间产生了社会互动，模糊了部门或群体边界，有利于跨部门、跨职能团队的协作，从而提高协作效率；同时，跨越正式结构的非正式网络使得研发人员能够在整个组织的框架上发现他们所需要的资源，或者将新产品开发中的首创精神凝聚起来，将员工的各种技能组合起来，进而提高了组织的灵活性、创新能力、工作效率，以及产品或服务的质量。在这些网络中进行工作对于提高组织的创新能力、适应能力越来越重要。非正式网络的整体结构对资源和信息流动的影响机制，有两种相互对立的观点：一种是闭合观，另一种是结构洞观。闭合观认为，闭合的网络（即完全连接的网络，其特征是个体之间存在充分的紧密联系）有利于资源与信息的流动。科尔曼（Coleman，1990）认为，紧密的网络联系使得每个人都能够得到信息，紧密网络中的监督和惩罚成本也较小，人们可以放心地转移资源。这些因素都会加速组织内资源和信息的流动，促进资源的组合与交换（Tsai & Ghoshal，1998）。另一种观点结构洞理论认为，信息的处理和利用是需要成本的，并不是信息越多，流动越快，结果就越好，及时获得他人无法获得的非冗余信息才是至关重要的，因此，结构洞为行动者提供了信息和控制优势（Burt，1992）。尽管博特的理论更多地被用来研究市场上的个人行为，但其理论对组织的研究同样具有重要意义。因为它能够解释为什么在一些复杂的组织内部网络结构中，跨部门组合往往能够更有效地实现并扩散创新成果（Powell et al.，1996）。这两种看似对立的观点其实并不存在根本分歧，很大程度上是由于分析角度的不同，或者说是任务导向不同。闭合观解释的是协作问题，结构洞观则试图解释信息和资源传递效率问题。

总之，非正式网络对于企业产品创新所产生的促进作用，更多地表现在非正式沟通交流对于研发人员之间信息、知识的交流和学习的促进作用。信息、知识的交流和学习水平的提高直接提升了研发团队创新能力，从而促进了企业的产品创新。

一、研发团队内部非正式网络密度与产品创新绩效的关系

沃瑟曼和福斯特（Wasserman & Faust，1994）认为网络密度指的是网络成员间彼此互动的联系程度，亦即团队成员彼此互动的平均程度。密度高就表示网络中的任何一个成员和其他成员的联结关系多，密度低则反之。群体的网络密度值越高，成员的互动程度也就越高；而群体的网络密度值越低，成员彼此的互动程度也就越低，表示成员和其他成员的联结少，可能成员彼此间不愿意交流与工作有关的思想和隐性知识（Hansen，1999），或是只限于和少数成员有互动，如此会对团队的运作及结果产生较不良的影响。

网络研究中有些学者基于人的理性利己主义形成了学派。该学派认为人们构建群体关系是为了最大限度地满足自己的偏好或需求，其代表人物是社会学家科尔曼（Coleman，1988）。科尔曼研究了两个行动者在互动中，每个人如何基于利己的原则构建起社会系统；每个人都希望自己的利益最大化，同时，每个人都嵌入到相互依赖的关系中，因此每个人的行为又会受到约束。

科尔曼（Coleman，1990）认为成员彼此互动程度越高，产生的信息与资源交换就会越多，当一个团队成员有互动时，就会分享价值观、信念或目标，因此对团体运作会有正向影响。霍曼斯（Homans，1974）的研究指出，紧密的非正式交往会提高团队绩效。这一观点即所谓的"凝聚—顺从"假设，该观点认为紧密的非正式交往使成员容易达成共识，进而确立自己在团队中的地位，从而促进员工尽更加努力完成任务，团队成员合作较为顺畅，增强了责

任心，不易产生社会性惰化 [①]（Sparrowe et al.，2001）。团队中大多数成员都相互交换意见，意味着彼此间依赖程度较高。莫姆（Molm，1994）认为，相互依赖会产生合作，进而提高团队绩效。咨询网络密度较高会使成员尽可能做到信息共享，然后提高团队绩效，团队成员参加交换意见越多，冗余信息越少。信息共享程度还与团队决策质量有关（Larson et al.，1998）。团队成员彼此咨询关系越多，就越清楚各自在团队中的位置，更明确了各自的职责，职责明确又会消除社会性惰化，进而提高团队绩效（Wagner，1995）。艾里克森（Erickson，1988）认为在不确定情况下，行动者会向同自己关系紧密的人寻求建议、意见。结果是，团队内非正式网络越紧密，其成员观点越趋同，从而越有利于达成共识（Leenders，1995）。研究显示，团队紧密程度越高，团队成员就越服从于共同的规范（Hogg，1992）。实地研究显示，非正式交往越紧密，工人绩效会越高（Summers et al.，1988）。

群体认知研究关注团队成员的认知，在群体认知的研究中有两大理论：交易记忆理论和认知一致性理论。交易记忆理论认为团队成员运用各自的知识和技能，构建起沟通网络，可以帮助他们辨别和运用团队中其他成员的知识和技能（Moreland，1999；Wegner，1987；1995）。这些网络关系越密集，就越有利于团体内部的知识流动，进而促进团队的创新。

认知一致性理论关注的是团体成员知道其他成员喜欢什么。海德（Heider，1958）的平衡理论认为，如果两个人是朋友，他们应该对某个事物有类似的评价。该模型随后被海拉瑞等（Harary et al.，1965）延伸，并用数据模型进行描述。霍兰德等（Holland et al.，1977）认为该事物应该是沟通网络中的第三个人。如果两个人对第三个人的评价不一致，他们会感到不安并通过改变对第三个人的评价来消除这种认知差异。从一般意义上讲，有句格言已经指出了这一点："我们希望与朋友的朋友成为朋友。"当我们的朋友之间并非朋友时，认知差异就出现了。在小群体中，情感关系可以较好地解释团体

[①] 社会性惰化指当群体一起完成一项工作时，群体中的成员每个所付出的努力会比在单独情况下完成任务时偏少的现象，它一般发生在多个个体为了一个共同目标而合作，自己的工作成绩又不能单独计算的情况下。

中出现的沟通关系和联盟。研究人员还检验了认知差异对个体态度的影响。例如，克莱克哈特和奇达夫（Krackhardt & Kilduff，1990）的研究显示，朋友的朋友是朋友时，比起不是朋友的关系，相处会更加融洽。

还有学者指出，联结松散的团队可能依赖少数个体联结较为孤立的个体，担当经纪人的角色。这些经纪人可能有意无意地对信息进行过滤、扭曲和隐藏，最终会阻碍团队的绩效（Burt，1992）。

在团队中，如果成员都保持强联结，每个人通过非正式交往都能和其他人在工作场所之外建立联系，那么我们认为这种团队比缺少强联结的团队更加团结，行为更趋一致，有较强的互惠规范、相互信任感，以及反对自私自利的行为（Granovetter，1985；Krackhardt，1999）。信任构成联系基础后，团队成员就会选择惩罚那些不值得信任的行为，以作为维持关系的生存性网络的机制。

从集体行为理论看，"人们协调一致的行为会产生共同利益和收益"（Marwell & Oliver，1993：2），而这会比个人的利益更重要。萨缪尔森（Samuelson，1954）提出的公共产品理论就是由集体行为理论发展而来。该理论较好地解释了集体和个体对物质基础（如公园、桥梁、隧道）所有权的经济性。之后，该理论又解释了集体产品和智力资本所有权（如思想、决策）的问题（Lessig，2001），其中智力资本主要由群体产生。

公共产品理论试图解释在什么情况下，群体成员会努力创建和维持公共物品，从而使集体中的每个人都能够从中受益。其关注的一个重点是在创建和维持这些公共物品时沟通网络所起的作用。考虑到共同利益或集体行为，个体在群体中建立关系并形成群体并非追求个人利益最大化，相反，个人建立关系并形成群体的动机是使群体有能力充分利用资源。社会存在着公共产品的"搭便车"现象，群体中的每个成员不管其是否做出贡献，都有权力从公共产品中获益（Samuelson，1954）。在人际交往情境中，如果能够建立起有效的规则或规范，同时禁止"搭便车"的行为，那么人们互惠的交往就会建立起信任关系（Coleman，1988，1990）。

在这种情境下，信任也增加了——团队成员愿意彼此提供帮助，因为他们相信，这种帮助最终会在团队的其他成员中得到回报（Edmondson，1999；Kramer et al.，2001）。同时，团队内可以充分共享信息（Danowski，1980；Rawlins，1983；Roloff，1987），进而有利于产品创新。

虽然团队密度有许多优点，但学者们认为团队密度与产品创新绩效呈线性正相关的结论需进一步实证（Reagans & Zuckerman，2001；Sparrowe et al.，2001）。因为团队成员之间关系太"近"会对团队绩效起到负面作用。在密度较高的网络中，成员需要投入时间、精力去维持这些关系，使人无暇顾及团队目标（Shaw，1964）。另外，联结密度较高的团队成员间的观点、意见往往一致（Krackhardt，1999），不同观点缺少，但不同的观点对团队绩效来说至关重要。

费勒舍（Flache，1996）从行动者具有自私特点的角度考虑，认为社会交往不仅是社会控制的工具，还能够实现其个人的目标（不管这些目标是否与共同目标冲突）。他模拟了能同时交换行动者的贡献和赞许的非正式网络，结果是：当两个行动者的交换可行时，紧密的网络会降低其为共同任务做贡献的意愿。这种网络与"凝聚—顺从"假说相反，导致了集体行为的失败。如果此种情况成立，则两个行动者的非正式关系会不利于团队绩效。费勒舍称之为"凝聚—阻碍"假说。

鲍勒斯和丁多尔（Paulus & Dzindolet，1993）的研究同样认为，紧密的非正式联系会降低团队绩效。当团队成员联系紧密时，通常会将其绩效与团队中其他成员进行比较，由于人们都不愿意比其他人做得更好，因此团队绩效会很低。此外，团队成员较为紧密的非正式交往，会使其脱离工作职责，并讨论与工作无关的事情，这一现象会使团队成员没有新思想产生，甚至导致群体盲思（Janis，1972）。

团队成员之间联系过分紧密，不仅会在团队内提高认同感和满意度，而且会建立起与团队之外的成员不同的行为规范（Brewer，1979）。团队成员的紧密联结，可能会限制成员与团队外部不同人之间的交往，进而制约了资源的获取和收集创新方面的信息（Portes & Sensenbrenner，1993；Hansen et al.，2005）。即使能够与团队外部的成员建立联结，由于团队内部较强的正偏差和外部的负偏差也会使在这些联结中传递的资源和信息被忽视或打折扣（Coser，1956；Pruitt & Rubin，1986；Simmel，1955；Tajfel & Turner，1985），这些偏差也会限制团队获取和吸收外部的创新信息。联结紧密的团队最终会导致团队内部的信息倾向于同质和冗余（Burt，1992；Gargiulo & Benassi，1999），因此限制了团队的绩效（Burt，2000）。根据上述分析，提出以下假设。

假设 1：研发团队内部咨询网络密度与团队产品创新绩效存在倒"U"型关系。

非正式网络除了工具性优势，还可以带来情感方面的优势（Ibarra，1992，1993）。在社会联结中经常被忽视的方面是情感支持（Nicolaou & Birley，2003）。罗家德（2020）认为情感网络产生于员工之间的友谊、情感交流或谈论业余生活等私事的过程，其网络资源就是情感交流的相关信息、知识和经验。学者们开展了许多有关社会支持领域的研究，发现情感支持的概念是研究中需要探讨的重要内容。按照克来克哈特（Krackhardt，1992）划分的关系类型，企业中员工拥有的潜在资源所产生的作用，同样也包括员工之间建立的情感关系。员工通常会与情感网络中建立联结的同事交流个人兴趣爱好、价值观、生活态度，甚至交流在工作过程中遇到的压力、困惑和矛盾，工作压力得到减轻，员工无形中与倾听者之间建立了情感上的依赖关系（罗家德和朱庆忠，2004）。克来克哈特指出，员工如果能够在组织的情感关系网络结构中占据好位置，就表明他与网络中多数成员建立了情感关系，可获得更多的帮助、关心、鼓励和支持。同时，一个员工如果被组织中多数员工当作情感方面互动交流的对象，说明该员工对他人的影响力、控制力越强，在工作中的带动、动员或领导能力就越强，这就是克来克哈特强关系优势理论的核心内容。

坎皮恩等（Campion et al.，1993）认为在团队内的情感交流中，团队成员建立起信任关系，彼此团结，相互促进，进而有利于团队工作的开展；同时情感交流可以通过社会支持使成员受益，团队成员获得较高社会支持可以表现出较高的自我效能和处理问题的能力。

本书中团队成员的情感联结可能与团队绩效有关，包括需要完成的任务和正式的目标。虽然与工作有关的联结不可能完全取代情感的作用，但与工作有关的联结肯定会在一定程度上限制人们由非正式联结所产生的社会需求。组织中团队的职能与特定任务有关，这是团队影响力的主要来源和关注重点。基于此，我们预期情感联结会有利于提高产品创新绩效，提出假设：

假设2：研发团队内部情感网络密度与团队产品创新绩效存在着正相关关系。

二、研发团队外部非正式网络中心性与产品创新绩效的关系

社会网络的目的与优势主要是获得需要的资源、信息，以及支持与协助等，使得工作或目标得以达成。过去的研究几乎都呈现出人际互动和网络中心性位置与绩效有正向的关系（Brass，1981、1992；Sparrowe et al.，2001）。社会网络的观点并不强调资源的占有，而关心资源的获取能力。非正式网络交换或获取的资源，不仅包含工作相关的资源，如任务相关的知识、意见与信息，还传递了社会认同与社会支持，这些资源进一步影响个人在组织中事业的成功，行动者处于网络不同的位置，会影响其获取和控制资源的能力（Burt，1992、1997；Ibarra，1995；Podolny & Baron，1997），这种能力即权力或影响力。这类权力或影响力是社会网络研究基本且重要的研究议题，权力由社会网络模式产生，不同的社会网络结构就会有不同的权力产生（Hanneman & Riddle，2001）。而在社会网络理论中，是以中心性来衡量个体的影响力大小，该指标是检测行动者取得资源、控制资源可能性的结构属性。有的学者从组织行为层次的观点指出，网络中心性是影响力的来源之一，当个人在组织中的中心性越高时，会与其他行动者有更多直接联系，会被认为比边缘位置的个体拥有较大权力和声望（Brass，1984）、有较高的影响力（Brass & Burkhardt，1992）、有较佳的问题解决与创新的能力（Ibarra，1993），多数员工依赖和信仰他的专业能力和技术水平（Krackhardt，1992），他更有可能获得各种有形或无形资源（Brass，1992）。处于中心位置的个体能与最多的个体联结互动，能较多的获取与选择资源，故其具有三种优

势：①可获取独特性与及时性的资源；②对资源有较强的控制与较多的分配权力；③有较好的职业晋升机会（Seibert et al.，2001）。评价个体重要与否，常用衡量其职务的地位优越性或特权性及社会声望等指标。根据科尔曼（Coleman，1988，1990）在社会资本论述中关于"义务与回报"的观点和布劳（Blau，1964）在社会交换方面的观点，其他员工对该员工的信任和依赖关系又会促使其他员工在向该员工获取资源（即满足需求和期望）之后，意识到自己需要报答或回馈该员工，并努力寻找机会报答该员工以表达谢意。因此，在工作咨询网络中心性高的员工能够集中大量的资源。也可以理解为，组织中员工信任或依赖中心性高的员工的工作能力和专业技术水平明显高于其他员工；当该员工需要组织内的资源时，其他员工所提供的报答或回馈资源，有可能无法满足该员工的需求或期望；由于大多数员工都咨询过该员工或得到过该员工的帮助，即使提供的报答或回馈资源无法满足该员工需求或期望，这些员工依然会竭尽全力为该员工寻找机会和渠道满足其需求和期望，或者利用个人的社会资源为该员工提供帮助。因此，咨询网络中心性高的员工所拥有的资源，使其能给其他员工提供帮助和指导，同时获得他人较多的报答或回馈。

本书对咨询关系的方向进行梳理，将咨询网络中心性分为点入中心性与点出中心性。点入中心性是指网络中的成员主动与其他人建立关系的数量总和，点出中心性指他人承认对该成员建立关系的数量总和。这种区分可以辨别出哪些团队向其他团队征求意见和建议较多（点出中心性），哪些团队向其他团队提供咨询（点入中心性）。

克洛斯等（Cross et al.，2002）指出，就个人层次而言，社会网络分析让我们更能理解人们之间的关系，同时，使在网络中心处于核心或者重要的人更为突出。这些人或许扮演信息中介的重要角色，却可能未受到重视。审视组织的非正式网络，并且找出信息流动（或者不流动）的关键联结，将有助于提升团队合作的效率。

团队是整个组织的一部分，是嵌入于大系统中的子系统。外部条件会对团队过程和结果产生影响，但现在的研究却将外部力量的作用边缘化，只研究内部动力和绩效。外部视角是研究团队有效性的重要方式，因为许多团队只有通过与外部环境建立联系才能保证其有效运作。一个团队外部的"网络结构"正确，团队成员间相互传递的知识和信息量就会非常丰富，从而激发出更多创新的火花，带来产品创新。

虽然有正式的途径协调团队之间资源的流动（Thompson，1967），但团队之间非正式联结是产生诸如知识和人际交往经验等资源的重要来源（奇达夫和蔡文彬，2007）。团队与其他团队进行交往互动能获得更多资源（Hansen，1999；Tsai，2001）。这类团队更可能获得重要的隐性知识，因为其成员在工作之余与许多人有社会交往，这样其他团队的成员也愿意和本团队成员分享其知识和技能。在团队遇到了挫折时，团队的联结也能提供情感和政治上的支持。因此，如果一个团队的成员与许多团队成员建立联系，那么该团队就能及时获得信息、各种思想，以及重要的工具的、政治的和情感的资源，这类团队比起外部联系较少的团队，更可能想出有创意的决策并付诸实施（Ancona，1993；Ancona & Caldwell，1992；Milliken & Martin，1996）。

团队与外部连接会影响产品创新绩效。与团队的领导类似，在团队之间的社会网络中，团队也可以居于偏向或远离网络中心的位置（Tsai，2000）。中心性高的团队在获取知识方面具有优势——包括在组织内外如何找到和获取相关知识（Hansen，2002），这对于团队完成任务具有重要意义（Ancona & Caldwell，1992；Pearce & David，1983）。这类关键知识包括市场前景和趋势、环境中的竞争对手、潜在的新产品以及供应商的信息（Tsai & Ghoshal，1998），根据这些信息，团队可以较好地制定战略和运营决策以提高其绩效。而且，团队在团队之间的网络中居于中心位置，也会限制知识流入与自己有竞争关系的团队之中。

情感网络中处于中心位置的个体可以有许多渠道获得重要资源。正向的社会关系本身就是一种资源——如心理支持方面的资源（Ibarra，1995），情感交流的功能就是缓解职业生涯中的压力、困难。在情感网络中处于中心位置可以使个体最大限度地利用周围环境的资源，获得广泛的心理和社会资源，使个体喜欢自己的工作环境。

情感中心性有利于获得信息，因为处于情感网络中心位置的个体可以通过小道消息获得信息。情感交流中，个体可以彼此选择，并传递重要的信息或其他资源，而个体可能对此并没有意识到。在情感网络中处于中心位置可能会获得最新的信息，如果情感网络比较发达，可能使个体通过熟人获得信息，还可能通过朋友的朋友获得信息。同时，在情感网络中处于中心位置的个体，还可以对信息加以辨别、核实，因为他们能够与网络中许多个体有联系。因此，提出如下假设：

假设3：在研发团队之间的情感网络中，团队的情感网络中心性与产品创新绩效呈正相关。

咨询网络是由个体传递诸如信息、支持和指导等资源的关系所形成的网络。当个体从其他人那里获得与任务有关信息而提高了绩效时，咨询网络意味着获得了有利于工作完成的工具性资源。个体在咨询网络的中心性反映了个体在咨询网络中所处的结构位置。一段时间内居于中心位置的个体能够获得与工作有关知识和解决问题的方法（Baldwin et al., 1997），这种技能不仅提高了中心位置个体解决问题的能力，而且还成为未来能够与同事交换的有价值的资源。当其他个体对中心位置个体产生依赖时，这类个体在未来交换有价值资源时就处于有利位置（Cook & Emerson, 1978）。相反，在咨询网络中处于边缘位置的个体将难以提高解决问题的能力，因此提高绩效较难。基于以上论述，提出以下假设：

假设4：在研发团队之间的咨询网络中，团队的咨询网络点入中心性与产品创新绩效呈负相关。

假设5：在研发团队之间的咨询网络中，团队的咨询网络点出中心性与产品创新绩效呈正相关。

本章小结

本章从社会网络的视角出发，基于研发团队内外部情感与咨询网络，阐明了非正式网络结构特征对产品创新绩效的影响，并且提出了五个假设，现将上述假设进行合并，作为本章的总结，简单复述如下：

假设1：研发团队内部咨询网络密度与团队产品创新绩效存在着倒"U"型关系。

假设2：研发团队内部情感网络密度与团队产品创新绩效存在着正相关关系。

假设3：在研发团队之间的情感网络中，团队的情感网络中心性与产品创新绩效呈正相关。

假设4：在研发团队之间的咨询网络中，团队的咨询网络点入中心性与产品创新绩效呈负相关。

假设5：在研发团队之间的咨询网络中，团队的咨询网络点出中心性与产品创新绩效呈正相关。

第五章　研究设计

研究设计是保证基于概念模型的实证研究有效性的关键，本章着重阐述此次研究所采用的方法。为保证获得有较高可靠性的数据，笔者在前人研究成果的基础上，结合对企业的访谈设计调查问卷，经发放问卷、收集数据，对相关变量进行测量。本书基于 2006～2007 年所做调研具体分析。本章将从研究对象的选择、资料收集方法、分析方法、变量测量、信效度等方面对此次研究的方法论做介绍。

马斯登（Marsden，1990）指出，针对不同的分析层次，应该有不同的研究设计。如果研究网络的整体结构，则需要考察个体之间所有可能关系的完备资料，从而进行密度、中心性和中心势分析等。

由于此次研究关注整体网络，力图揭示研发团队内外部非正式网络的整体结构，因此需要尽可能多地收集研发团队的各种关系数据。

第一节　研究对象的选择

本研究中的企业为我国重点企业之一的 H 公司，属于山东省高新技术企业，下设 10 个生产厂、8 个全资子公司，在岗职工 6000 余人，总资产逾11 亿元，主要产品为锻压设备和大、重型金属切削机床。自 20 世纪 50 年代率先研发制造了中国第一台龙门刨床和机械压力机以来，该企业专注以机械压力机为主的重型锻压设备和以铣刨床为代表的大型金切机床，被誉为中国"龙门刨的故乡"和"机械压力机的摇篮"。企业主要生产锻压设备、数控机床、自动化设备、铸造设备、环保机械和建材机械，广泛应用于汽车、轨道交通、能源、冶金、工程机械等多个行业，同时可向客户提供个性化、定制化的一整套技术解决方案。

该企业实施了"双高"战略，推动技术创新，发展核心技术和产品。具体做法有以下两点。

（1）通过嫁接高新技术的方式，推动企业主要产品更新换代和结构升级，实现产品多元化发展。

在实施国际化经营战略过程中，根据企业核心优势和国内外技术、市场发展趋势，制订并实施了"锻压设备自动化、金切机床数控化"的"两化"产品发展战略，发挥国内领先的技术优势和市场优势，吸引并选择有实力、有诚意的国外合作伙伴开展技术、生产合作，用较短的时间、较少的成本，迅速提升了技术实力。20世纪80年代，经与美国维尔森公司协商洽谈，引进了全套压力机设计制造技术。美国维尔森公司不仅将图纸交付给该企业，在合作过程中还实施适应性产品研究与开发。通过这项合作，该企业更新完善了设计手册和通用化、标准化的设计，在国内压力机设计制造技术方面开创了"量体裁衣"之先河，率先具备了定制化开发能力，公司研制产品的结构、精确程度、性能、质量和寿命等指标均达到国际先进水平，研制的冲压设备满足了轿车生产的需求，从而为推动中国汽车工业由卡车时代向轿车时代跨越式发展奠定了坚实基础。

随后，公司进一步扩大高技术嫁接的实施范围，与美国ISI公司，法国弗雷斯特－里内公司，德国穆勒·万加顿公司、柯勒尔公司，瑞典ABB公司，日本小松公司、川崎油工等，在大型多工位压力机、冲压自动化系统、大型数控龙门镗铣床、油压机、数控板材处理设备等前沿、高新技术产品领域开展合作研发生产。在产学研合作方面，公司积极推进与清华大学、香港科技大学、山东大学等大学和科研院所在环保设备、建材机械等领域的合

作，并取得显著效果：公司快速推出了在国际上处于先进水平的五面龙门加
工中心，国内第一条压力机的自动化生产线，具有智能化控制功能的、精度
达到一级水平的重型冲压线等高技术装备，有效促进了两大类传统产品向数
控化和自动化方向发展，形成了行业领先的技术优势。2002 年 10 月，公司
与法国弗雷斯特 - 里内公司续签合作协议，法方将大型数控落地铣镗床全套
技术转让给公司。2003 年，美国 ISI 公司也将上下料机械手类锻压自动化产
品的全套设计、制造技术转移到该企业，使该企业成为其全球唯一的品牌、
销售权拥有者。通过高水平合作的方式，推动研制树脂砂铸造设备、环保设
备、建材机械取得重大突破和进展，并逐渐成为具有较强市场竞争力的、新
的业务增长点，推动了产品多元化发展。

通过高技术嫁接，用国外先进技术提升传统产业的竞争力，实现了产品
结构横向拓展、纵向升级。通过市场化机制，与相关企业建立战略联盟，联
合投标、开发设计、制造，不但满足了用户技术、质量方面的要求，而且在
企业实践中快速消化和吸引先进技术，进一步推动了国外合作企业先进的技
术、管理与该企业的制造、成本、市场、服务等优势的有机结合，实现了
1+1 > 2 的协同效应，在合作研制生产产品过程中实现了"双赢"。

（2）坚持同步推动自主创新，研发拥有企业自主知识产权的核心技术，
增强企业技术创新实力。

加强国家级企业技术中心建设。技术中心拥有省、市级技术创新拔尖人
才、学科带头人等高级技术人才 28 人，居全省同行业企业的榜首。下设压力
机、数控机床、自动化和信息技术 4 个研究所，自动化设备、铸造设备、环
保机械、建材成套设备、计算机开发 5 个公司，机床、电气、计量理化、铸
造、焊接 5 个试验室，拥有试验设备仪器上百台（套）。既根据用户要求"量
体裁衣"开发，又加强前瞻性开发，以技术创新引领市场拓展。每年研发的
新产品中，大约 90% 能够达到国际或国内领先水平，技术进步产品的产值占
新增工业产值的 70% 以上。

通过增强自主创新开发能力，创造更好的合作基础，推动了高技术嫁接
深入开展；通过高技术嫁接方式，在与国外一流企业合作研发生产过程中，

快速消化和吸收国外企业的先进技术和管理模式，提高了自主创新实力，促进了高技术嫁接方式与自主创新方式开展研发相辅相成、良性互动，从而显著提高了企业技术创新的水平和效率。

该企业研制产品主要包括锻压设备、数控金切机床、自动化设备、铸造设备、数控切割设备、环保设备、建材设备和数控冲剪设备等。在上述产品中，锻压设备可提供60T–5000T的各种规格机械压力机、冲压设备生产线、大型多工位机械压力机、大型数控技术液压机、数控折弯机等，产品的技术性能处于国际领先的技术水平；数据金切机床设备可研制各种规格和型号的龙门刨床、数控龙门镗铣床、数控落地铣镗床、高速五轴联动镗铣床和数控切割机等，并能够处于国际领先水平；自动化设备可研制自动上下原料的机械手、自动化翻转机、全自动板材开卷校平剪切的生产线、大型多工位输送原料机构、数控转塔冲等设备。同时，铸造设备、环保建材设备的产能保持高速增长的态势，是全国机床行业产品门类最多、产品规格最全面的企业。其产品覆盖近20个行业领域。大、重型锻压设备在国内市场占有率超过60%，为国内汽车制造企业提供了近百条冲压生产线；大、重型数控机床市场订单额在中国机床行业名列前茅，获利了国内第一台大型五轴联动数控机床订单，为上海的磁悬浮列车、四大飞机公司等国家重点项目提供了大量高水平制造装备。产品出口远销以北美、西欧为重点的60多个国家和地区。

该企业生产的重型锻压设备和大型金切机床已经形成多档次多系列的产品格局。现对其主要产品进行介绍。

（1）锻压设备方面，该企业生产的各种机械压力机现已有数十个系列、500多种规格型号的产品，是中国机械压力机产品品类最全、规格型号最多的制造企业，产品单台自重大部分都在30～1 000吨。多年来通过高技术嫁接和国际合作生产，以及自行研制开发，产品中已有80%以上达到或接近国际先进技术水平，并可根据用户的需求，提供"量体裁衣"的各种压力机、大型冲压生产线和全自动化冲压生产线。不仅可以向用户提供大批量多连杆压力机为代表的产品，也可以向用户成套提供冲压生产自动线，并实施从产品设计制造、安装、调试到直接交用户使用的"交钥匙"服务。

（2）金切机床方面，既可以大量供应中低档的大型平面加工机床，又能提供高技术含量、高附加值的数控机床和加工中心，还可对用户现有的金切机床进行数控化改造。

（3）自动化设备方面，冲压自动化系统是专为压力机生产线的冲压自动化而设计的，它将传统的人工上、下料压力机生产线改变为自动化机械手上、下料的冲压生产力，可以在大幅度减少压力机操作人员状况下成倍地提高冲压工件产量，并解决了大型工件无法安全上、下料的难题。由此可极大地提高压力机生产线的效率和冲压工件表面质量。冲压自动化系统已广泛应用于国内外汽车行业各种形状大型冲压件的批量生产。

H 公司作为世界上最大的重型机械压力机制造公司之一，早在 1993 年就与冲压自动化系统专业制造商——美国 ISI 自动化公司签署了合作生产协议，并成功地推动了中国第一条以合作方式生产的、全自动化冲压生产线的建成并投入使用；2003 年，双方进一步签署了冲压自动化系统的技术授让及合作协议，ISI 自动化公司将所拥有的冲压自动化产品的全部设计、制造技术及品牌、商标等，在世界上唯一授让给该企业，并采用 ISI 公司的注册商标，在全球独家生产。

（4）铸机设备方面，该企业开发设计并已投入生产的主要是树脂砂设备，包括下列几类铸造机械设备产品：落砂机、振动设备、树脂砂旧砂再生系统，气力输送设备及送灰设备、各种树脂砂混砂机及造型线专用设备（起模机、振实台、翻箱机等）、除尘及智能环保设备、树脂砂铸造生产线成套设备及其智能电气控制系统。

（5）环保设备方面，包括各种污水（含市政污水、生活及工业污水等）的处理工程技术及其机械成套设备。通用产品有拦污、输送机械，除砂机械，曝气机械，排泥机械，搅拌机械，闸门、堰门等，并已为数十家污水处理厂提供了成套污水处理机械设备。另外还有各种固体废物的处理技术、焚烧技术及成套机械设备。

（6）建材设备方面，主要包括 JA58 系列双击式直接电动螺旋压力机、Y73 系列双面液压压砖机、JZK 系列双级真空挤砖机、JCK 系列挤板线、

Y74K 系列数控陶瓷砖压制液压机等。其中 JA58 系列双击式直接电动螺旋压力机属中国独创的、用于松散材料成形的新型锻压设备。该系列压力机的突出特点为双击，可在一次行程中实现先慢后快（先轻后重）两次打击，从而满足了粉料成形中排气与密度均匀致密的要求，克服了传统机器制件质量不稳定、操作人员劳动强度大、生产效率低的缺点，而且该系列压力机具有良好的工艺适应性、制件精度高、打击力稳定、重复性好、成本低等特点。

在产品创新方面，H 公司已有几十多年对各种系列金属切削机床和机械压力机的生产经验，具有独立研究开发、设计等技术能力。企业的技术中心于 1994 年被认定为"国家级技术中心"。20 世纪 80 年代初，率先引进、消化吸收了美国维尔森全钢压力机公司的 8 大系列 35 个品种压力机的全套设计、制造和检验技术。90 年代，根据国际机床发展趋势和市场竞争的需要，积极实施"锻压设备自动化、金切机床数智化"的产品研制战略，与法国弗雷斯特 – 里内公司合作生产出数控龙门镗铣床及数控落地镗铣床；分别与美国 ISI 机器人公司合作生产自动冲压生产线。通过国际合作和自主开发，公司已掌握和运用了数控龙门加工中心、压力机的最新技术，并锻炼和造就了一批数控龙门加工中心、压力机等产品专业研究、开发、设计技术队伍，能够为国内外的客户提供"量体裁衣"的产品，满足客户的需求。掌握 3–D 参数设置驱动系统设计技术。具备为汽车工业所需冲压设备和辅机的设计技术和制造能力。广泛应用计算机辅助设计（CAD）进行机械电气设计、动力分析和有限元分析，优化了设计基础工作。使金切机床与压力机新产品的开发使用 CAD 的出图量达到了 100%。

以设计工作为例，1983 年左右，设计工作流程为：设计人员经必要的人工计算后，先在纸上完全用手工一笔一画一线一杠绘画出各种白图，交由设计校核人员对白图进行各种重新计算和修改，再将已改动好的白图底稿交由描图人员重新一笔一画地描出蜡底图。经历千辛万苦描出的虹底图还要安排专人进行蜡底图与白图底稿的复核，以防在描图后再发生错误。由于是完全的手工计算和画图，速度慢，效率低，且极易发生遗漏或失误，造成设计质量问题。由于各设计环节是在完全的手工操作下进行的，先人的经验无法形成系统的积累，进而使产品结构的积累和设计人员经验的积累都很分散且速度很慢。所以，即使在 80 年代后期，仅一个较大产品的技术准备就要占用一年左右的时间，而一个高级产品主管甚至在 1—2 年内只能主管一个产品。耗时的产品生产周期也很长，最大的四点双动压力机在厂内就生产了两年多的时间。

从 90 年代中后期开始，该企业设计手段发生了革命性的变化，开始应用 CAD。绘图软件强大的保存功能将几乎所有的设计积累全部保存并延续下去，使前人的设计思路和先进的产品结构能被后人无限制地学习和借鉴。这些设计手段的进步，不仅提高了设计速度，而且由于计算机记忆功能强大，也使人为的设计失误降到最低。同时因为计算机能直接生成蜡底图，取消了描图和描校这两个技术准备环节，所以采用 CAD 以来，技术准备周期明显缩短，同样是全新的四点双动压力机，其设计周期只用不到两个月的时间。由于设计周期的大幅缩短，有的设计主管甚至每年主管 2—3 个大产品。由于先进设计手段的开发应用，创新步伐的不断加快，极大地提升了企业的产能。

不仅应用 CAD 实现了绘图方面的技术革命，而且从产品的典型化、通用化、系列化方面，也不断进行了积累与创新。在典型化方面，从 90 年代中后期开始，设计人员不断消化吸收国际上先进的产品结构，结合自己公司多年来积累的先进制造方法与手段，将典型构件成熟先进的结构整理归纳成"设计统一规定"。依据"设计统一规定"，对于同规格、同台面的挖机床，在板厚的选择、轴径的选择等方面，省去了大量复杂、重复的计算，采用类比法先进的设计方法，极大地提高了设计速度。在提升产能方面，"设计统一规定"起到了相当大的促进作用。在通用化方面，开发设计人员已将产品主要相同功能部件或零件进行了分档划分，并形成通用部件或零件，设计制造这些通用的部件或零件，不仅大大地缩短了设计周期，产品所需要的部件或零件可以直接选用，不必要进行重新设计和计算，而且也大大方便了生产制造。因为通用部件的通用化，生产单位可以利用生产相对的空余时间，见缝插针地生产通用件作为储备，生产繁忙时用储备件解燃眉之急。在系列化方面，开发设计人员不仅对生产批量大的主要机型进行了典型化通用化的设计，而且对特低端和特高端两个市场需求的特殊产品，也进行了典型化、通用化的覆盖。

技术创新从来就离不开管理创新。在 80 年代，设计工作是按产品为周期进行的。那时一个产品，要将全部的零件都设计好后，十几本图纸一起全部全厂发图，这样做的好处是产品各构部件、零件之间的对应关系可以在一个整体内进行检查和落实，对提高设计工作质量大有好处。但这样做也有极大的不足，设计时间占用过长，无法形成设计与工艺制造的交叉平行作业，拉长了整个产品的生产制造周期。从 90 年代中后期开始，实行了管理与技术的双重创新，即将产品的全部图纸分为若干的批次，一般分为 3—4 批次进行设计和制造。生产制造周期最长的零件最先设计、最先发图，生产制造周期相对短的零件中期设计、中期发图；生产制造周期最短的零件最后设计、最后发图。这样，当设计人员从事后期的设计时，先前已发图的制造周期长的零件已在生产现场投入了生产制造，从而使设计、工尾坯、加工装配等制造环节实现交叉平行作业，从而大大地缩短了整个产品的生产制造周期，进而也显著地提升了企业的产能。

该企业的产品在国内一直居于领先地位，并于 2006 年通过国家科技部评审，被认定为首批 118 家"国家级企业研究开发中心"之一。由此可见，该企业在产品创新方面具有较强代表性，选取该企业作为案例，可以为验证理论提供有力证据。

第二节 分析单位与数据类型

一、分析单位

袁方（1997：150-151）认为，"分析单位是研究人员要进行调查、描述和分析的对象，它是研究工作的基本单位。研究目的最终是要将这些分析单位的特征方面的数据进行汇总、整理和统计，然后描述和分析由它们所构成的更大集合体的特征，或者解释某种社会现象产生的原因、内在机理和特征等"。

传统社会科学研究中，一般把分析单位视为一个独立的个体或者点，然后收集它的属性特征方面的数据，再开展研究，这种方法可称之为点分析单位观，而点的内涵可包括个体、群体、组织、社区甚至国家。笔者认为，社会网络理论独特之处就在于将点与点之间的关系作为分析单位，这就进一步深化和拓展了分析单位概念的内涵，可称之为关系分析观（刘军，2006）。

1. 点分析单位观

这种观点将个人、群体、组织或社区等视为整体，通过收集这些单位的属性特征方面的数据，然后进行统计分析。袁方（1997：153）认为："分析单位是研究人员希望了解的个案，它对于研究人员制定研究方案发挥了重要作用。"巴比（2000：120）认为："分析单位是用于调研、考察、分析同类事物的特征或特点，并解释其中的区别和差异的单位。"总结国内外学者的观点，可以看出分析单位是有明确的边界整体，而且是独立存在，并可以根据研究工作需要，用点进行表示。点的分类可包括以下五种。

（1）个体。以个人为分析单位，学者们一般从人口统计学特征，如学历、职称、职务、年龄、籍贯，或者心理特征，如动机、爱好、兴趣等进行分析。

（2）群体。指具有共同或相似特征的人群，在企业中正式群体如部门、事业部、工作团队等，非正式群体如足球队、登山队等。

（3）正式组织。如政府机关、企业、科研院所等。组织的属性特征如规模、管理者、组织结构、战略等。

（4）社区。指根据地理位置划分的社会单位，如乡村、城镇等。社区居民的属性特征，如风俗习惯、生活规律、工作情况等；社区的属性特征，如文化、历史沿革、知名人士等。

（5）社会产物。如社会文化传统、规范、典型社会活动、宗教等。

值得注意的是，分析单位之间的界限并非泾渭分明，个体和群体分析单位常相互联系。分析单位的分类是要根据研究目的，然后再通过研究假设选择合适的分析单位和确定研究内容。

2. 关系分析单位观

社会网络分析以关系作为分析的起点，经过学者们不懈努力，已经开发出一整套系统的收集、测量和分析关系数据的技术和方法，其应用范围正在逐渐扩大。社会网络的视角是将一组行动者之间的关系作为分析单位，这与点单位分析观相辅相成、相得益彰。同时，对关系的理解也要持动态、多元、长期的观点，而不能将关系视为一成不变、独立存在的。

二、数据类型

在社会科学领域有多种数据类型，而且每种数据都有其特有的分析方法。但收集数据的方法却有许多相似之处，属性数据与关系数据收集方法基本一致，主要有调查问卷法、访谈法、观察法、档案记录法等。表 5.1 对不同研究类型进行了比较。

表 5.1　社会科学几种研究类型对比

研究类型	数据主要来源	数据类型	分析类型
调查研究	问卷调查、访谈	属性数据	变量分析
民族志研究	观察法	观念数据	类型分析
文献研究	档案记录	关系数据	社会网络分析

资料来源：斯科特，2007.

本研究的数据属于关系数据，运用社会网络分析法对数据进行分析。采取矩阵方式表示关系数据，例如，在"咨询关系"中，共有 46 个研发团队，那么，在"咨询关系矩阵"中有 46 行 46 列，对应着 46 个研发团队。需要注意一点，行与列之间的顺序是相互对应的，即：如果第 33 行是团队 33，那么第 33 列也是团队 33。数据矩阵中各项的值是按照以下方法确定的：假设"团队 2"向"团队 1"咨询，则"团队 2"这一列和"团队 1"这一行的交叉处的空格赋值为"1"，否则赋值为"0"。依此类推，建构本研究的矩阵。

第三节　时间维度

关于本研究中数据的时间维度，即数据是在某个时间点上的"面板数据"，还是历时性的"时间序列数据"。企业在发展过程中，员工的数量和人际关系始终处于变化之中，如果能够开展时间序列研究，可以洞察企业60多年人际关系结构的变化，并解释内在机理。但本研究无法收集这类数据，无法做时间序列研究。本研究关系数据属于面板数据，开展时间序列数据研究，需要长期坚持不懈的努力，这是未来研究的方向之一。

第四节　操作化

变量和模型操作化在后文会详述，需要强调的是，不同的假设和模型需要采取不同的操作化过程。具体而言，本研究的数据处理过程采用多种工具和方法，不但需要 EXCEL、SPSS 等常见软件，还需要使用专业的社会网络分析软件 UCINET（软件版本均基于本次调研时间）。

第五节　资料收集方法

在收集数据的时候，有一个不加证明的前提假设：所测量的关系是客观存在的（Marsden，1990），是社会事实。为确保本研究的信度和效度信息，资料收集主要有 5 种来源，分别是：①公开数据，根据该企业网站信息，过去几年的报告、新闻报道，以及宣传手册；②企业内部的规章制度、标准化管理的手册和花名册，了解研发部门的工作流程以及研发人员的姓名、职工编号、工龄、项目经验等信息；③访谈，综合运用结构化与非结构化访谈，获取相关资料；④问卷，根据访谈结果和现有文献，设计问卷，并发给研发人员；⑤联络人，由资深的项目经理、研发人员作为联络人，提供相关资料。联络人给笔者提供了详细的研发部门的工作情景和流程，在资料收集过程中，积极配合，通过联络人，笔者也同其他研发人员进行了访谈。下面详细介绍所采用的联络人、访谈和问卷调查法。

一、联络人方法

巴比（2000：251）认为，"当研究者想要了解某种社会环境（比如说社区）的情况时，那么这种了解过程多半需要依靠处于社会环境中团体中的成员，请他们提供相应的帮助和支持。社会研究者所提及的受访者是指同意在研究中提供有关自身情况的人士，他们可以使研究者通过了解这些资料形成对团队的综合认识，至于'联络人'，则是能够直接谈论团队所有信息、知识或相关内容的某个成员"。

本研究采用联络人方法收集资料，原因有如下几点：很多资料通过观察、问卷调查以及深度访谈等无法得到；很多团队成员的"关系资料"不需要对每个员工、团队都进行普查访谈就可以得到；研发部门共200多人，员工之间都比较熟悉，不必进行普查式访谈。

选择联络人的标准如下。首先，应该是"局内人"，即企业研发部门人员；其次，要具有代表性；第三，应该知识广博，对企业研发人员、新产品工艺等方面非常了解；第四，年龄选择50多岁、一直在企业工作的老员工，对企业相当熟悉；第五，应与笔者人际关系良好，可以达到知无不言、言无不尽的程度，否则笔者将需花费较长的时间与其建立关系。显然，笔者是依靠在企业的关系网络收集资料的。

二、案例访谈研究

1. 访谈设计

由于企业的产品创新是一个复杂的过程，简单地通过问卷调查难以直接获取全面而丰富的资料，而半结构化的访谈法则可以在一定程度上克服问卷调查法的缺点，具有更大的灵活性和解释空间，使研究者可以深入了解企业的工作情景，获得更生动、全面、翔实的资料。本研究设计的企业研发部门访谈提纲见附录 2。

2. 访谈对象的确定

本研究的访谈对象为项目经理和研发人员，为尊重受访者意愿，表 5.3 中关于受访者的描述以代号表示。

表 5.2　受访者基本资料

代号	性别	年龄	在研发部门的职责	承担项目数（个）
A	男	58	规划处处长	23
B	女	52	高级工程师	36
C	男	35	工程师	16
D	男	27	设计员	5
E	男	23	科研员	1

由上表可以看出，本研究的访谈对象既有资深的研发人员，他们担任过多种项目的研发工作，熟悉研发工作，又有参加工作不久的大学生，能够客观反映研发团队的工作情况和情感交流情况。

3. 访谈方式与工具

本研究在确定了受访对象后，通过电话与其联系，确认其是否愿意接受访谈以及访谈的时间和地点。然后把访谈提纲发给受访者。每位受访者的访谈时间大约为 1 小时，以半结构化的访谈大纲为主，再辅以交互回答方式，按照访谈者回答的内容延伸出与本研究有关的各项细节问题。访谈前皆征得受访者的同意，研究者除以纸、笔记录访谈内容外，并以录音笔全程录音。访谈结束后，由笔者汇总整理笔记与录音内容，作为访谈资料内容分析之素材。

4. 确保访谈和分析质量的策略

为了确定访谈和资料分析的质量，本研究采取了如下策略：①访谈大纲是根据研究目的、研究问题与相关理论所制定，切实保证了理论效度；②访谈时均是在相对独立封闭的空间中进行，能够控制研究情境；③访谈的对象皆为在企业研发部门工作的专家、研发人员；④访谈对象包括在团队中担任不同职责的成员，兼顾了资料来源的多元化；⑤访谈时以笔记和录音笔记录访谈内容；⑥以笔记和录音笔记录访谈内容后，将二者结合，撰写为正式资料；⑦在形成正式访谈资料后，再与访谈对象联系，以确认访谈内容，进行资料的再次验证；⑧将访谈所获得的资料与文献综述分解、对比和诠释。

5. 访谈分析

（1）团队构成方面的访谈资料

A. 我们企业的研发团队通常由资深工程师担任项目经理，项目经理一般要有 10 年左右的工作经验，团队成员负责的工作分别为机械、液压和电器设计。由项目经理根据团队成员能力，安排成员工作任务。团队通常安排专业相同的人员在一起做项目。

B. 组建团队时，要考虑项目的复杂程度，当然，如果有朋友、同学在一起做项目，配合起来会更默契。项目经理在专业上都是知识面宽、有一定的工作经验、有组织能力、责任心强的人，既能深刻理解开发技术协议的具体内容，又有设计经验，确保产品的统一协调、先进、质量可靠。将专业相同或相近的人组织在一起做项目。

C. 我们会根据项目的难易程度和研发人员的专业决定团队中需要哪些人，一般团队成员为 4 人左右。在工作中，团队领导要在团队内部营造一种开放、坦诚的沟通气氛，每个员工不仅能够自由地发表意见，还能倾听和接受其他员工的意见，通过相互沟通，消除隔阂，增进了解，在团队内部要提倡和睦相处、合作共事，反对彼此倾轧、相互指责等现象。因此，企业在谋求决策的科学性的过程中，更重要的是求得员工对决策的理解，定期与员工进行工作的评价与探讨，听取他们的意见和建议，建立上下畅通的言路，员工有种种方便的渠道来表达他们对某些事情的关注和看法，并能够很容易地得到与他们利益有关的一些问题的答案。

D. 企业非常重视团队建设，在宣传企业文化时，团队精神是重要的方面。我们认为团队精神就是要在企业里构建这样一种氛围：能够持续地挖掘团队成员潜在的才华和技巧，能够让成员深感被尊重和被重视，鼓励成员之间进行坦诚交流、畅所欲言，避免内耗和恶性竞争等现象。成员为了实现共同的团队目标，大家自觉地认同必须担负的责任并且愿意为此而共同努力工作。

小结：

项目经理是企业资深的工程师，了解产品创新的各个环节，工作经验比较丰富，同时，该企业以团队形式进行产品创新。这符合本研究的设想。

该企业研发团队担任项目经理的通常为资深的工程师。集团的销售公司将市场信息传达给研发部门，研发部门结合企业的中长期发展规划，提出产品创新规划。

项目经理对新产品设计和改进的必要性、可能性，结构的合理性，主要参数是否符合标准，有无市场竞争力进行审查；安排团队成员的工作任务，注意能力平衡，避免窝工现象；及时检查团队成员项目执行情况，负责协调、控制项目进行中的问题；组织专家班子对技术工艺图纸设计进行会审，重点关注是否体现产品创新的要求、出厂文件是否符合规范、技术文件是否完整齐全。

研发人员通常分为机械、电器和液压专业，他们按照项目的整体规划，各自开发相应的部件。由项目经理组建的专家班子对研发人员的工作进行指导，并最后对项目进行评审。

企业也会组织一些促进研发人员跨项目、跨团队的交流活动，如专题研讨会、体育比赛、集体调研、技术方案研讨会、技术革新交流会、科技协会等。

关于研发团队的结构图，经过访谈，总结如下：

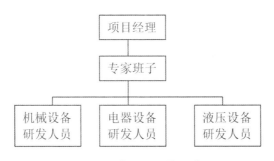

图 5.1 研发团队结构示意图

资料来源：企业内部资料

（2）研发人员的非正式网络方面的访谈资料

A.在企业中确实有些非正式的人际交流存在，通常是朋友关系、同学关系、老乡关系等。上班时，如果员工之间有同学、朋友、老乡等关系，他们的配合会比较默契；下班后，他们在一起吃饭、娱乐，这使得他们之间的沟通和交流比较充分。这对于产品的可靠性、稳定性起到了积极的作用。

B.有些研发人员经常在单位的组织和个人的发起下进行交往，如球赛、文艺活动、郊游、聚餐等。这样的活动促进了研发人员的情感交流，研发人员在关注本职工作之余，也能够考虑到工作流程中的配合关系，还能获得多方面的信息和知识，这种非正式交流对项目完成起到了重要作用。

C.企业里有各种非正式的人际交往，如同学、老乡、亲戚、棋友等，这些关系不但增进了感情，还启示了创新，有利于工作的开展。

为了使新员工彼此熟悉，增进他们之间的友谊，公司领导安排新员工外出旅游，开阔眼界，增长见识，并拍照留念。新员工游玩非常开心，对集团公司的人性化管理感到温暖。

D.新同事之间因为年龄相仿的缘故，易交流。数十个人一起来到同一个公司工作，上班时探讨技术，下班后相约加班学习，或是聚餐，一起喝酒，吃街边烧烤。友谊和信任就在这种轻松的氛围中培养起来，随着时间的积累愈加深厚。

一般而言，技术是研发人员的"看家本领"，也是制胜的法宝，不轻易示人，所以，技术间的交流有一定的局限性，在技术方面的互帮互助也就因此打了折扣。但在 H 公司却能感受到一种温暖，那就是毫无保留的帮助，甚至在影响同事工作情况下，同事也会竭尽全力，和善以对，没有任何为难，也没有任何不耐烦。作为求助者常常会觉得打扰了别人正常工作，有些过意不去，但同事们早已习惯了相互帮助。

该企业这种融洽的氛围，使其在机械产业经济低迷的困难时期，员工都坚守工作岗位，不曾离去，工作甚至更加努力；在经济发展的腾飞时期，员工加班加点，创造出令人惊叹的产业价值。不管是领导，还是老同事，或是新人，都主动加班，以身作则，兢兢业业。在这种环境下，新同事经过磨炼能很快出师，并且独立完成任务，从事具有国际先进水平的技术研究与创造。

E. 还有一些竞赛对增进交流起到了推动作用。以团支部开展的"两出两快"竞赛活动为例。两出即保证大出图量的同时，又能做到极低的出错率；两快是要求接到生产现场反映的问题时要处理得快，并且相似问题也要排查得快。团支部鼓励广大团员青年迎难而上，在繁重的科研工作中敢于实践、创新，对激发团员青年工作热情、提高工作效率起到了积极作用。活动促进了研发人员之间的交流，加强了彼此的联系，增进了感情。

小结：

从访谈资料中可以发现，研发人员之间交流、沟通比较顺畅，确实存在着非正式网络，并对团队产品创新起到了积极推动作用。

（3）研发人员中的非正式网络类型的访谈资料

A. 在研发人员的日常工作中，需要向专家小组咨询、请教是企业几十年形成的工作习惯，也是一种传统。这样的工作氛围会增进彼此的感情。

在该企业文化中，合作是重点。要求打破部门和工种界限，不能受条条框框约束，导致工作出现空白地带，要实施"公司内部一盘棋"，做出详尽部署，保证各项工作按集团公司战略开展。

一方面加强专业化生产组织和工艺攻关，从生产组织方式和生产流程中挖掘潜在能力，提升效率。另一方面，按照合作共赢的思路，提倡各部门、团队之间的合作，要求在干好本职工作的同时，服从公司统一安排，针对急要、关键产品及生产瓶颈，由各部门共同协作生产，确保订单实现率。通过这些措施，工艺计划及技术准备提高了预见性，对生产瓶颈提前进行合理人流安排，各作业部打破工种界限，通力协作，使生产任务得以顺利完成。

以产品电柜的设计制造为例。根据集团公司"打造国际一流机床制造企业"的工作标准，动力公司加快国内外最新电气标准和电气新技术的跟踪学习，努力提高新产品电柜的设计开发、制造、调试能力及质量水平，取得了明显效果。今年的电柜生产，呈现数量多，复杂程度高，设计、制作周期短，进口配套件种类多等特点，电气工程部倍感压力。"只有合作才能催生力量，战胜困难。"秉承这一思路，针对电气工程部现场装配生产中钳工力量相对薄弱的状况，动力公司从起重安装工程部、热力工程部抽调钳工进行装配突击，电气工程部则打破工种界限，从内部其他班组抽调电气人员进行电柜接线突击，极大地提高了电柜生产效率，合作的力量再一次得到验证。

B. 研发人员的交流在工作中以团队内部为主，各研发人员经常向设计、工艺、铸造、焊接等有关人员请教，没有固定方向。

在研发部门，有组织新产品、新技术讲座交流，科协组织的论文交流及评审，请大专院校的专家学者来公司介绍科技及管理动态，以及公司教育部门每年都对职工进行教育培训等一系列跨团队活动。

C. 在工作中，团队内部的交流以主管工程师为主，交流频繁且热烈，各述见解并立论正确。与各专业的老专家随时交流以及老专家的义务教授是企业形成的一种习惯，但新同志必须虚心诚恳、勤快主动，这些日常的接触增进了友谊，进而促进工作的开展。

在访谈中，一位资深工程师讲道："在我们企业，人际关系更重要的是在工作之余体现，人们一起吃饭、娱乐，传递一些各自工作中的信息、知识，使员工能更全面地了解其他部门、岗位的职责以及部门情况，进而促进员工彼此间的协调、配合。例如，我们企业最常见的师徒关系，不仅在工作中师傅传递给徒弟技能，而且在工作之余，师徒也会经常一起吃饭、喝酒。"

D. 为了加强团队建设，有的团队举办"比学赶帮超"活动，师傅带徒弟，徒弟帮师傅，以此提高整个团队创新能力。他们坚持每周至少开一次例会，充分利用例会时间对日常工作中的问题及时讲评，制定有效的解决方案。在团队内营造和谐工作氛围。

E. 新员工进企业后，就与集团公司签订协议，之后进入各基层单位。当时的领导考虑到新员工经济紧张，囊中羞涩，特批提前发放半月工资，以做日常必需消费。解了新来大学生的燃眉之急，说明公司领导对新员工的关切爱护。

分到各单位后，对新员工来说，需秉持谦虚的态度，尤其是在有经验、有技术、有品德的老员工面前。有着一颗谦虚谨慎的心，才能够与身边的人融洽，并学到更多的技术，得到大家的认可。

小结：

在企业内确实存在着情感与咨询网络，这符合本研究的理论基础。两种网络并非互斥，而是相互作用、相辅相成，彼此的咨询关系可以产生情感关系，而情感交流中也有咨询关系。

（4）非正式网络在该企业新产品开发应用中的案例

案例一，飞机蜗轮盘拉床（1971年）。

20世纪70年代初，国家要生产大型运输机，生产该飞机的关键设备是蜗轮盘机床，当时世界上能生产这种机床的只有英国 LPNT 公司，但西方国家对中国进行技术封锁，使我国无法直接购买该机床。企业收到任务时仅有一张该机床的照片，没有其他任何资料。

任务落到设计科机床组，由员工 M 担任项目经理，6名工程技术人员组成设计班子，M 带领设计人员到北京、沈阳等地的机械厂调研，但进度缓慢，收获甚微。M 虽为项目经理，但对该机床的性能了解不全面，当时研发部门内有一位资深工程师 N 对该机床的性能、构造了解比较透彻，但他因一些情况而未进研发团队。M 和 N 之间为同学关系，彼此感情颇深，因此在研发过程中 M 多次向 N 征求意见，使该研发项目得以顺利进行，最终成功研发出该机床。虽然该项目由 M 全面负责，但项目中的许多关键思想、建议是来自 N，正由于彼此存在同学关系，这类情感联结对该项目的完成起到了重要作用。

案例二，大型多功位压力机。

　　大型多功能压力机是生产高级轿车的关键设备，当时世界上只有美国、德国可以生产制造。该企业在接到美国通用公司的订单后，由 J 担任项目经理。项目进程中，J 经常与研发团队外的资深工程师交流，征求意见，最终成功研发出该压力机。该压力机成为中国向美国出口的第一台大型多功位压力机，并且该项目获得了国家科技进步奖。

　　小结：

　　通过这两个案例，可以发现该企业的非正式关系对于研发项目起到了重要作用。项目成员虽然负责该项目的开发，但研发过程中，仍然要通过各种非正式关系，获得重要的信息和知识等相关资源。

三、问卷调查法

1. 问卷设计过程

　　问卷设计的好坏直接关系到随后收集的数据质量和研究的信度高低。在设计问卷过程中，由于单个题项一般只能测量狭窄的概念，因而测量复杂的组织现象需要设计多个题项。在变量的测量题项具有一致性的情况下，多个题项比单个题项更能提高信度（Churchill，1979）。根据许多学者（Churchill，1979；Dunn et al.，1994）的建议，测量题项需根据以下流程开发：①题项通过文献回顾和与企业界工作经验调查或访谈形成；②与学术界专家对题项进行讨论；③与企业界专家对题项进行讨论；④通过预测试对题项进行纯化，最终确定调研问卷。依此建议，本研究的问卷形成大致分成以下几个阶段：①阅读大量国内外文献，根据本研究所用的非正式网络的视角，设计了相关题项进行测度；②确定研究的概念模型，与企业资深专业、研发人员进行深度访谈，解决问卷的题项设计、题项措辞、问卷格式等方面的问题；③根据文献研究和深度访谈的结构对变量进行定义和操作化，设计初步的调查问卷；④将问卷发给研发人员，做小样本的试测；⑤根据试测结果同研发人员进行讨论和修改，形成正式的问卷调查表（详见附录 3）。

　　在访谈时，笔者请应答者细致地答题，并提供具体的例子进行说明。因此，每个概念都在访谈过程中进行了逐一核对，确保准确无误。

根据实证研究构建恰当的量表，并通过访谈，将英文文献中的问题转为汉语。将问卷发给所有的研发人员。应答者填写问卷时可以在工作的间歇，也可以在家中，填完后密封起来交给联络人，再由联络人转交给笔者。笔者对联络人进行了访谈，同时也获得了如组织结构图等相关的档案资料。通过联络人，可辨别出每个团队的正式领导和正式层级的报告关系，在联络人的帮助下可以识别出桥连接。

在团队产品创新绩效方面，该企业主要采取年终评比的方式，我们设计的问题是"您所在项目团队产品创新绩效如何？"（按照"优、良、中、差"打分）。然后再将该产品"与企业同类产品的历史水平相比""与目标市场上的竞争产品相比"，以此做横向和纵向的比较，按5级评分标准进行打分，1分代表"很差"，5分代表"很好"。

2.避免产生偏差的措施

由于问卷中涉及的个人咨询、情感方面的题项有一些主观评价，可能会导致问卷结果出现偏差。费勒（Fowler，1988）认为主要存在四个基本原因可能导致问卷应答者对题项做出非准确性的回答：①应答者不知道所提问问题答案的信息；②应答者不能回忆所提问问题答案的信息；③虽然知道某些问题答案的信息，但是应答者不想回答；④应答者不能理解所问的问题。

虽然笔者无法完全消除以上四个因素可能导致的问题，但仍在问卷设计中采取了以下一些措施尽量降低它们对获取准确答案的负面影响。

第一，问卷中的问题都与研发人员的工作、生活比较密切，大多数研发人员素质比较高，与研发人员交谈中，使之充分了解本研究的目标，还有一些研发人员具有工商管理硕士（MBA）学位，能够准确填答问卷。

第二，为防止第二种原因带来的问题，结合本研究的需要，问卷题项全部都是针对企业现阶段的情况，以尽量避免偏差。

第三，为防止第三种原因即自愿性带来的问题，本研究在调查问卷的卷首语中告知应答者，本研究纯属学术研究，也不涉及企业机密，而且企业名称、应答者的姓名、职工编号在书中将全部被隐去，以消除应答者的顾虑。

应答者若对研究结论感兴趣，笔者承诺将通过电子邮件发送给他们，以为其所在企业的管理实践提供参考。

第四，为防止第四种原因带来的问题，本调查问卷的设计经历了预测试阶段，从听取学术界专家和企业界人士的意见到预测试，对问卷的表达方式和遣词造句进行了斟酌修改，以尽量排除题项难以理解或所表达意思不够明确的可能性。

此外，按照李等（Lee et al.，2010）避免一致性动机问题的建议，笔者在问卷设计中，并未明确指出题项所度量的变量，这样的安排可在一定程度上防止应答者在填写问卷时形成自己的逻辑，导致降低问卷结果的可靠性。

四、数据收集

本研究采用向研发人员发放问卷的方式收集数据，研发人员具备足够的知识，能够回答问卷中的全部问题。

按照以前研究组织中工作团队的网络性质的方法（Sparrowe et al.，2001），对于团队成员填写的问卷，关于团队内关系的问题如果有低于80%的问题没有回答，或者团队内有不到3个人填问卷，则放弃该问卷；另外，团队成员互相以代号称呼，若以代号无法辨认彼此关系时，很难再向填写者详细询问，则该团队全部样本皆视为无效。笔者与该企业领导和研发人员进行了反复沟通，同企业充分达成共识，请研发人员务必如实填写所有题项。

问卷的发放主要是由笔者将纸质问卷交给企业研发部门经理，请研发人员填写，然后再将问卷邮寄给笔者。该企业共有研发人员208人，本研究共发放问卷208份，回收208份，回收率为100%，经过分析，有效问卷率达到100%。

表 5.3 问卷发放与回收状况分析表

	团队数	问卷数
发放	46	208
回收	46	208
有效回收	46	208

第六节 分析方法

本研究以问卷调查方式收集数据，对于回收的调研问卷，将进行描述性统计、相关分析、多元回归分析等研究工作。本研究所使用的软件为 SPSS for Windows13.0 版和 UCINET 6.0 for Windows 版。

一、描述性统计分析

描述性统计分析主要对样本基本资料，包括团队规模、网络密度、中心性等变量进行说明，以描述样本的基本特性。

二、社会网络分析

本研究通过社会网络分析软件 UCINET 6.0 for Windows 计算咨询网络和情感网络的密度、中心性。具体做法是将问卷中每一题项分别处理，编写成一矩阵。例如，团队 1 共有 6 名成员，分别为 A、B、C、D、E、F，成员 A 在该题填答中将 B 和 C 勾选，则其在矩阵第一行的数值便为 111000，第一个"1"是 A 本身。接着输入 B 的答案，六位全部填完后，将形成一个 6×6 的矩阵，再将此矩阵保存为"Ucinet"的文件格式，然后按照 UCINET 6.0 的操作，计算出各种数据。

从事整体社会网络研究的学者主要采用在社会计量学基础上发展起来的一套整理和分析资料的技术，以矩阵解析、社群图分析和指数分析为主。

1. 社会矩阵法

社会矩阵是一个 $N \times N$ 的正方形（0，1）矩阵，其中 N 代表群体中的行动者数量，横行代表选择者，纵列代表被选择者，在选择者到被选择者的对应位置上标记选择结果，按照这种方式，将所有的选择结果逐一标记完毕，就得到该群体的整体社会矩阵。

所谓矩阵解析，是指运用矩阵运算的方法对社会矩阵进行各种分析。将 $N \times N$ 的矩阵表作为初始矩阵；矩阵的平方之后所得的矩阵表示群体行动者之间二级链的联系状况；矩阵的立方之后所得的矩阵，表示群体行动者之间三级链的联系状况。以此类推。

如果矩阵的行和列都表示来自一个行动者集合的社会行动者，那么矩阵中的要素所表示的就是各个行动者之间的关系，学术界称这种类型的网络为1-模网络。如果行和列表示分别来自两个行动者集合的社会行动者，那么矩阵中的元素分别表示的就是两个行动者集合中的各个行动者之间的关系，学术界称这种类型的网络为2-模网络。如果矩阵中的行表示来自一个行动者集合的社会行动者，列表示行动者所属的事件，那么矩阵中的元素就表示行动者隶属于事件的情况，学术界称这种类型的网络也是2-模网络，具体来说就是隶属关系网络。

在社会网络分析中，常用矩阵可以分为以下几种类型。

（1）邻接矩阵。这种矩阵的行和列表示来自同一行动者集合的行动者，以图 5.2 社群图 G 为例，其邻接矩阵为 $A = (a_{ij})$ 是 n 行 n 列的1-模矩阵，矩阵中各行和各列以数字"1，2，…，n"进行标注，表示图中的节点，元素 a_{ij} 表示行动者 i 与 j 之间连线数，如果 i 与 j 之间建立了关系，则 $a_{ij} = 1$，如果没有关系，则 $a_{ij} = 0$。如果行动者之间关系没有方向，那么 $a_{ij} = a_{ji}$，邻接矩阵就是对称矩阵。如果是一张完备图的矩阵，则该矩阵中所有非对角线上的数值均为1，因为完备图中行动者之间都建立了关系，即节点之间都有连线。

在图 5.2 中，节点 A 和 B 为互惠关系，所以将节点 A 和 B 的关系表示为：

$X_{AB} = X_{BA} = 1$；节点 D 和 E 之间没有建立关系，那么节点 D 和 E 关系表示为：$X_{DE} = X_{ED} = 0$。在研究中通常不关注行动者与自己的关系，因此，矩阵主对角线上的值记为"—"。

在有向图的矩阵 A 中，通常将矩阵的行的各个位置设定为行动者发出某种关系，列的各个位置设定为行动者接受某种关系，矩阵 A 就将一群行动者在某种类型关系中的连接状况表示出来了。

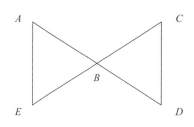

	A	B	C	D	E	行总和
A	—	1	0	0	1	2
B	1	—	1	1	1	4
C	0	1	—	1	0	2
D	0	1	1	—	0	2
E	1	1	0	—		2
列总和	2	4	2	2	2	12

图 5.2 社群图 G（左）和邻接矩阵示意图（右）

（2）关联矩阵，也称为发生阵。以 I 或者 $I(g)$ 表示，指节点与连线是否连接起来，矩阵中将各行表示各个节点，各列表示各条连线，当第 i 个节点通过第 j 条线连接时，则矩阵的第 i 行 j 列值为"1"，如果没有连接起来，则值为"0"。关联矩阵一定是二值的。

在一张网络图中有 g 个节点和 1 条连线，那么与之对应的关联矩阵就是 g 行 1 列，矩阵规模是 $g \times 1$。这也可以理解为，网络图中有多少个节点，那么关联矩阵就有多少行，有多少连线就在关联矩阵中有多少列。

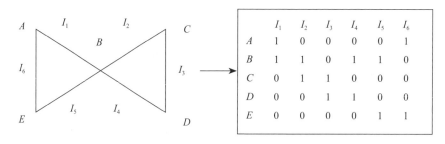

图 5.3 关联矩阵示意图

资料来源：刘军，2004

（3）隶属关系矩阵。矩阵的行表示行动者，列表示行动者隶属的事件、活动或组织等。如果行动者 i 参与第 j 个活动时，就标记为 $a_{ij}=1$，如果没有参与，则标记为 $a_{ij}=0$。

	活动				
	I_1	I_2	I_3	I_4	I_5
A	1	0	0	0	0
B	1	1	0	1	1
C	0	1	1	0	0
D	0	0	1	1	0

图 5.4　隶属关系矩阵示意图

2. 社群图示法

以图形直观地展现群体行动者的人际选择结果，通过解剖社群图的基本结构，掌握群体中社会网络情况，如孤立、被选、互选、次群体、核心人物等，以了解个体在群体中的地位以及群体的组成状况等。社群图主要由点（行动者）和线（代表行动者之间的关系）构成。社群图中的点集可以表示为：$N=\{n_1,\ n_2,\ \cdots n_g\}$。这样，一个群体成员之间的关系就可以用一个由点和线连成的图表示。因此，一个社群图就是一个"图"。这些网络图表达了各点之间的关系模式。群体中的每个行动者在社群图中都占有一个相应的位置。行动者之间的选择方式以箭头来表示，箭头的方向表示被选择者，如果是相互选择，就用双向箭头表示。典型的箭靶社群图由几个同心圆组成，被选择频数最多的居于中心圈，被选择最少的居于最外圈。箭靶社群图的优势是能够清楚地描述个体在群体中的相对位置，有利于分析小群体内的社会选择情况。

图论研究的第一步是根据现有的资料进行"画图"。假设我们分析张三、李四、王五和赵六这四个人之间的朋友关系，研究他们之间相互"选择谁作为自己的朋友"。我们定义：选择谁作为自己的朋友，就把箭头指向谁。假设通过调查，张三选择王五为朋友，那么，就存在一个从张三指向王五的箭头；假设李四和赵六相互选择对方为朋友，则二者之间存在一个双向箭头。其他关系依此类推。这样，我们就可以利用图形直观地把他们之间的友谊关系表达出来（图5.5）。

第二步就是对画出的图进行分析，可以分析图的诸多特点。如图中点的度数、密度、子图等。所有这些工作都可由社会网络分析软件UCINET 6.0来进行。

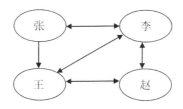

图5.5　四人之间的朋友关系网

资料来源：刘军，2004

根据不同标准，社群图可分为有向图和无向图、赋值图和符号图、完备图和非完备图。在本研究中用到的是有向图，无向图是从对称图中引申出来的，它仅仅表明重要关系的存在与否。

如果行动者$n1$和$n2$之间关系是有方向的（如汇报关系、借贷关系等），也就是说，行动者$n1$到$n2$的关系与行动者$n2$到$n1$的关系是不同的，那么，可以用方向图（或有向图）来表示。当研究行动者$n1$和$n2$建立的关系对（$n1$, $n2$）、且关系方向为$n1$指向$n2$时，记为$n1 \rightarrow n2$。用大写字母S表示行动者之间所有关系对组成的集合，集合中的关系对用小写字母s表示，1表示集合中关系对的数量，那么集合就可以表示为$S=\{s1, s2, \cdots, sl\}$。同时，集合S中的元素也可以用图论方式进行表达，即在图中行动者之间画有向线段。图5.6即为一个简单有向图。

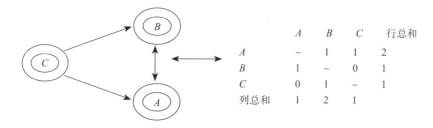

图5.6　一个有向图及其邻接矩阵

资料来源：刘军，2004

　　将所计算出的数据，按照研究需求，输入 SPSS 统计软件中，为下一步的相关分析打下基础。

3. 块模型

　　如果一个网络图可以分成一些相对独立的子图，则称各个子图为"块"（Block）。用来构建块的程序叫作块模型（Blockmodels）。

　　一个块模型就是对一元关系或者多元关系（包括二值以及多值关系）网络的一种简化表示，它代表的是该网络的总体结构。每个位置中的各个行动者相互之间都具有结构对等性。例如，位置 B_K 中的所有行动者与 B_1 中的所有行动者之间的关系都类似。因此，块模型是在位置层次上的研究，而不是在个体层次上的研究（Wasserman & Faust，1994）。

　　构建块模型有许多方法，本书使用的是 CONCOR 法，将在第七章详细描述。

4. QAP 分析

　　针对研发人员之间的情感关系和咨询关系，本研究运用社会网络分析中的 QAP 分析研究这两类"关系"之间是否存在关系，即：关系的关系，是否存在关系。

三、相关分析

　　本研究以皮尔逊相关分析研究密度、中心性等变量与产品创新绩效的相关系数，考察各研究变量间是否有显著相关，作为下一步分析变量间相互作用的基础。

四、多元回归分析

　　本研究以多元回归分析探讨研发团队内部非正式网络的密度、外部网络中心性对产品创新绩效影响，以检验研究假设。

第七节　变量的操作性定义

一、被解释变量

在本研究中，团队的产品创新绩效为被解释变量。在管理学中与创新有关的主题都涉及测量创新绩效这一问题，但尚未有一致公认的指标体系。本研究采用项目的经济效益、产品新颖度或创新程度、产品设计质量、产品成本四个题项测量团队产品创新绩效（Driva et al.，2001）。

二、控制变量

本研究中将团队人数视为控制变量，虽然团队人数非本研究重点，但控制变量可能对被解释变量（即产品创新绩效）产生影响作用，因为团队人数越多，就需要研发人员花费更多的时间、精力同更多的人建立联结，可能会使网络密度下降，进而影响团队产品创新绩效。

三、解释变量及其测算

1. 情感网络和咨询网络特征的测量题项

情感网络和咨询网络的测量题目是来自克来克哈特和汉森（Krackhardt & Hansen，1993）的文献。

● 工作咨询网络：①请问您在研发项目进行中遇到困难/问题时，您会向谁请教？②请问您在研发项目进行中遇到困难/问题时，哪些人会来帮助、指导您？

● 情感网络：①研发团队形成前，下班时间哪些同事跟您常有社会交往活动？②在下班后，您喜欢和哪些同事一起吃饭、喝酒或娱乐？

2.密度及计算方法

该变量描述了网络中个体之间的紧密程度，即社会网络中个体之间拥有联结的程度。其公式在第二章中已做介绍。本研究中 l 为网络中实际的联结数，N 为网络节点数。

具体的资料处理过程说明如下：

（1）计算密度时，先将社会网络分析问卷中所获得的原始资料输入 UCINET 6.0 软件中。具体点击如下：UCINET 6.0 → Data → Spreadsheets → Matrix，建立矩阵资料。如果应答者表示在该网络中会向某位成员征求意见，则在该特定成员的表格中填"1"，否则填"0"或者不填写。

（2）将资料输入后，再将该文件命名后保存，具体点击如下：File → Save，然后弹出对话框，选择保存的位置和文件名，其中文件的默认保存类型为"Ucinet"。

（3）保存之后，关闭该文件。计算密度时，需要重新打开 UCINET 6.0。具体点击如下：UCINET 6.0 → Network → Network properties → Density。

（4）点击"Density"之后，弹出一个对话框，输入预计算密度的文件所在磁盘位置，再点击"OK"。

（5）最后，弹出密度计算结果的对话框"output log"。

在本研究中，每个研发团队的咨询网络、情感网络密度都需要计算，因此需要执行上述步骤（1）至步骤（5）共两次，如此，得到每个研发团队的内部咨询网络、情感网络密度数值。

3.中心性的计算方法

个体处于网络中心的程度，反映了该点在网络中的重要程度。假设有某个团队 T，则其中心性计算公式为：

$C(T) = (T$ 的点入度 $+T$ 的点出度$) / (2n-2)$，其中 n 为网络规模。

本研究中，团队间咨询网络是有方向的，团队间情感网络是双向的。计算中心性时，情感网络中心性采用无方向性的矩阵资料，咨询网络中心性采用有方向矩阵资料。此外，由于各团队人数不一，为避免因团队人数造成中心性程度的比较基准差异影响后续的验证分析，因此各项中心性的指标都采用标准化数值，网络中心性资料处理过程说明如下：

（1）将社会网络问卷中所获得的原始资料输入 UCINET 6.0 软件中。具体点击如下：UCINET 6.0 → Data → Spreadsheets → Matrix，建立矩阵资料。如果应答者表示在该网络中会向其他团队征求意见，则在该特定团队的表格中填"1"，否则填"0"或者不填写。

（2）将资料输入后，再将该文件命名后保存，具体点击如下：File → Save，然后弹出对话框，选择保存的磁盘位置和文件名，其中文件的默认保存类型为"Ucinet"。

（3）保存之后，关闭该文件。计算中心性时，需要重新打开 UCINET 6.0。具体点击如下：UCINET 6.0 → Network → Network properties → Centrality → Degree。

（4）点击"Degree"之后，弹出一个对话框，输入预计算中心性的文件所在磁盘位置。

在对话框中，"Treat data as symmetric"表示是否将数据视为对称数据，对称数据不考虑方向，非对称数据有方向。在研究中，情感网络不考虑方向，应视为对称数据，因此在对话框中选择"Yes"；咨询网络要考虑方向，因此在对话框中选择"No"。再点击"OK"。

（5）最后，弹出中心性计算结果的对话框"output log"。在计算无方向中心性的图中，计算情感网络中心性时，需要将"NrmDegree"这一列的数据输入 SPSS 13.0。在计算咨询网络中心性的图中，"OutDegree"表示点出中心性，"InDegree"表示点入中心性，"NrmOutDeg"表示标准化的点出中心性，"NrmInDeg"表示标准化的点入中心性，因此需要将"NrmOutDeg"和"NrmInDeg"这两列数据输入。

本研究中，每个研发团队的咨询网络、情感网络的中心性都需要计算，因此需要执行上述步骤（1）至步骤（5）共两次，如此，得到每个研发团队的外部咨询网络、情感网络中心性数值。

经过 UCINET 6.0 计算，得出了各个团队的内部情感网络、咨询网络的密度值和外部中心性的数值。

第八节 信度、效度检验和误差分析

一、信度分析

巴比（2000：171）认为："在社会科学研究中，测量信度是一个十分重要的基础议题。"如果用某种测度进行重复测量可以得到相同的估计值，我们就说该测度是可信的。或者说信度指的是研究结果的可重复性（陈向明，2000），是测量工具的一种能力，即测量工具能否在重复测量中产生相同的结果。

马斯登（Marsden，1990）认为，资料的精确性或者信度问题可以从如下多个角度进行评价：通过把回答与书籍的标准进行对比，通过对他者的访谈，根据已有的研究。

在心理计量学实验中，我们可以通过比较两个时间点上的测量来考察测量的信度问题（重测信度），或者比较各种试验项目的测度值（刘军，2006）。在一般的社会学研究中可以利用的重测检验也可用来评价社会网络资料（Wasserman & Faust，1994），于一段时间间隔内对资料进行重新调查。对重测信度来说，必须假定一个变量的"真"值不随时间的改变而改变，而这一点对于本研究的社会网络数据来说比较适用，例如"朋友关系""咨询关系"等。因为本研究的资料不是历时性的，因而不考虑重测信度。

在资料的信度方面，观察数据和档案资料的信度较高。要使得测量具有较高的信度，首先，问题应该简明易懂，让受访者知道如何回答；其次，问题要与受访者相关，并且不引起歧义；第三，延长参与时间，持久地考察，三角测量，以及回访受访者等（刘军，2006）。除此之外，在操作化的角度上，学者还利用如下技术指标检验网络资料的信度：重测比较，与备择问题形式进行比较以及社会计量选择的回应性分析（Laumann，1969）。

在上述原则的指导下，本研究采取如下方法增加研究的可信度：收集的数据是关于研发人员之间实际发生的关系，而不是对关系的"看法"，因为实际发生的事件信度比较高，所以把许多应答者的反应综合在一起。

在团队产品创新绩效评价方面，本研究中将团队产品创新绩效与企业同类产品历史水平和目标市场上的竞争产品相比较，再进行打分评价。由于这三类绩效数据客观存在，因而也会提高研究信度。产品创新绩效的信度分析一般采用一致性指数（通常用 Cronbach's α 值表示）检验，只有具有较高的一致性指数值才能保证变量的测度符合信度要求。按照经验判断方法，测度变量的 Cronbach's α 值应该大于 0.70（Nunnally & Bernstein，1994）。在本研究中，产品创新绩效的信度达到 0.71，说明具有较高的信度。

二、效度分析

效度常常指的是一种测量工具是否有效，即该工具是否真正测量了要加以研究的概念（如产品创新绩效）。

所谓一个概念是有效的，指的是该概念能够在多大程度上测量其想要测量的对象，即在多大程度上反映了概念的真实含义（巴比，2000；陈向明，2000）。在社会网络研究中，首先对网络资料的信度和效度进行分析的是默顿等（Mouton et al.，1955）人。他们指出，当对各种概念的测量与理论预期一致的时候，效度一个形式上的维度即建构效度就较高。他们通过对一系列社会网络研究的回顾发现，一些社会计量学的概念（如一个行动者被选择的次数）与行动者自身拥有的一些特点（如领导才能、高效率）有关，从而展示了这些测度的建构效度。在本研究中，由于强调的是整体网络，因此不涉及这个效度。

本研究没有特别的办法提高效度，但笔者在收集资料时，对想要测量的数据尽可能给出明确的界定。例如，在分析时，笔者明确指出，"情感关系"是研发人员之间正常工作关系之外，在工作之余相互有比较密切的来往，以及经常交流感情的关系；"咨询关系"是研发人员之间与产品创新有关的交往互动关系。由此，可以认为，这两类关系有较高的效度，因为研发人员对彼此的关系都非常清楚。经过这些，此类资料的效度会得以提高。在团队产品创新绩效方面，虽然企业对财务数据保密，但本研究请应答人将团队产品创新绩效同与企业同类产品历史水平和目标市场上的竞争产品相比较，此举可避免回答比较敏感的财务数据，降低应答人的心理压力，进而提高研究效度。

三、精确性和误差分析

如果利用被研究者"自报"的资料进行研究，就存在一个问题：人们口头汇报的资料和实际观察到的资料之间是什么关系？这涉及资料的精确性或误差问题。误差指的是测量值与真实值之间的差距。测量的误差问题以及上述信度、效度问题可能是网络测量中的最核心问题（Wasserman & Faust，1994；Marsden，1990）。

被调查者的口头信息与研究者观察人际互动得到的信息之间是什么关系？二者的精确性如何比较？伯纳德等（转引自 Wasserman & Faust，1994）对此进行了研究，他们运用精巧的设计，在研究者自己观察人与人之间于不同场合下的互动的同时，也要求被调查者自我汇报其互动情况。得到的结论是：由于多种原因，在被调查者汇报自己的互动情况的资料中，大约有一半是不正确的。

伯纳德等人进一步研究被调查者描述自己与他人互动的回答的精确性，结论是"关于'你与何人交谈了多长时间'这样的问题，得到的回答常常超出可接受的误差范围之外"（Wasserman & Faust，1994：56–58）。沃瑟曼和福斯特（Wasserman & Faust，1994）的研究也表明，人们往往不能精确地汇报在某一特定时段内的互动情况，但是可以比较精确地汇报自己的主要社会关系。

如果这种论断为真，则会对来自被访者的口述资料的准确度提出疑问。当然，沃瑟曼等也认为，伯纳德等人的观点不一定完全正确，例如，他们所说的观察是"不受干扰"的，但是"不受干扰"的标准是什么？又例如，如何保证他们记录的"精确性"？尽管如此，误差问题始终是任何测量不可回避的问题。

对于社会网络研究者来说，特定的互动不是其关注的要点。相反，学者们关注的是网络"真结构"，是相对稳定的互动模式。他们认为，口头的汇报（对互动的回忆）应该根据记忆原则和认知原则进行理解。因为人们对互动的自我汇报事实上与长期的社会结构相关，而不是与特定的事例相关（刘军，2006）。

还有一类问题。当网络中的行动者是"组织"（如学校、部门）时，在收集资料时面对的却是代表组织的个人，数据精确性问题重又出现。此时必须保证填问卷的个体具有我们需要的知识（刘军，2006）。

本研究中的行动者是项目团队，收集资料是由代表项目团队的项目经理填问卷，而根据笔者的访谈，担任项目经理的人员都是多年从事产品创新的资深研发人员，因此可以充分代表研发团队。

霍兰和林哈特（Holland & Leinhardt）（转引自 Wasserman & Faust，1994）对社会网络研究中的测量误差及其意义进行了系统的研究。他们认为，在具有固定选择项的数据收集设计中会产生误差。在此设计中，被调查者根据固定数目对自己的各种关系进行提名。如"请列举出你三个最好的朋友"，这种研究明显有误差，因为不是所有人都拥有三个好友，有的人可能有很多好友而无法给出排序，有的人可能一个朋友都没有。这种提名上的限制性条件会给其他网络性质（如三个组的各种属性、子群的各种属性）的测量带来误差。因此，在社会网络研究中，测量出来的结构可能与真实的关系结构有差异（刘军，2006）。

本研究中，情感资料的信度是较高的，研发人员对同事之间的感情交流非常清楚，误差在可以接受范围之内。另外，咨询关系的信度和效度也很高，研发人员对于工作中遇到的问题，知道哪些人可以帮助解决，这说明本研究误差很小。

本章小结

本章从研究对象选择、资料收集方法、分析方法、变量测量和信效度等方面进行了详细阐述。本研究选取研究对象为大型国有制造业企业中的研发团队；在问卷设计中，本研究采用多种方法科学合理地设计调查问卷，尽可能排除干扰因素的影响；在数据收集过程中，与企业高层管理人员、研发人员充分沟通并达成共识，确保所获数据的可靠性和有效性，并进行了信效度检验。在下一章中，本书将选取典型研发团队进行案例研究。

第六章　典型团队内外部网络结构特征的案例研究

根据 UCINET 6.0 密度计算得出的结果，笔者挑选了三个典型研发团队进行案例研究，研究包括个案分析和跨案例分析两个部分。个案分析先介绍研发团队背景资料，然后分析证据资料，在此基础上再进行跨案例比较。

第一节　案例研究法

案例研究在社会科学领域应用范围较广，学者们在社会学、人类学、教育学、政治学、管理学等学科运用案例研究法开展科研工作，取得了丰硕成果。由于本研究需要采用案例研究法，现对该方法定义、适用范围和规范性进行介绍。

一、定义

美国学者罗伯特·K·殷（2004）是在案例研究方法上有重要影响的学者，他指出：首先，案例研究定义的关键是确定其研究范围。案例研究作为一种实证研究方法，需要基于现实工作、生活环境研究当前正在发生的现象或事件。其次，需要研究的现象或事件与其所处情景之间的界限并非泾渭分明，这是案例研究难点之一。最后，在研究过程中有涉及的变量比数据点还要多的特殊情况，学者们需要通过多种渠道收集数据，然后把所有数据整理、汇总起来进行交叉分析。

因此，案例研究所包含的方法涉及研究的逻辑思路、数据收集方法与技术、采用的数据分析方法，也可以理解为是集研究设计与数据收集和分析技术于一体的、全面的、综合性的研究方案。

二、遵循的原则

1. 自愿参与原则

在研究过程中通常会介入甚至影响他人的工作和生活，如访谈、问卷调查、座谈研讨。因此，当选择案例时，必须与相关人员沟通交流，使他们了解研究的目标、意义和作用，并获得相关人员的同意、支持与配合。开展研究过程时，研究人员不得通过强制或胁迫等手段迫使他人参与或支持研究、接受访谈或填写问卷。如果采取非自愿的方式开展研究，可能影响案例资料的可信度、研究质量和研究结论。

2. 保护隐私原则

开展案例研究时，研究人员需要详细地描述研究对象，充分展示研究背景，有可能公开案例相关地点、人物的隐私。因此，研究人员为了保护或不影响案例相关人员或地点的隐私以及切身利益，避免带来不必要的利益损失、人身伤害或社会负面影响，务必尽量运用学术化名等方式处理有关地名、组织名称或人名（当事人或组织不介意，同意研究人员使用他们的真实姓名或组织名称时除外）。

3. 平等尊重原则

研究人员对受访者要以诚相待，公平对待参与研究的人员。在进行访谈、对话交流和讨论时要充分尊重、倾听他们的观点、意见与看法，始终将自己与受访者置于平等的氛围中，避免采用居高临下、咄咄逼人和盛气凌人方式进行访谈。研究者在实地调研时要充分尊重当地的风俗习惯、礼仪规范，以及人际交往的礼节、规则和禁忌。

4. 合理回报原则

在开展案例研究时，研究人员一般需要花较长时间在一个地点对受访者进行深入访谈交流、填写问卷、文献收集等，这些过程需要占用受访者或相关人员许多私人时间甚至是工作时间，因此，研究人员必须向参与研究的人员给予适当的回报等。但是，这种回报要控制在合理的范围之内，避免造成利诱。特别是回报金额过高时，有对参与人员进行贿赂的嫌疑，同时还可能引起其他人的竞争与攀比，影响研究质量，甚至妨碍研究，导致研究工作无法开展。如果没有给参与者物质利益方面的回报，这对他们也是不公平的。

第二节　案例选择与资料收集

笔者挑选了团队内部咨询网络的密度低绩效低、密度高绩效低、密度适中绩效高的三个团队（T8、T19 和 T32），对它们内外部的网络结构进行具体剖析，以便探索网络密度与绩效之间的关系。

案例资料的收集主要采取以下几种方式：

（1）访谈法。访谈对象为研发团队领导或研发人员（共 8 人），访谈时间为 2007 年 10 月 3 日 8：30—11：30，下午 13：30—15：00；10 月 4 日 8：30—11：00，访谈地点为研发部门会议室。

（2）内部资料。包括研发部门岗位分工、工作标准等档案材料。

（3）公开资料。包括网站、电视等媒体的报道。

第三节　T8 号团队的自我中心网络结构分析

一、背景介绍

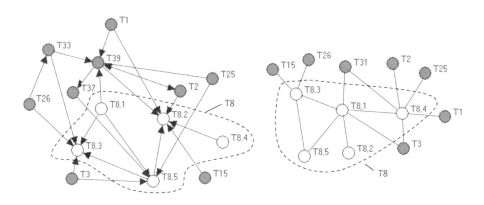

图 6.1　T8 号团队咨询网络（左）和情感网络（右）图

（图中空心的节点代表 T8 号团队成员，实心节点代表外部团队）

　　T8 号团队负责开发 JS 型号的压力机项目。同 T8,3 号的访谈中得知，该团队领导为 Z 工程师（T8,1），其毕业于上海交通大学，技术能力较强，比较高傲，不喜欢外人插手团队工作，出现问题时喜欢自己冥思苦想，认为自己的工作，别人都做不了、研究不了，花了大量的实验费，所有实验数据均由他自己保管，而且对关键数据保密，不向其他成员公开，进行技术垄断。在研发过程中，Z 工程师遇到问题，通常会找 T8,3 号和 T8,5 号。由于 Z 工程师在技术方面比较保守，整个团队的气氛比较紧张，彼此的情感交流较少。只有 Z 工程师组织下，大家才在一起聚餐交流，而且在聚餐时，Z 工程师也比较谨慎，很少谈及工作。

　　T8,3 号和 T8,5 号的情感关系是因为他们是同学关系，年龄、家庭、子女情况比较相似，他们经常交流彼此家庭状况。

T8,4 号为参加工作一年多的员工，主要负责工艺设计。他认为企业领导平易近人，没有官架子，为年轻员工成长创造了轻松、和谐的环境。他说："初来企业的时候，厂里举办迎新晚会，我们看见了集团的老总和经理们。即使是第一次见面，也能够感受到从他们身上所散发出来的特殊风采：或是文质彬彬，一身儒雅；或是堂堂正正，一脸正直威严；或是满面笑容，一团和气，令我们这些初来乍到的新员工倍感亲切！到岗后，发现身边的同事大多数都很友好、和善。国企的最大优点应该是人文环境比较好，人与人相处更多呈现的是真诚和友善。这点我在近两年的工作过程中已经体会到了。初来乍到，不管是领导还是老同事，都满脸笑容；对新同事提出的问题，不管是否幼稚简单，都不轻易嘲笑轻视，而是耐着性子给我们讲解，并总是伴随着鼓励的话语。"

二、证据分析

从图 6.1 发现 T8 号团队成员之间多是单向箭头，说明缺少相互咨询。而团队领导 T8,1 号出于技术垄断的目的，常向其他人进行咨询，但却很少向其他人提供建议，还对关键数据保密，这使整个团队信息、知识等资源传递受阻，降低了团队的创新绩效。

从 T8 号团队的外部咨询网络看，许多团队在向其征求意见或建议，主要由团队中的 T8,2 号和 T8,3 号提供咨询。从表 6.1 可以看出，T8,2 号在咨询网络点入中心性最高（46.154），T8,3 次之（38.462），他们性格比较随和，乐于助人，经常帮助其他研发团队解决问题，而且很多工作是在职责之外，因此也影响了他们的正常工作。从表 6.2 中看出，T8 号团队在自我中心咨询网络中，点入中心性高达 100.000，说明该团队负担了过多的额外工作，对团队的绩效产生了不利影响。

T8,4 号较年轻，同许多外部团队成员有情感交流，交往的大多数是跟自己同时进企业的员工。从表 6.2 中看出，T8 号团队在自我中心的情感网络中，中心性高达 100.000，而其他团队却联系很少，说明该团队同外部有较好的关系，并在其他团队中起到了桥^①的作用。

表 6.1　T8 号团队成员的咨询和情感网络程度中心性

	咨询网络			情感网络
	点出中心性	点入中心性		程度中心性
T8,1	23.077	0.000	T8,1	54.545
T8,2	0.000	46.154	T8,2	9.091
T8,3	0.000	38.462	T8,3	36.364
T8,4	7.692	0.000	T8,4	54.545
T8,5	15.385	30.769	T8,5	18.182
T1	15.385	0.000	T1	9.091
T2	15.385	7.692	T2	9.091
T3	15.385	0.000	T3	18.182
T15	7.692	0.000	T15	9.091
T25	15.385	0.000	T25	9.091
T26	15.385	0.000	T26	9.091
T33	15.385	7.692	T31	18.182
T37	7.692	7.692		
T39	23.077	38.462		

表 6.2　T8 号团队的咨询和情感网络程度中心性

	咨询网络			情感网络
	点出中心性	点入中心性		程度中心性
T8	11.111	100.000	T8	100.000

① 如果个体在两个分离的组件中间形成了连带的话，该个体就是一个切点，俗称桥。在网络分析中，处于桥位置的个体具有信息和知识等方面优势。

	咨询网络		情感网络	
	点出中心性	点入中心性		程度中心性
T39	33.333	55.556	T1	14.286
T1	22.222	0.000	T2	14.286
T25	22.222	0.000	T3	14.286
T33	22.222	11.111	T15	14.286
T2	22.222	11.111	T25	14.286
T26	22.222	0.000	T26	14.286
T3	11.111	0.000	T31	14.286
T37	11.111	11.111		
T15	11.111	0.000		

第四节　T19 号团队的自我中心网络结构分析

一、背景介绍

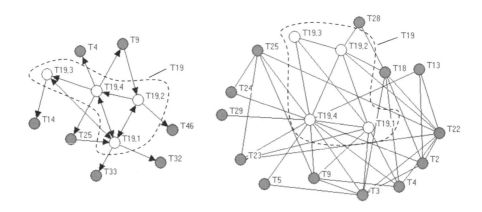

图 6.2　T19 号团队咨询网络（左）和情感网络（右）图

（图中空心的节点代表 T19 号团队成员，实心节点代表外部团队）

T19 号团队负责数控镗铣床的研发。团队领导为 J 工程师（T19,1），他 2005 年被评为集团公司唯一的山东省中青年技术专家、优秀员工。访谈中，J 工程师说："今年订货产品特点是大重型产品多，全新产品多，许多设备接近世界先进水平，将应用于国家重点行业，一个个的技术难题摆在了广大技术人员面前。工作中，我们制定了切实可行的产品开发计划和先期实验项目，加强方案论证和技术调研工作，严格控制产品开发程序，使新产品、新技术的不确定性解决在技术设计和先期实验阶段，保证产品试制进度和产品周期。同时加强现场技术支持与服务。产品研发的问题反映在生产现场尤其是反映在新产品试制中，表现为技术难点多、不确定因素多，为生产一线提供强有力的技术支持服务显得尤为重要。通过总结近几年来数控机床生产的经验，可以得出这一结论。技术人员进行现场技术服务，不仅是加快产品产出的保证，更是技术人员提高技术水平的重要途径。作为研发人员，更应身体力行，积极深入一线，为生产一线提供有力支持。"

在该团队中，J 工程师经常组织研发人员进行小窍门、小绝招的交流和技术、技能问题的探讨，引导他们学习业务，掌握工作技能，提高技术业务素质。

T19,2 号是一位女工程师，她家中有老人生病住院需要照顾，有孩子正上高中需要抓学习，她经常带着对家庭的愧疚努力工作着。正是她这种敬业精神激励着大家，全体研发人员每天从早晨 7:00 干到晚上 7:00，周六日放弃休息，按产品要求进行加工和装配服务，有效保证了订单的完成。情感交流方面，同事给她出主意，建议她的孩子应该考哪所大学，还有同事给她的孩子辅导功课。

T19,3 号为副主任工程师，工作经验丰富，在方案论证过程中严谨细致，在研发过程中集思广益，对研发过程的各个环节进行详细分析，充分挖掘潜力，提高效率；注重对年轻人的培养，能够在工作中甘当配角，鼓励年轻人的创新积极性。他说："研发过程需要创造性思维，年轻人思维活跃，不拘一格，但需要引导，使之符合工作需要。为此，企业开展了青年劳动竞赛，我主要协助年轻员工参与到竞赛中。在竞赛中坚持以赛工作态度、赛工作质量、赛技术创新、赛管理创新、赛安全生产、赛现场管理、赛产品质量、赛节能降耗等为主要内容，将劳动竞赛与解决薄弱环节和重点、难点问题结合起来，在全体团员青年中形成一种拼搏进取、争做贡献的浓厚氛围。"

T19,4 号为设计员，29 岁，他说："刚分配到这个团队工作，便深切体会到了这个团队的温暖，我收到了一份温馨的礼物：一套生活用品。这使我一参加工作，就有一种感激之情。

我在企业中的校友比较多，大家对于我这个小师弟格外照顾，同事们待人都非常随和，有问必答，让我从工作的第一天起就没有过陌生的感觉。我感觉我们就是一个整体，大家互相帮助、互相协调去完成上级交给我们的每一个任务。最初阶段，在熟悉厂内生产流程的同时，企业首先对我们进行了基本的专业知识培训，主要包括公司的压力机发展史、压力机分类、压力机工作原理、各大基本部件的结构和特点及相关的工艺知识。之后集团公司也安排了更为详尽的培训，除了上述几个方面，还包括产品开发设计流程等相关知识，我从中学到的知识在后来的工作中都得到了应用。

第二阶段，我协助产品主管进行生产服务和拆零件图。对我来讲，这一切都是挑战，每处理一个问题就代表着一个新的进步，有时候一个问题可能会衍生出一系列的问题。大多问题都是之前曾经出现过的，这些都为我敲响了警钟，提醒自己在今后的设计过程中不能犯相同的错误，要防患于未然，多环节地降低出现问题的概率。自己作为一名设计人员，产品的最终制造者，要清醒地认识到，自己一个小小的失误可能会给企业造成巨大的损失，所以养成好的工作习惯很重要。在今后的工作中，我要更加严格地要求自己，打牢基础，不断地学习，充实自己。

第三阶段，我开始了部件的设计。经过了一段时间的熟悉资料和现场的观察学习之后，我接到的第一个设计任务是横梁管路、平衡器管路两个管路部件的设计。对于没有任何部件设计经验的我来说，在老工程师眼里看似简单的部件对我来说也有一定难度。所以，我接到任务后，首先找有经验的设计人员取经，了解设计时该从何入手、设计中哪些部分需要特别注意以及该部件的一些其他方面的问题。经过自己的努力和其他工程师的帮助，我的首个部件设计任务终于完成，并交到校对人员手中。

这次简单的部件设计让我学到了许多东西。它让我知道任何一个尺寸的定位都需要经过仔细地查阅相关图纸和慎重地考虑有可能出现的各种干涉，任何一个零件的选择都要反复查看标准、阅读设计规定，做到正确使用，在节省费用的同时保证设计准确、满足要求。这一次设计可以算得上是我设计工作的第一课。

同事间相处，磕磕碰碰是常有之事，只要相互谅解就会大事化小，小事化了。遇事多想想他人对你的好，多看别人的长处，就会有感激之情了。"

二、证据分析

在 T19 号团队的内部咨询网络中，双向箭头较多，说明彼此间的咨询较为频繁，人际关系和谐，彼此的交流沟通顺畅，工作进展顺利。

从表 6.4 可以看出，团队外部自我中心的咨询网络中，该团队点出中心性较高（100.000），说明该团队经常向其他团队征求意见；而外部自我中心的情感网络中心性也较高（100.000），同时与外部人际关系良好，处于有利位置。

总体上讲，该团队其内外部网络都呈现出较好的结构特征，因此其产品创新绩效较高。

表 6.3　T19 号团队成员的咨询网络和情感网络程度中心性

	咨询网络		情感网络	
	点出中心性	点入中心性		程度中心性
T19,1	50	40	T19,1	43.750
T19,2	30	20	T19,2	37.500
T19,3	20	20	T19,3	18.750
T19,4	50	20	T19,4	81.250
T4	0	10	T2	31.250

（续表）

	咨询网络			情感网络
	点出中心性	点入中心性		程度中心性
T9	10	10	T3	43.750
T14	0	10	T4	31.250
T25	10	10	T5	12.500
T32	0	10	T9	31.250
T33	0	10	T13	18.750
T46	0	10	T18	37.500
			T22	50.000
			T23	25.000
			T24	12.500
			T25	31.250
			T28	12.500
			T29	6.250

表 6.4　T19 号团队的咨询网络和情感网络程度中心性

	咨询网络			情感网络
	点出中心性	点入中心性		程度中心性
T19	100.000	28.571	T19	100.000
T4	14.286	14.286	T22	61.538
T9	14.286	14.286	T3	46.154
T25	14.286	14.286	T18	46.154
T14	0.000	28.571	T2	38.462
T32	0.000	14.286	T25	38.462
T33	0.000	14.286	T4	30.769
T46	0.000	14.286	T9	30.769

（续表）

	咨询网络		情感网络	
	点出中心性	点入中心性		程度中心性
			T13	23.077
			T23	23.077
			T28	15.385
			T5	15.385
			T24	15.385
			T29	7.692

第五节　T32 号团队的自我中心网络结构分析

一、背景介绍

　　T32 号团队负责研发陶瓷压力机。这种机器用于生产釉面砖（地砖），服务于建材行业，市场前景较好，但该企业并不熟悉，于是组织一个团队进行研发，团队领导为 T32,1。T32,1 组织研发人员到中国三大瓷都（唐山、佛山、博山）主要生产釉面砖的厂家进行调研，并且向淄博陶瓷研究院多次咨询。在淄博当地找到一位用户，按照这位用户要求设计陶瓷压力机。但是由于对陶瓷压力机的结构性能不熟悉，T32 号团队在设计过程中，先后到上述单位多次调研，在企业内组织液压、电器工程师进行研讨，内部沟通很多，意见不一致，认识程度千差万别，交给用户后又被退回，难以达成共识，谁也说服不了谁。

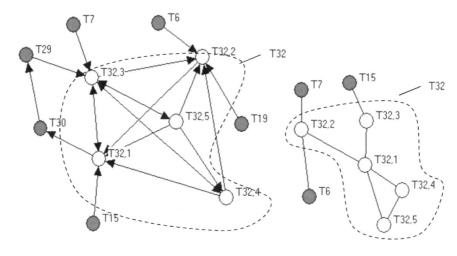

图 6.3　T32 号团队咨询网络（左）和情感网络（右）图

（图中空心的节点代表 T32 号团队成员，实心节点代表外部团队）

T32,4 号电器工程师认为在高温情况下，在粉尘中，液压系统、滤油器、回油系统不清洁，造成油路堵塞，使设备停车。T32,5 号液压工程师认为在高温下，电器系统不可靠，造成停车。最后发现是液压系统的问题：液压系统在选阀、泵的流量、清洁度上都有问题，造成油路堵塞，供油不足，产品不可靠。

在这个团队中，团队成员都对该产品不熟悉，因此有问题主要向团队领导 T32,1 号咨询，还向外部征求了许多意见，但始终没有达成共识。

T32,2 号为设计员，主要负责产品优化，不仅要了解压力机的整机结构，还要对它的主要部件详细了解。他说："我们团队比较民主，大家遇事讨论比较多，但往往导致决策时间较长，影响工作。我的家庭经济条件比较差，团队领导对我比较关心。在我结婚时，没钱请司仪，这时，我就请我们团队的成员当司仪，领导当主婚人。过年不回家时，路工就请我们到他家里一起吃年夜饭，整个团队气氛非常融洽。"

二、证据分析

从 T32 号团队的内部咨询网络图看出，该团队成员间咨询关系较为稠密，结合访谈资料进行分析，该团队在咨询方面非常充分，但许多意见出现冲突，团队成员之间没有达成共识。而内部情感网络中，成员 T32,2 和 T32,3 需要团队领导 T32,1 才能同 T32,4 和 T32,5 联系起来，因此团队领导起到了桥的作用。

从表 6.6 可以看出，T32 号团队的外部咨询网络中，其自我中心咨询网络点入中心性高达 83.333，说明经常向其他团队提供建议和帮助，而这却不利于团队正常工作。在团队外部自我中心情感网络中，该团队中心性高达100.000，而其他团队却没有联系，整个外部情感网络呈星状图形。

表 6.5　T32 号团队成员的咨询网络和情感网络程度中心性

	咨询网络		情感网络	
	点出中心性	点入中心性		程度中心性
T32,1	20	50	T32,1	57.143
T32,2	10	50	T32,2	42.857
T32,3	40	50	T32,3	28.571
T32,4	30	20	T32,4	28.571
T32,5	40	10	T32,5	28.571
T6	10	0	T6	14.286
T7	10	0	T7	14.286
T15	10	0	T15	14.286
T19	10	0		
T29	10	10		
T30	10	10		

表 6.6　T32 号团队的咨询网络和情感网络程度中心性

	咨询网络		情感网络	
	点出中心性	点入中心性		中心性
T32	16.667	83.333	T32	100.000
T6	16.667	0.000	T6	33.333
T7	16.667	0.000	T7	33.333
T15	16.667	0.000	T15	33.333
T19	16.667	0.000		
T29	16.667	16.667		
T30	16.667	16.667		

第六节　跨案例对比分析

通过对这三个团队（T8、T19、T32）的分析发现，团队内部咨询网络过低、过高，都使绩效降低。T8 号团队的领导 T8,1 属于过度核心化个体，他掌握了产品研发中的关键数据，但对许多关键数据进行了垄断，进而成为网络中的"瓶颈"；其他成员虽然没有掌握该产品的数据，但帮助团队内外部的其他研发人员开展工作，成为网络中的"无名英雄"。T19 号团队外部自我中心网络中，咨询网络点出中心性为 100.000，点入中心性为 28.571，情感网络中心性为 100.000，说明该团队向外部征求意见、建议较多，同时也帮助其他团队解决工作中难题，并经常同外部进行情感交流，与外界有良好的互动关系，整体团队内外部网络结构较为理想，因此其产品创新绩效最高。而T32 号团队的内部过于民主，虽然大家在工作中充分沟通，但最终没有达成共识，同时许多团队还需要向该团队征求意见，影响了本团队工作，从而绩效较低。

在访谈中还发现，校友、老乡、同龄的员工之间交往比较多，这可以从同质性理论来解释。也就是说，团体成员更倾向于同自己看法一致的人交流，即所谓的"物以类聚，人以群分"。布拉斯（Brass，1995a）的研究发现，"同质性利于沟通，更容易预测人们的行为，并会增强信任和互惠"。事实上，同质性在施瑞夫（Sherif，1958）的著作中已经进行了验证，结论是个体倾向于选择与自己同质的人，这样可以减少关系中潜在的冲突。

本章小结

本章通过对三个典型研发团队的跨案例研究，发现团队内部咨询关系过多或过少都不利于产品创新绩效，而内部情感关系则会促进产品创新绩效。在团队外部咨询关系中，被咨询的关系越多，会影响其团队正常工作，导致绩效下降；向其他团队咨询得越多，绩效越高。而团队外部情感关系与产品创新绩效关系并不确定，因此需要进一步用多元回归分析进行验证。

第七章　研发团队间关系的整体网络分析

在典型研发团队内外部关系网络的案例研究基础上，本章对研发团队间关系网络的整体结构特征进行分析。正如贝塔朗菲（1999）所指出的，为了认识某个给定的系统，不仅必须了解它的各个部分，而且必须了解各个部分之间的关系，每个系统表现为一个整体或格式塔。整体网络研究可以了解网络整体特征，揭示整体中的联结和分解的情况。

第一节　样本企业研发部门内部团队间关系网络图

在绘制网络图时，需要在 UCINET 6.0 软件中选择"Draw"这个按钮，激活 UCINET 6.0 自带的绘图软件 NetDraw。具体点击过程为"Network → Draw"。

这时会显示网络可视化软件（Network Visualization Software），再选定网络数据所在磁盘位置，即可画出网络图。具体点击过程为："File → Open → Ucinet dataset"。

经过上述步骤，本书的研发团队之间的咨询关系、情感关系网络图分别为图 7.1 和图 7.2。

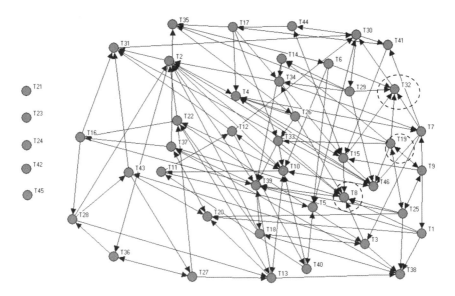

图 7.1　研发团队之间咨询关系网络图

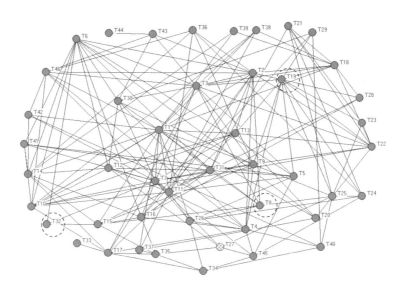

图 7.2　研发团队间情感网络图

对孤立点的解释：在咨询网络图中出现了五个孤立点，分别为 T21、T23、T24、T42 和 T45。经过笔者与该企业高级工程师和研发部门经理的访谈得知，孤立的团队在工作中没有与外部团队发生咨询关系，主要原因是：①研发的产品比较简单，不需要向其他团队咨询。②研发团队的综合素质比较强，能够处理研发项目中的所有问题。③为了贯彻新的国家标准，在研发过程中，不需要向外界咨询。用户较关心功能和用途，不太关心标准化的产品。

第二节　子群分析

由于该企业的产品分为不同类别，同时，研发人员在情感交流时会选择同学、老乡、同龄人、相同爱好的人等，由此可以推断，研发团队间咨询网络和情感网络可能会分为不同的子群。为此需要对咨询网络和情感网络进行子群分析。分析子群要用到块模型和 UCINET 6.0 中的 CONCOR 程序。

一、块模型

块模型为美国学者怀特、布尔曼和布瑞格（White，Boorman & Breiger，1976）在研究网络位置模型时所首创的方法，用于对社会角色进行描述性代数分析。在此基础上，有学者从方法论角度出发对块模型进行描述和解释，把块模型与其他数据分析方法进行对比分析（Breiger，Boorman & Arabie，1975）；有学者通过描述和解释随机块模型对块模型的应用进行延伸和推广（Wasserman & Anderson，1987）；还有学者将块模型方法用于解决社会科学领域的实际问题，如组织间网络（Galaskiewica & Krohn，1984）和大量有关小群体结构方面的研究（Arabie，1984）。

1.定义

根据沃瑟曼和福斯特（Wasserman & Faust，1994）的定义，块模型包括两个方面的内容：①将网络中的行动者按照某种标准或规则划分为若干个离散的子集，这些子集可称为"位置""块"或"聚类"；②分析每个位置内部的行动者之间或者位置之间是否建立了关系。

这个定义可以理解为，将一个块模型视为一个模型，或者是一种关于位置或子群之间多元关系网络的假设。通过块模型可分析网络中各个位置或者子群之间的关系，所以属于整体网络特征方面的研究（White，Boorman & Breiger，1976）。

通过映射网络中的行动者在块模型之中的位置，可以更加准确地定义块模型，即：块模型是将网络（N）中的行动者划分到各个位置之中（B_1，B_2，…B_B），通过法则 φ，把网络中的行动者分配到不同的网络位置之中。例如，行动者 i 处于位置 B_k 中，则用公式表达为：$\varphi(i) = B_k$。块模型也表示位置 B 内外部之间的关系，即用 b_{klr} 表示在关系 X_r 上，位置 B_k 和 B_i 是否建立了联系。如果在关系 X_r 上，位置 B_k 和 B_i 建立了联系，那么 $b_{klr} = 1$；如果没有建立联系，那么 $b_{klr} = 0$。

块模块也可以用映像矩阵 $B = \{b_{klr}\}$ 的方式表达，其中 B 表示一个 $B \times B \times R$ 的排列，b_{klr} 表示在关系 X_r 上，位置 B_k 和 B_i 之间是否建立了联系。B 的每一层都表示在某种特定关系上位置之间，以及位置内部联系的情况。矩阵 B 就是块模型，表示位置之间是否建立了联系。初始的关系数据是在 $g \times g \times R$ 的多重关系社群矩阵之中，所以块模型是初始矩阵简化之后的矩阵，并且包括映射法则 φ（对矩阵中各个行动者所处的位置进行分派）和矩阵 B（显示矩阵中位置内部、位置之间是否建立联系）两个要素，矩阵中每个行动者有且只有一个位置。

在 $B \times B \times R$ 的矩阵 B 中，每个元素都称作"块"，每个块 b_{klr} 在块模型中对应初始社会关系矩阵中的一个子矩阵，这个初始社会关系矩阵表示位置内外部之间是否建立了联系。如果某个块的所有数值都为 1，表示该行的位置与该列的位置之间建立了联系，则称为 1- 块；如果块中所有数值都为 0，表示该行的位置与该列的位置之间没有建立联系，则称为 0- 块。

块模型简化了一元关系网络或多元关系网络，表示网络结构的整体结构特征。在块模型中每个位置中的所有行动者间的关系都是结构对等的，在同一位置的行动者有相同或者相似的、处于其他位置的行动者上的联系。举例来说，位置 B_k 上的行动者到位置 B_i 和 B_m 上的行动者有相似的联系。所以，块模型从位置层次进行研究，而不是行动者层次的研究。

2. 构建块模型

根据沃瑟曼和福斯特（Wasserman & Faust，1994）介绍的方法，从行动者分派到社会关系矩阵的位置 B 开始，对矩阵的行和列重新进行排列顺序，使得分派到相同或相似位置的行动者在新矩阵中处于相同的行和列。在新矩阵中，所有的元素 X_{ij} 是矩阵位置中行动者之间建立联系的数值，并且所有位置内外部的关系也包括在社会关系矩阵的子矩阵之中。假设社会关系矩阵中所有位置内行动者是完全结构对等的，那么位置内外部的子矩阵中，对所有关系而言，数值为 "1" 或者 "0"。然而，在实际网络数据中，行动者几乎没有完全结构对等的，因此在重新排序后的社会关系矩阵之中，位置内外部的子矩阵数值既有 "1" 也有 "0"。这就说明无法确定块模型中的某个块是 0- 块还是 1- 块，需要制定相关标准以确定矩阵中各个块的取值。总共有六个标准，即：

- · 完全匹配
- · 0- 块标准
- · 1- 块标准
- · α- 密度标准
- · 最大值标准（适合赋值数据）
- · 平均值标准（适合赋值数据）

在上述六条标准中，前三条比较严格，通常情况下无法使用。在确定块模型是 1- 块还是 0- 块时，学术界通常采用的是 α- 密度标准，其中 α 是临界密度值，它表示整体网络密度的平均值。当块的密度值 Δ_{blr} 大于或等于 α 时，该块定义为 1- 块；当块密度小于 α 时，该块被定义为 0- 块。用公式表达为：

$$b_{blr} = \begin{cases} 0, & \text{如果} \Delta_{blr} < \alpha \\ 1, & \text{如果} \Delta_{blr} \geq \alpha \end{cases}$$

α 取值应该根据所分析的网络的密度。在分析多个社会网络的时候，α 也可以指各个社会网络密度的平均值。换言之，α- 密度指标可以是一个社会网络的密度平均值，也可以是多个社会网络的密度平均值。另外，α 还可以用行的平均值来代替。研究实践表明，适当地改变 α 值来定义 1- 块、0- 块、块整体是十分稳定的（Breiger，Boorman & Arabie，1975）。

本书用 α 表示整个网络的平均密度值。

3. 对结果的解释

块模型是对社会关系矩阵中关系之间结构的假设。这些假设所关注的是行动者在网络中所处的位置而并非行动者，同时，在多重关系网络中，这些假设涵盖了整体网络的特点。虽然表面上块模块非常简单，仅仅包括 0 和 1 的排列，但是位置间的联系模式可以从理论层面提供网络结构的一些重要属性特征。有三种方法对块模型进行解释，即：

（1）从个体属性分析块模型。

主要指行动者的属性特征，如性别、民族、年龄、学历、职务或籍贯等分析块模型的有效性，主要原因是有些学者认为行动者的属性特征是决定其社会关系的重要因素，该社会关系决定了我们所观测到的位置结构；或者有些学者认为结构位置和网络过程在影响甚至决定行动者属性特征上是有重大影响的。另外，从社会心理学领域而言，学者们提出行动者之间性格的相似性或相近性会彼此相互吸引、喜欢，并建立情感或友谊关系，进而影响网络的结构。

（2）从位置层次描述和分析块模型。

位置层次指块模型中各个位置之间的关系。这需要考察块模型中各个位置如何发出和接受关系。这种对个别位置的描述和分析有利于总结位置内、外发出和接受关系的趋势。

对网络位置的研究通常会借鉴节点之间的研究。当研究节点的性质时，用点入度和点出度区分出四种不同的节点，即：孤立点（Isolater，即没有点入度也没有点出度）、发送点（Transmitter，即只有点出度）、接收点（Receiver，即只有点入度）、中介点或普通点（Carrier or Ordinary Point，即有点入度和点出度）（Marsden，1989）。

上述对位置的分类，主要考察位置是否发出和接受关系。如果还需要研究位置内行动者之间的关系，那就需要进一步分类。博特（Burt，1976）在研究中提出一种分类方法，不但包括位置之间的关系，还包括位置内部的成员间关系。首先，他将位置分成两种类型：一种类型位置的成员只是接受关系，另一种类型位置的成员只是发出关系。然后，他又划分了下述两种类型位置：一种类型位置的成员之间建立的总关系数量中，一半以下是与自己位置内的成员建立的；另一种类型位置的成员之间建立的总关系数量中，一半以上是针对自己位置内的成员建立的。通过这两种分类方法，就能够决定哪些位置接受关系、哪些位置发出关系、哪些位置内部成员关系紧密和哪些位置内部成员关系不紧密或比较松散。在这两种分类方式的基础上，产生了四种类型的位置，即：A. 孤立位置（Isolate Position），既不发出关系也不从其他位置接受关系；B. 谄媚者（Sycophant），成员与其他位置成员之间的关系数量超过在位置内成员之间的关系数量，而且不接受太多关系；C. 经纪人（Broker），既接受又发出关系给其他位置的成员；D. 首要位置（Primary Position），既接受从其他位置成员发出的关系，又接受自己成员的关系。第四类位置与孤立位置形成了鲜明对比，位置内外部关系比较多，渠道畅通，信息和知识等能够充分流动，因而在整个网络中处于首要位置。

在考察位置成员在位置内部建立关系的倾向性时，还需要考虑位置内成员数量。如果位置内成员数量与整个群体中成员数量相比较大，那么该地位成员的许多关系是传递给位置内部成员，原因就在于这个位置是网络中的主要群体。依此类推，规模较小的位置中成员内部关系就较少，因为位置中成员较少。因此，需要将位置内全部关系的比例与位置内没有内部关系或没有外部关系的比例进行比较。

以位置 B_k 内部成员间的关系为例。假设位置 B_k 中包括 g_k 行动者，则位置内部可能存在的关系为 $g_k \times (g_k-1)$。假设在整个网络内有 g 个行动者，则在位置 β_k 中可能的关系共有 $g_k \times (g-1)$ 个。如果在位置内发出（或接受）关系是无偏差的，那么位置内部所有关系所占比例可用下列公式表示：

$$\frac{g_k \times (g_k-1)}{g_k \times (g-1)} = \frac{g_k-1}{g-1}$$

根据上述公式得出的比值，可以用于估计位置内关系趋势的基础。由于这个比值与位置内行动者数量有关，所以不同的位置可得出不同的比值。

表 7.1 是根据位置内外部关系，划分的四种位置类型。

表 7.1 位置类型

位置内部关系的比例	位置接受到的关系比例	
	≈ 0	> 0
$\geqslant g_k \times (g_k-1) / (g-1)$	孤立者位置	首要位置
$\leqslant g_k \times (g_k-1) / (g-1)$	谄媚者	经纪人

资料来源：Burt，1976

在研究过程中，对位置标记为孤立者位置、谄媚者、经纪人和首要位置时，要根据关系内容而定。如果关系属于消极、负面或敌对的（如不喜欢、厌恶、憎恨等），那么首要位置可以理解为"替罪羊""背黑锅"。如果是商品交易方面的关系（如国际贸易、企业采购），那么使其他行动者高比例位置可以解释为供应商；高接受比例的位置（即较高的商品采购率）将是消费者或最终用户。经纪人是在双方建立关系时，发挥促进、协调等作用，并能获得一定利益。

网络中位置分类的研究无法进行统计检验其是否显著，但随机块模型、单一关系网络、多重关系网络可以进行二元选择概率的统计检验其是否显著。同时，一些统计分析方法提供了对行动者属性指标的检验。

（3）通过位置间关系整体结构研究块模型。

该结构由映像矩阵方式表达。结构理论的学者们提出行动者集合中的关系模式，如平衡和传递的性质、中心－边缘的网络系统、以等级或层级制为主要特点的系统、一个或多个位置管控其他位置和凝聚子群都可以用块模型的方式表示。在沃瑟曼和福斯特（Wasserman & Faust，1994）的著作中，主要包括两种映像矩阵，即两个位置的块模型映像矩阵和两个以上位置的映像矩阵。

第一，两个位置的块模型映像矩阵。

最简单的块模型有时可以增强理论的说服力。例如，在一个包括两种位置的块模型中，运用 2×2 映像矩阵表示，可以更好地体现理论价值。怀特、布尔曼和布瑞格（White，Boorman & Breiger，1976）在对块模型进行介绍时，提出两个位置的块模型可能产生 16 种排列结构。因为有两个位置，块模型的映像矩阵有 2×2 个元素，每个元素可以是 0- 块或者 1- 块，那么共同有 2×2×2×2 = 16 种"0-1"的排列结构。由于是任意排列位置的顺序，所以映像矩阵中只有 10 个是不同的（另外 6 个矩阵与这 10 个矩阵同构）。

图 7.3 列出了两个位置块模型的 16 种映像矩阵。有些映像矩阵可以运用结构理论进行解释说明。两个位置间关系可能存在排列结构，可能进行理论预测，然后产生一个映像矩阵。在图 7.3 中，映像矩阵 B 有一个凝聚子群和一个孤立位置（假设为正面影响的关系）。映像矩阵 C 指两个位置成员间关系方向是不同的，这就需要结合博特（Burt，1976）论文中对位置的分类进行对比，即表 7.1 对四个位置的定义和分类，在映像矩阵 C 中，单个发出关系的位置就是"谄媚者"。映像矩阵 D 是只有位置内部关系，而没有外部关系的情况，就是两个独立的凝聚子群。映像矩阵 D 代表子群成员只在内部建立关系，而不与外部建立关系的情况，即成员只与自己个性相似的人建立关系。在世界贸易中，布瑞格（Breiger，1981）将这种模式称为分离贸易区域。映像矩阵 E 是位置纯粹对称的。对于负面关系而言，表示反对或敌对的关系。映像矩阵 E 也可以表示外向型的群体，其群体内成员只与外部群体成员建立关系（如有的村落在结婚时，村民只在村落外部寻找配偶，而不是在村内寻找配偶）。映像矩阵 D（正面关系）和映像矩阵 E（负面关系）结合起来就是平衡理论，该理论对行动者的预测是：行动者在平衡系统中可以聚集成群体，俗称抱团，在群体内部成员间建立正面关系即相互帮助、支持和关心，在群体外部则是负面关系即相互排挤、反对或敌视。映像矩阵 F 根据位置建立关系的方向而言，区分两种位置，即一个积极位置和一个消极位置。这与表 7.1 结合起来，所谓积极位置，就是"谄媚者"和"经纪人"位置，主动与外部位置建立关系；消极位置就是"孤立者位置"和"首要位置"，与外

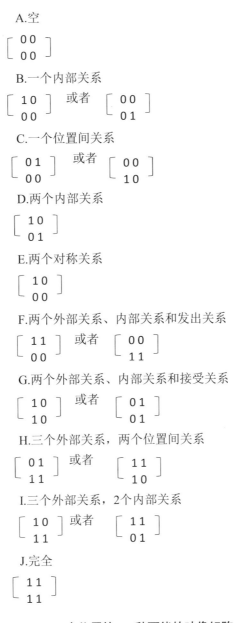

A.空

$$\begin{bmatrix} 0 & 0 \\ 0 & 0 \end{bmatrix}$$

B.一个内部关系

$$\begin{bmatrix} 1 & 0 \\ 0 & 0 \end{bmatrix}$$ 或者 $$\begin{bmatrix} 0 & 0 \\ 0 & 1 \end{bmatrix}$$

C.一个位置间关系

$$\begin{bmatrix} 0 & 1 \\ 0 & 0 \end{bmatrix}$$ 或者 $$\begin{bmatrix} 0 & 0 \\ 1 & 0 \end{bmatrix}$$

D.两个内部关系

$$\begin{bmatrix} 1 & 0 \\ 0 & 1 \end{bmatrix}$$

E.两个对称关系

$$\begin{bmatrix} 1 & 0 \\ 0 & 0 \end{bmatrix}$$

F.两个外部关系、内部关系和发出关系

$$\begin{bmatrix} 1 & 1 \\ 0 & 0 \end{bmatrix}$$ 或者 $$\begin{bmatrix} 0 & 0 \\ 1 & 1 \end{bmatrix}$$

G.两个外部关系、内部关系和接受关系

$$\begin{bmatrix} 1 & 0 \\ 1 & 0 \end{bmatrix}$$ 或者 $$\begin{bmatrix} 0 & 1 \\ 0 & 1 \end{bmatrix}$$

H.三个外部关系，两个位置间关系

$$\begin{bmatrix} 0 & 1 \\ 1 & 1 \end{bmatrix}$$ 或者 $$\begin{bmatrix} 1 & 1 \\ 1 & 0 \end{bmatrix}$$

I.三个外部关系，2个内部关系

$$\begin{bmatrix} 1 & 0 \\ 1 & 1 \end{bmatrix}$$ 或者 $$\begin{bmatrix} 1 & 1 \\ 0 & 1 \end{bmatrix}$$

J.完全

$$\begin{bmatrix} 1 & 1 \\ 1 & 1 \end{bmatrix}$$

图 7.3　两个位置块 16 种可能的映像矩阵

资料来源：Wasserman & Faust，1994

部位置几乎没有关系。映像矩阵 G 将一个凝聚子群（映像矩阵 B）和主从结构（映像矩阵 C）结合起来，类似一个核心 – 边缘结构的系统（一个首要位置和一个谄媚者位置）。这种模式可以理解为层级制组织（Breiger，1981）。映像矩阵 H 除了孤立者位置以外，各个位置都能建立关系。怀特、布尔曼和布瑞格（White，Boorman & Breiger，1976）将这种矩阵称为核心 – 边缘或主从模式。映像矩阵 H 与映像矩阵 E 有类似之处，他们只存在位置之间的关系。映像矩阵 I 除了一个位置没有与其他位置建立关系外，其他位置都能建立关系。怀特等将这种模式描述为层级制，有两个层级内部建立不同关系，而一个层级与另一个层级之间建立不同关系。映像矩阵 J 中各个位置都建立了关系，位置之间是没有区别的，因此是完整的。①

第二，两个以上位置的映像矩阵。

当块模型的位置超过两个时，就形成更为复杂的系统。对于 3 个位置且只有一种关系的块模型，可能排列的 3×3 矩阵数量为 2^9=512 个，有 104 种不同的映像矩阵（同构类）。随着位置数量增加，不同映像矩阵的数量也迅速增加。这种情况就无法运用逐一列举方式分析块模型的映像，只有选择比较理想或具有代表性的典型映像，这些映像可以表示凝聚子群的特征、核心 – 边缘结构、中心势、层级组织和传递性。图 7.4 列出了这些理想的映像矩阵。

最直观的块模型之一是由凝聚子群所组成的。这类块模型由一个映像矩阵（只有一个正向的赋值关系）组成，映像矩阵的位置内部建立了关系。这类映像矩阵的主对角线上是数字为 1 的块，即在位置内部建立了关系（个体行动者之间关系、自我关系没有界定）。然而，块模型中的这类位置不能将其描绘为理论上的派系。数值为 1 的块也可能包括 0（它们可能不完全是子图），在一个位置上的行动者可以与其他位置上所有行动者建立联系（可能不是与所有位置建立联系）。

---

① 在图 7.3 中，沃瑟曼和福斯特对矩阵做标注时，使用的单词 "reflective"，其本意为 "反射的"。笔者结合博特对位置的分类，在表 7.1 列出四种位置，认为这个单词应翻译为 "位置内部成员建立关系"。单词 "arc"，其本意为 "弧"，结合表 7.1，认为这个单词应翻译为 "位置外部建立关系"。

A.凝聚子群

$$\begin{bmatrix} 1 & 0 & 0 & 0 \\ 0 & 1 & 0 & 0 \\ 0 & 1 & 0 & 0 \\ 0 & 0 & 0 & 1 \end{bmatrix}$$

B.中心—边缘结构

$$\begin{bmatrix} 1 & 1 & 1 & 1 \\ 1 & 0 & 0 & 0 \\ 1 & 0 & 0 & 0 \\ 1 & 0 & 0 & 0 \end{bmatrix}$$

C.中心化结构

$$\begin{bmatrix} 1 & 1 & 1 & 1 \\ 0 & 0 & 0 & 0 \\ 0 & 0 & 0 & 0 \\ 0 & 0 & 0 & 0 \end{bmatrix} \quad 或 \quad \begin{bmatrix} 1 & 0 & 0 & 0 \\ 1 & 0 & 0 & 0 \\ 1 & 0 & 0 & 0 \\ 1 & 0 & 0 & 0 \end{bmatrix}$$

D.等级结构

$$\begin{bmatrix} 0 & 1 & 0 & 0 \\ 0 & 0 & 1 & 0 \\ 0 & 0 & 0 & 1 \\ 0 & 0 & 0 & 0 \end{bmatrix}$$

E.传递结构

$$\begin{bmatrix} 0 & 1 & 1 & 1 \\ 0 & 0 & 1 & 1 \\ 0 & 0 & 0 & 1 \\ 0 & 0 & 0 & 0 \end{bmatrix} \quad 或 \quad \begin{bmatrix} 0 & 0 & 0 & 0 \\ 1 & 0 & 0 & 0 \\ 1 & 1 & 0 & 0 \\ 1 & 1 & 1 & 0 \end{bmatrix}$$

图 7.4　两个以上位置块模型的理想映像矩阵

资料来源：Wasserman & Faust, 1994

另外一类重要模式是核心－边缘结构。即有一个内部联系紧密核心，一个或多个与核心建立了关系的位置，但位置之间并没有建立关系（Mullins，Hargen，Hecht & Kick，1977）。边缘位置的内部关系可以紧密也可以不紧密。核心－边缘结构典型案例是社会群体中精英（或领导）和下属。总之，对映像矩阵中的块进行重新排列，1–块矩阵处于映像矩阵左上角，0–块矩阵位于右下角，那么核心–边缘结构在块模型中就显而易见了。

　　与核心－边缘结构相关的是中心化结构。在中心化结构中，所有关系都指向一个位置。在映像矩阵中，所有 1－块都在同一列（如果所有关系都与同一个位置建立关系）或同一行（如果所有关系都来自相同位置）。

　　还有一种可能的模式是等级结构。与非互惠关系相类似，从每个位置发出关系到上一层级位置。这种模式代表组织中、上、下级之间指挥链条。

　　传递结构与等级结构中的位置比较类似，但是表示传递性质的所有位置间关系需要表示出来。

二、CONCOR 方法

　　在社会网络发展历史上，运用结构对等原则对位置内行动者进行分区的方法就是 CONCOR，即迭代相关系数收敛法（Convergent Correlations 或 Convergence of Iteralted Correlation）。该方法源于 20 世纪 70 年代，分别由比尔格和怀特所率领的团队独立发现（Breiger，Boorman & Arabie，1975；White，Boorman & Breiger，1976）。

　　CONCOR 是一种基于迭代相关系数收敛性的程序，指反复计算矩阵中（矩阵是由上一次计算中得出的相关系数所构建）行（或列）与行之间的相关系数，最终得到一个只包含数值 +1 和 –1 的相关系数矩阵。相关系数为 +1 和 –1 按如下方式排列：行动者根据相关性分成两个子集，其中相同子集所有行动者之间相关系数为 +1，不同子集之间行动者间的相关系数都为 –1。

　　具体而言，CONCOR 程序运行时，需要输入一个社会关系矩阵，然后进行计算，主要步骤包括：首先，需要计算矩阵中每行（或每列）之间的相关系数；其次，以相关系数值构建一个矩阵（C_1）。

　　如上文的计算方法，这些相关系数所构成的矩阵，可以视为结构对等性的一种可能的测度。CONCOR 计算方法的特点在于：它将系数矩阵 C_1 作为下一次计算的输入矩阵，继续计算此矩阵的每行（或者每列之间）的相关系数。换言之，需要计算第一个系数矩阵 C_1 的各个行（或者各个列）之间的相关系数。得到的各个"相关系数的相关系数"又可以构建一个新的系数矩阵

C_2。按照这种方式，依次计算。最后可以计算出"相关系数的相关系数的相关系数的……矩阵"。

按照这种方式迭代，似乎可以进行无限地计算。然而，实际上进行过多次迭代计算之后得到的矩阵，其中的相关系数值为 1 或 –1。另外，还可以对该矩阵的行和列同时进行置换，转换后的矩阵可以分区并简化成下列形式：

+1	–1
–1	+1

按照这种计算方式，就完成了对矩阵所对应的各个行动者进行分区（此表划分成两个区，即两个位置），实现了简化数据的目的。除了这种迭代方法之外，还可以运用层次聚类法对矩阵中各个行动者进行分类。

进行多次迭代计算之后，CONCOR 利用树形图表示网络中各个位置之间的结构对等性程度，并且标记出处于各个位置的行动者。

CONCOR 还能够直接计算多元关系数据和赋值关系矩阵。需要注意的是，CONCOR 计算的是相关系数矩阵 C_1，C_2，C_3 等，它包括皮尔逊相关系数，这种系数用来衡量各对行动者之间的相似性。

还有一点，上述程序不是直接计算出支持网络中有多少个"块"，它需要分成三个步骤，即：第一，根据皮尔逊相关系数判断矩阵中包括多少个"位置"。第二，根据密度表以及一定的标准（共有 6 种，本书将选择其中的一种），对所有"位置"进行逐一确认是 0- 块，还是 1- 块，由此绘制出具有高度概括性的"像矩阵"。第三，绘制出简化图。子群分析在 UCINET 6.0 中的操作是：先在 UCINET 6.0 中选择 CONCOR 方法，然后选择文件所在磁盘位置，即可得到分析结果。具体点击步骤为"Network → Roles & Positions → Structural → CONCOR"。在弹出的对话框中，点击"…"输入文件所在磁盘位置，再点击"OK"即可。最后弹出计算结果对话框。

第三节　团队间咨询网络的子群分析

如前文所述，首先计算出在研发团队间的咨询网络中存在多少子群，然后给出各个位置间的密度表、像矩阵，最后给出其简化表 7.2。

表 7.2　研发团队间咨询网络的密度表

CONCOR
Diagonal:　　　　　　　　　　　Reciprocal
Max partitions:　　　　　　　　2
Input dataset:　　　　　　　　　D: 团队间咨询关系
Density Matrix

	1	2	3	4
1	0.045	0.027	0.000	0.300
2	0.041	0.092	0.020	0.025
3	0.000	0.030	0.450	0.040
4	0.136	0.005	0.060	0.078

R-squared = 0.097

总体看来，咨询网络中包括四个子群，各个子群的团队分别是以下情况。

第一子群（Q_1）的团队：T1，T2，T3，T13，T16，T18，T25，T26，T33，T37，T43；

第二子群（Q_2）的团队：T4，T6，T9，T14，T15，T17，T19，T21，T23，T24，T29，T32，T34，T35，T41，T42，T44，T45，T46；

第三子群（Q_3）的团队：T5，T11，T12，T30，T40；

第四子群（Q_4）的团队：T8，T10，T20，T22，T27，T28，T31，T36，T38，T39。

从密度表 7.2 中可以看出，第三个子群的密度最大（0.450），这表明第三个子群的团队之间在咨询问题上联系紧密。第一个子群密度较小，表明团队之间的联系较少。下面再进行具体分析。

如果说该密度系数所刻画团队之间咨询情况不是十分清楚，还可以进一步建构像矩阵和绘制简化图来表示咨询情况。建构像矩阵需要参照的标准有六个（见第六章第二节），本书采用 α 标准。首先计算整体咨询网络的密度为 0.0652（操作步骤前文已经介绍，此处略），然后将密度表中的各个系数与此数值进行逐一比较，大于此数值的替换成 1，小于此数值的替换成 0。按照这种操作步骤进行计算之后，得到的新矩阵即为像矩阵（如表 7.3 所示）

表 7.3　研发团队间咨询网络的像矩阵

	Q_1	Q_2	Q_3	Q_4
Q_1	1	0	0	1
Q_2	0	1	0	0
Q_3	0	0	1	0
Q_4	1	0	0	1

该矩阵已经接近了对角线矩阵，其简化图包含四个点，每个点代表一个子群体，箭头代表关系的方向。简化图清楚地表明，在咨询关系中，共有四个子群。与第二、三、四子群内部均有较强咨询关系不同，第一子群内部咨询关系较弱，但与第四子群有相互咨询关系。

经过子群分析之后，重新绘制了研发团队间咨询网络图（如图 7.5 所示）。

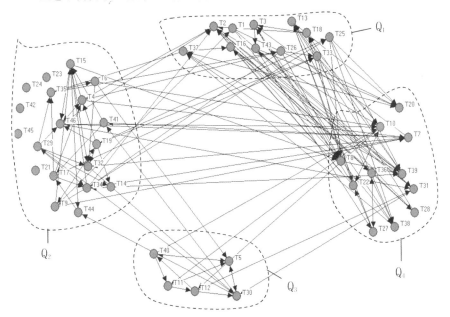

图 7.5　研发团队间咨询网络分群图

第四节　团队间情感网络的子群分析

在 UCINET 6.0 中根据上述同样步骤，对情感网络进行子群分析，发现情感网络也分为四个子群，结果如下：

表 7.4　研发团队间情感网络的密度表

CONCOR
Diagonal: Reciprocal
Max partitions: 2
Input dataset: D:\ 团队间咨询关系
Density Matrix

	1	2	3	4
1	0.356	0.131	0.053	0.093
2	0.185	0.291	0.084	0.048
3	0.053	0.091	0.200	0.030
4	0.102	0.056	0.081	0.278

R-squared = 0.079

情感网络四个子群中的团队分别是以下几种情况。

第一个（F_1）子群：T1，T2，T8，T10，T11，T13，T26，T31，T36，T38，T43，T46；

第二个（F_2）子群：T3，T6，T7，T9，T12，T14，T15，T16，T17，T20，T30，T32，T41，T42；

第三个（F_3）子群：T4，T25，T27，T29，T33，T34，T35，T37，T40，T44，T45；

第四个（F_4）子群：T5，T18，T19，T21，T22，T23，T24，T28，T39。

整个情感网络的密度值为 0.1357，然后把密度表中的各个系数与此数值逐一进行比较，大于此数值的替换成 1，小于此数值的替换成 0。按照这种操作步骤计算之后，得到的新矩阵即为像矩阵（如表 7.5 所示）。

表 7.5 研发团队间情感网络的像矩阵

	1	2	3	4
1	1	1	0	0
2	1	1	0	0
3	0	0	1	0
4	0	0	0	1

该矩阵已经接近了对角线矩阵，其简化图包含四个点，每个点代表一个子群体，箭头代表关系的方向。简化图清楚地表明，在情感关系中，共有四个子群，而且第一子群和第二子群之间存在情感关系。而各子群的内部均有强情感关系。

经过子群分析，重新绘制了研发团队间情感网络图（如图 7.6）。

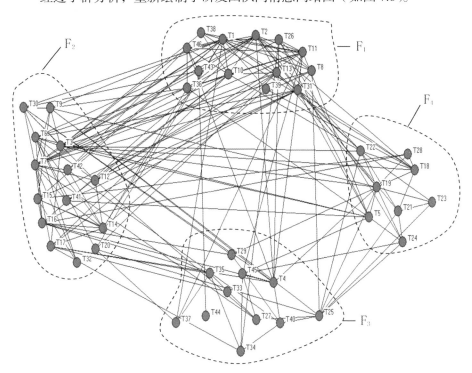

图 7.6 研发团队间情感网络分群图

第五节 QAP 网络分析结果

在咨询和情感网络的子群中，共同处于第一子群的团队为 T1，T2，T13，T43；共同处于第二子群的团队为 T6，T9，T14，T15，T17，T41，T42；共同处于第三子群的团队为 T22，T28，T39。这说明咨询和情感网络存在着相关关系，需要进一步用 UCINET 6.0 分析其相关系数。

一、QAP 的理论依据

社会关系属于社会学领域的核心研究内容之一。如何研究"关系"，许多学者从多个角度如政治学、经济学、国际关系学、定性和定量研究等进行了探讨。从定量研究角度而言，由于"关系"数据表示行动者之间"联系"的数据，所以直接违背了"共线性"的原则。这也就表明，许多常规的统计方法（如最小二乘法）无法直接对关系数据进行统计分析，所以当需要研究关系之间的关系之时，就需要采用社会网络分析领域所特有的方法之一——QAP。

QAP（Quadratic Assignment Procedure，二次指派程序）是一种对两个方格中所有数据的相似性逐一进行比较的程序，即它对方阵的每个数值逐一进行比较，从而计算出两个矩阵之间的相关系数，同时还可以对相关系数进行非参数检验，该程序需要基于矩阵数据的转换进行计算。

研究对象之间关系（如两个人、两个团队或企业之间的关系）的数据中，每个观察值与关系矩阵中的数值一一对应，矩阵中的各行和各列所对应的是两个观察对象。格值可以是两个人熟识程度、两个国家贸易额等。一般情况下，矩阵的格值只有两个：1 和 0。因此，各个观察值之间不相互独立，用许多标准的统计程序就不能进行参数估计和统计检验，否则会计算出错误的标准差。也就是说，不能利用传统的统计方法检验这两个矩阵之间相关的显著性，因为观察项之间相互依赖。为解决这一问题，学者们使用一种随机检验方法，QAP 即属于此。

QAP 作为一种基于重新抽样的方法，在社会网络研究中的应用范围越来越广，主要原因是其研究对象为关系数据。例如，具有相同特征（例如年龄相同等）的个体是否更容易成为朋友或伙伴。

具体而言，对于行数和列数相同的各个矩阵，在分析矩阵之间的相关系数之前，首先将各个矩阵中的所有数值视为是一个长向量，每个长向量包括 n–1 个数字（忽略不计对角线上的数字）。然后采用比较任意两个变量之间的相关性的方式，计算这两个长向量之间的相关系数。需要注意的是，因为长向量之间相互不独立，所以不能像传统统计检验的方式判断其显著性，但是可以采用以下随机化操作方式进行分析。

具体做法是，QAP 首先对矩阵中各行及其相应的各列同时进行随机的置换（不是仅转换矩阵中的各行或者各列，否则会对矩阵的原始数据造成破坏），然后再统计转换后的矩阵与另一个矩阵之间的相关系数，即皮尔逊相关系数。这里所说的相关是指两个矩阵（作为两个变量）之间的相关，给出的皮尔逊系数是两个矩阵之间的相关性数值。还有一点值得注意，矩阵中的数值为 1 或者 0，进行统计分析的时候，通常不是利用皮尔逊系数来计算分类变量之间的相关性数值。但是，鉴于虚拟变量的平均值、方差和标准均有统计意义，所以可以将两个矩阵视为两个"虚拟变量"，视之为"连续变量"，从这个意义上而言，也可以对两个矩阵之间的相关性进行分析。因此，上述皮尔逊相关系数就是按照这种方式计算出来的。

QAP 是对某个矩阵之中的所有行和列同时进行转换，然后再计算置换之后的矩阵与另一个矩阵（即模式矩阵）之间的相关性数值，采用这种方式能确保自变量矩阵和因变量矩阵在行和列上都有相互依赖性。重复几百次这种计算方式，可以得到一个相关系数的分布。最后计算出显著水平以及相关性数值大于或者小于实际相关性数值的概率，即 p– 值（p-value）。其中，p-large 就是这种相关系数大于实际相关系数的概率，p-small 就是这种相关系数小于实际相关系数的概率。

QAP 分析的操作步骤是：①先在 UCINET 6.0 中将两种关系作为输入矩阵，点击过程为：UCINET 6.0 → Tools → Testing Hypotheses → Dyadic（QAP）→ QAP correlation。②在弹出的对话框中，选择要分析的两类关系所在的磁盘和文件，点击过程为："1st data matrix：" 中点击 "…" 按钮选择第一个关系矩阵所在磁盘和文件，然后在 "2nd data matrix" 中点击 "…" 按钮选择第二个关系矩阵所在的磁盘和文件，然后点击 "OK" 按钮。③最后弹出计算结果的窗口 "Output log"。

在计算结果的窗口中，"Obs Value" 表示的就是这两个矩阵实际的相关系数，即观察到的相关性数值；"Signif" 表示显著性水平的取值；"Average" 表示经过 5000 次随机计算之后所得到的相关系数的最小值；"Maximum" 表示随机计算的相关系数中出现的最大值；"Prop ＞ =0" 表示通过随机计算得到的相关系数大于或等于实际相关系数的概率值；"Prop ＜ =0" 是这些随机计算得到的相关系数小于或等于实际相关系数的概率。实际上，"显著性水平" 是研究中需要关注的重点。

二、QAP 分析结果

本研究中对情感关系和咨询关系的 QAP 分析结果如下：

表 7.6　情感关系与咨询关系的 QAP 分析

QAP 相关系数

	观察值	显著水平	均值	标准差	概率＞ = 0	概率＜ = 0
皮尔逊相关系数	0.261	0.000	0.000	0.023	0.000	1.000

QAP 相关矩阵

	团队间情感网络	团队间咨询网络
团队间情感网络	1.000	0.238
团队间咨询网络	0.238	1.000

表 7.6 中，"观察值"为情感网络和咨询网络实际的（即观察到的）相关系数，在 $p < 0.01$ 的水平下，其朋友关系和咨询关系高度相关（相关系数为 0.261）。这点发现是符合常识的。因为在工作中，如果同事之间经常咨询、建议，那么他们就有可能成为朋友；同理，如果同事之间本来就是朋友关系，他们在企业中相互咨询、提供建议的可能性就非常高。

本章小结

本章运用块模型对整体网络进行分析，发现研发团队间的咨询网络和情感网络可以分为四个子群，并对子群内外部关系进行了分析。通过 QAP 分析，又进一步验证了咨询关系和情感关系的相关关系，发现二者相关系数为 0.261（在 $p < 0.01$ 的水平上）。

以上发现的网络结构特征对各研发团队的产品创新绩效有怎样的关联，本书的下一章将通过多元回归分析探讨咨询网络、情感网络结构特征对研发团队产品创新绩效的影响。

第八章　假设检验及其结果与讨论

根据本书研究假设，本章将运用多元回归分析进行验证。先将由 UCINET 6.0 计算出的研发团队的密度、中心性数值输入 SPSS 13.0，再计算变量间相关系数，并进行多元回归分析，最后对研究结果进行讨论。

第一节　描述性统计和皮尔逊相关分析

相关分析是指对两个变量之间的关联程度进行分析，通过相关分析可以明确两个变量之间的关系，通常用皮尔逊相关系数表示，皮尔逊相关系数是多元回归分析的基础。

为了保证正确地使用多元线性回归并得出科学的结论，需要研究回归模型是否存在多重共线性、序列相关和异方差三大问题（鲁宾费尔德和平狄克，1999；马庆国，2002）。所以笔者将分析本研究的变量是否存在这三大问题。在确认不存在这些问题的前提下，对模型进行多元回归分析。

多重共线性指模型设定、变量选择等的错误，如果无法对多重共线性做出修正，回归分析就无法进行下去。多重共线性可用方差膨胀因子（Variance Inflation Factor，简称 VIF）来衡量。经验判断方法表明：当 $0 < VIF < 10$ 时，不存在多重共线性；当 $10 \leqslant VIF < 100$ 时，存在较强的多重共线性；当

VIF $\geqslant$ 100 时，存在严重多重共线性（何晓群等，2001）。通过对回归模型的 VIF 值计算，当团队内部咨询网络密度及其平方两个变量 VIF 值大于 10，其余变量的 VIF 均大于 0 且小于 10，解释变量之间不存在较强的多重共线性。

序列相关指回归模型中的不同残差项之间具有相关关系，通过回归模型中的德宾 – 沃森（Durbin-Watson，简称 DW）值来判断。当 DW=0 时，完全正自相关；当 DW=2 时，完全没有自相关；当 DW=4 时，完全负相关（马庆国，2002）。在本研究中，由于样本是截面数据且所有模型的 DW 值均接近于 2，因此不存在序列相关问题。

异方差指回归模型中的不同残差项之间具有不同的方差，可以利用散点图判断。本研究对残差项的散点图分析显示，散点图呈无序状态，因此，本研究的回归模型不存在异方差问题。

利用 SPSS 13.0 得出的描述性统计和皮尔逊相关系数，如表 8.1 所示。根据前文的研究假设 1，设研发团队内部咨询网络密度（X_2）与团队产品创新绩效（Y）的回归模型为：

$$Y=b_0+b_1X_2+b_2X_2^2$$

从表 7.1 和表 7.2 中可以看出，研发团队内部咨询网络密度与产品创新绩效的皮尔逊相关系数（0.196）在 $p < 0.05$ 的水平上不显著。由于皮尔逊相关系数是用于判断变量之间是否存在线性相关的指标，那么当该值不显著时，说明变量之间或者不相关，或者存在非线性关系。

在表 8.2 中，将 X_2^2 加入回归模型之中，发现在 $p < 0.01$ 的显著水平上，X_2 和 X_2^2 的系数显著不为 0（分别是 3.675 和 –3.52）。X_2^2 的系数不为 0，说明 X_2 和 Y 之间存在二次函数关系，同时，X_2^2 的系数为负，说明二次函数的开口向下，即团队内部咨询网络与产品创新绩效之间呈现出倒"U"型关系，假设 1 得到验证（如图 8.1 所示）。

表 8.1 描述性统计和皮尔逊相关系数

	N	最小值	最大值	均值	标准差	1	2	3	4	5	6	7
①团队人数（X_1）	46	3	8	4.457	1.005	1						
②团队内部咨询网络密度（X_2）	46	0.2	0.850	0.513	0.178	-0.262	1					
③团队的外部咨询网络点出中心性（X_3）	46	0	15.556	6.522	3.760	-.296*	-0.082	1				
④团队的外部咨询网络点入中心性（X_4）	46	0	17.778	6.522	4.552	0.036	-0.243	0.191	1			
⑤团队内部情感网络密度（X_5）	46	0.3	0.667	0.478	0.105	-0.448**	0.268*	0.425*	-0.369**	1		
⑥团队的外部情感网络中心性（X_6）	46	2.22	42.222	17.729	8.944	-0.256	0.145	0.427*	0.059	0.336**	1	
⑦团队产品创新绩效（Y）	46	2.5	5	4.033	0.640	-0.348*	0.196	0.405**	-0.543**	0.709**	0.343*	1

** 表示 $p < 0.01$ 的水平上显著（双尾检验），* 表示在 $p < 0.05$ 的水平上显著（双尾检验）。

表 8.2 咨询网络密度与产品创新绩效的回归模型

模型		标准化系数	t	Sig.
		Beta		
1	(Constant)	12.716	0.000	
	X_2	0.196	1.328	0.191
2	(Constant)	1.033	0.308	
	X_2	3.675**	4.613	0.000
	X_2^2	–3.52**	–4.421	0.000

自变量：团队内部咨询网络密度 X_2

因变量：产品创新绩效 Y

表中的数值代表标准化的系数。** 表示在 $p < 0.01$ 的水平上显著。

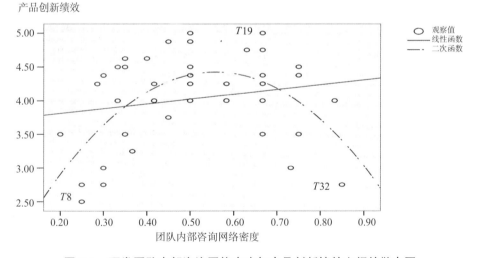

图 8.1 研发团队内部咨询网络密度与产品创新绩效之间的散点图

另外，从表 8.1 中还可以看出，本研究中的研发团队内部情感网络密度、外部情感网络中心性、外部咨询网络的点入中心性和点出中心性与产品创新绩效的皮尔逊相关系数在 $p < 0.05$ 的水平上均显著，因此均对产品创新绩效有解释作用。

第二节　对于团队产品创新绩效的回归分析

为了检验各变量对产品创新绩效的作用，需要根据因果关系对各变量建立回归模型进行分析。由于本研究需要对该企业进行完整的网络分析，因此需要收集该企业所有研发团队（共 46 个）的数据，此过程属于普查，而不是随机抽样。普查后，得到整体网络的数据。表 8.3 列出了验证本研究理论假设的各种回归模型的运算结果。

关于团队内部咨询网络密度与团队产品创新绩效的关系在模型 2 和 3 的结果中可以看出。在模型 2 中，团队内部咨询网络密度对团队产品创新绩效的影响，在 $p < 0.05$ 的水平上显著，解释能力达到 0.133。在模型 2 基础上，加入了团队咨询网络密度的平方这个变量之后，可以看出，二者都对产品创新绩效有显著的影响（在模型 3 中的回归系数 β 分别为 3.338 和 −3.220，并且在 $p < 0.01$ 的水平上显著）。因此，再次验证了假设 1 成立，即团队内部咨询网络的密度与团队产品创新绩效呈倒 "U" 型关系。

表8.1中，团队内部咨询网络密度和内部情感网络密度相关系数为0.268，并且在 $p < 0.05$ 的水平上显著。咨询关系和情感关系并非相互排斥，而是倾向于相互重叠（Borgatti & Foster，2003），因为工作情境能够提供自然接近的机会而产生情感联结（Festinger et al.，1950）。这两类联结的内容仍然有区别，并非所有的同事都是朋友，反之亦然。

团队内部情感网络密度与外部情感网络中心性的相关系数为 0.336，并且在 $p < 0.01$ 的水平上显著。说明二者正相关，团队内研发人员感情融洽，彼此和睦，其他团队也愿意与这种团队建立情感联结。另外，团队在外部情感网络中心性越高，说明与之联系的团队越多，从而缓解工作中的压力、焦虑，促进团队内部的情感交流。

团队内部情感网络密度与外部咨询网络的点出中心性相关系数为 0.425，并且在 $p < 0.05$ 的水平上显著。说明情感交流越多，成员之间了解加深，在

工作中遇到难题时，可能为了照顾对方，而多向团队外部咨询。

团队外部情感中心性与外部咨询网络点出中心性相关系数为 0.427，并且在 $p < 0.05$ 的水平上显著。说明团队与外部的情感交流越多，构建起良好的人际关系，越有利于向其他团队征求建议和意见。

团队外部咨询网络点入中心性与产品创新绩效相关系数为 –0.543，并且在 $p < 0.01$ 的水平上显著。说明被咨询的次数多，会影响团队的正常工作，因而降低产品创新绩效。

控制变量团队人数与产品创新绩效相关系数为 –0.348，并且在 $p < 0.05$ 的水平上显著。说明二者是负相关，当团队人数增加时，工作中需要更多的交往互动，这会耗费时间和精力，因而降低产品创新绩效。

在表 8.3 的模型 4 中，加入团队内部情感网络密度之后，回归系数 β 为 0.584，并且在 $p < 0.01$ 的水平上显著，因此该变量与产品创新绩效正相关，并且模型解释能力得到加强（R^2=0.599，ΔR^2=0.241）。

在模型 5 中，团队之间的情感网络中心性放入模型之后，虽然模型解释力增强（R^2=0.605），但其在 $p < 0.05$ 的水平上不显著，因此，说明团队的情感网络中心性对产品创新解释作用不明显，假设 3 没有得到验证。

在模型 6 中，将团队之间的点出中心性和点入中心性放入回归模型后，其回归系数 β 和模型解释力分别为 0.242 和 –0.40（R^2=0.707），说明这两类变量对团队产品创新绩效有显著作用：向其他团队咨询，有利于提高产品创新绩效；被其他团队咨询，会耗费时间、精力，影响正常工作，因而降低产品创新绩效。

表 8.3　对产品创新绩效回归分析结果

变量	模型 1	模型 2	模型 3	模型 4	模型 5	模型 6
①团队人数	–0.348*	–0.318*	–0.150*	0.024	0.024	–0.025
②团队内部咨询网络密度		0.113*	3.338**	2.223**	2.123**	1.475*
③团队内部咨询网络密度的平方			–3.220**	–2.021**	–2.113**	–1.477*
④团队内部情感网络密度				0.584**	0.543**	0.359**
⑤团队外部情感网络中心性					0.082	

（续表）

变量	模型 1	模型 2	模型 3	模型 4	模型 5	模型 6
⑥团队外部咨询网络的点出中心性						0.242*
⑦团队外部咨询网络的点入中心性						−0.40**
R^2	0.121	0.133	0.358	0.599	0.605	0.707
调整后的 R^2	0.101	0.093	0.312	0.560	0.556	0.662
ΔR^2		0.012	0.223	0.241	0.006	0.099
F	6.056*	3.294*	7.802**	15.335**	12.262**	15.716**
Durbin-Watson	2.235	2.416	2.518	2.439	2.431	2.448

表中的数值代表标准化的系数。* 表示在 $p < 0.05$ 的水平上显著，** 表示在 $p < 0.01$ 的水平上显著。

第三节　假设检验结果与讨论

通过多元回归分析对概念模型中提出的研究假设进行检验，对检验结果汇总如表 8.4 所示。

表 8.4　研究假设验证结果汇总

研究假设	假设内容	检验结果
H_1	研发团队内部咨询网络密度与团队产品创新绩效存在着倒"U"型关系	支持
H_2	研发团队内部情感网络密度与团队产品创新绩效存在着正相关关系	支持
H_3	在研发团队之间的情感网络中，团队的情感网络中心性与产品创新绩效呈正相关	不支持
H_4	在研发团队之间的咨询网络中，团队的咨询网络点入中心性与产品创新绩效呈负相关	支持
H_5	在研发团队之间的咨询网络中，团队的咨询网络点出中心	支持

下面对以上检验结果加以讨论。

一、网络密度对产品创新绩效的影响

在团队内部的网络变量中，群体的网络密度值越高，成员的互动程度也越高。科尔曼（Coleman，1990）认为成员彼此互动程度越高，产生的信息与资源交换就会增加，而且当一个团队成员有互动时，就会分享价值观、信念或目标，因此对团体绩效有正向影响。而其他学者则认为团队成员之间关系太"近"会对团队绩效起到负面作用。因为密度较高的网络中，成员需要投入时间、精力维持这些关系，使人无暇顾及团队目标（Shaw，1964）。另外，联结密度较高的团队中，成员之间的观点、意见往往过于一致（Krackhardt，1999），当咨询网络密度过高时，会形成严格的规范，限制成员与外部接触。不同观点的存在对从事创新工作的团队至关重要，因此，咨询网络密度过高会阻碍新信息、知识等资源的获取，从而导致"集体盲思"现象，使产品创新绩效下降。

在情感交流过程中，密度越高，成员之间就越了解，当人们遇到困难、问题时，总是倾向于跟自己关系好的人请教。同时，情感交流越多，人们就容易交流隐性知识，促进了隐性知识的传递，从而有利于团队的产品创新绩效。

还有一些相矛盾的线性关系呈现出倒"U"型。例如，范恩格伦等（Van Engelen et al.，2001）研究创新团队中潜在冲突对绩效的影响，界定了冲突可能发生的 8 个因素，结果发现，基于现有问题，冲突对团队绩效可正可负，但当所有因素都放到模型中时，总体上呈现倒"U"型关系。

二、团队外部网络中心性对产品创新绩效的影响

在团队外部的关系网络中，有学者（Balkundi & Harrison，2006；Hansen，1999；Tsai，2001）指出中心性有利于提高团队绩效，但并没有区别中心性的方向。笔者将团队的咨询网络中心性分为点入中心性和点出中心性，分别进行了实证检验，发现团队的咨询网络点出中心性对于团队产品创新绩效具

有正向作用（$P < 0.05$），这是因为点出中心性高的团队往往本身能够获得独特的知识、信息和资源，进而有利于提高绩效；团队的点入中心性与绩效负相关，即被咨询得越多的团队，因在沟通中耗费其时间、精力，影响其正常工作，从而降低了团队绩效。

同时，团队外部情感网络中心性在整个回归模型中并不显著，这可能是由于团队成员与外部情感交流时，能得到社会支持，但也会浪费工作时间，因此与产品创新绩效之间的关系并不稳定，统计结果不显著。

三、团队内外部活动关系的解释

此次研究中发现，团队内部情感网络密度与外部咨询网络的点出中心性正相关（皮尔逊相关系数达 0.268，并且在 $p < 0.05$ 的水平上显著）。这说明团队内外部活动相互依赖，团队需要将其与外部行动者关系进行整合，使边界活动成为提供团队单位之间紧密耦合的载体（Ancona & Caldwell，1988）。

如果每个团队都需要内外部的活动，那么这两类活动有什么关系呢？切依（Choi，2002）认为这两类活动存在着矛盾，每种活动都在占用团队有限的资源，同时内外部活动可能会彼此得以加强，因此形成一种整合的关系。

（1）内外部活动的竞争关系。假设团队的资源有限（如人、财、物），采取内部或外部的活动可能会减少另外一种活动所需资源。这种竞争关系迫使团队在分配内外部活动所需资源时进行权衡。例如，过于关注内部活动的团队通常难以有效运用外部信息，用这一论点可以解释此类现象（Janis，1972）。波德等（Boyd et al.，1993）同样认为，在高层管理团队中，过于关注内部运营会忽视外部环境的变化。显然，内外部活动会"争夺"团队有限的资源。

布鲁尔（Brewer，1991）将内外部活动视为对立的过程，并提出了对立的过程模型（如图 8.2 所示）。其中，横坐标表示团队策略的连续性，左端表示只注重内部活动，右端表示只注重外部活动。从理论上讲，当团队仅关注外部活动时，造成的极端情况是团队没有任何内部活动，团队解散。相反，如果团队只关注于内部问题，会限制团队外部活动。这两类活动的权衡是团队边界管理的关键所在。桑得斯托姆等（Sundstrom et al.，1990：130）认为："团队边界需要持续进行管理，以确保其既不会变得孤立，也不会失去其身份。"

　　虚线代表团队有效性。在其他情况相同的前提下，团队内外部活动取得平衡时，团队最有效（如图中a点）；仅关注某一项活动，而忽视另一活动时，会降低团队绩效（如图中b点）。后来的学者对这一模型进行延伸，同时考虑了团队的其他权变因素。团队在两类活动中进行权衡，或者将关注点在内部与外部活动之间进行转移，这类团队绩效较高（Ancona & Caldwell，1988；Gersick，1988）。在群体思考时，团队会关注于内部活动，表现出较强的凝聚力，并使自己与外部信息隔绝（Janis，1972）。相反，团队如果过分关注其外部环境，特别是当团队持续审视其环境中的新信息时，会导致其有效性下降（Ancona，1990）。

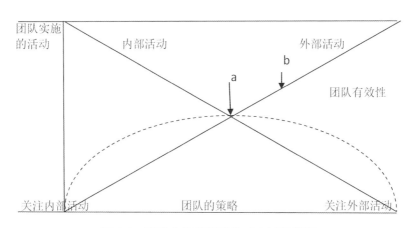

图 8.2　团队内外部活动的对立过程模型

资料来源：Choi，2002

　　（2）内外部活动的整合。虽然团队的内外部活动会竞争有限的团队资源，但它们可通过对团队运营和结果产生影响，进而彼此促进。例如，内部工作比较协调，会排除团队工作障碍（如角色模糊、人际关系冲突），并且能做出高质量的决策、提供额外的资源（如员工的工作时间和精力），这会有利于团队外部活动。埃得莫森（Edmondson，1999）的研究发现，有效的外部活动提高绩效后，会增强团队成员的自豪感和集体效能，从而使成员之间的互动更有利于完成工作。通过相互促进、相辅相成，内部外活动呈现整合、集成的关系。

此外，团队内外部活动以整合的方式相互作用以实现共同目标。例如，从团队形成和维持其身份的基本过程可以看出团队的内外部活动是如何发挥作用的。内部活动通过明确团队边界、提高凝聚力来保证团队的存在（Campion et al.，1996）。因此，当团队过于关注外部活动时，会威胁团队存在，使团队解体（Ancona & Caldwell，1992a）。然而，外部活动也会有利于团队身份的明确。在某种意义上，团队通过构建其工作地点、时间、任务结构、运行规则和目标，使其与周边环境有所区别（Sundstrom et al.，1990）。为构建这种独特性，团队需要与外部进行互动，就像个体通过互动来构建其身份一样（Festinger，1954）。总之，外部活动可以使团队身份得以明确，并通过外部信息使之确认，内部活动会加强已确立团队的身份。

恰当地运用外部活动可以提高组织层次的职能、组织学习和文化。团队创新未必会导致组织的创新（Meyer & Gupta，1994），这一命题反映出组织单元间信息和知识传递的困难。团队能够高效地将信息和知识进行输入和输出，这是组织学习和知识转移的前提条件。

同时，外部活动还有利于构建组织成员的共享价值观。研究组织文化的学者奥莱理和查特曼（O'Reilly & Chatman，1996）认为，通过管理员工的互动，可以构建共享的价值观和认知结构。然而，如果团队形成了一种紧密的社会情境，团队边界是否可以渗透就成为组织价值观是否能在单位之间共享的决定因素。在许多案例中，团队边界将团队成员与外界隔离开，对信息、知识和社会影响进行过滤。因此，如果团队边界使团队不能同外部环境交流，组织文化也会被团队子文化所阻碍。

第四节　对社会网络分析方法的讨论

一、整体网络研究优缺点的讨论

由于本书为整体网络研究，因此有必要对其优缺点进行说明。

如果说个体网络研究得到的结论具有推断意义的话（因为个体网数据往往是根据随机抽样方式得到的），那么就整体网络的研究结论来讲，由于多数整体网络的数据都是采取方便抽样获取的，所以整体网络研究推论能力是有局限性的，其结论只适用于所研究的群体（罗家德，2020）。

整体网络研究的结论通常具有较高的参考价值，但是要注意以下两点：首先，有些研究目的本身在于描述客观现象、揭示整体网络的结构和内在机理，并非是为了"推断"；其次，研究结论推广程度难以进行量化，因为整体网络数据不是利用随机抽样方法得到的。无论如何，由于在一定范围内行动者之间的关系模式一般具有不同程度的共性，遵循一定的模式，因此，我们可以说整体网络研究的结论具有"一定的代表性"，而并非指明在多大程度上具有代表性。

1.整体网络研究的优点

整体网络研究通过计算各种结构特征，可以对整个网络的结构特征有比较全面的了解。例如，可以计算出网络的中心性、密度等。显然，这种研究是个体网络研究所无法实现的。在一个群体中，通过整体网络研究找到非正式组织，对于企业发挥非正式组织的积极作用，降低或控制不利影响，使非正式组织与正式组织目标尽量一致，具有参考价值。

另外，整体网络研究的一个突出优势在于，它允许同时把社会、企业或团队系统视为一个整体和构成整体的各个部分。这种研究可以明确各个部分是如何组成整体，以及整体系统整合的情况，发现整体网络的层次性、连通性和阶层性，可以解释说明联系的紧密性与整体网络成员的行为之间的关系，也可以找到整体中的联合和分解的模式，发现结构对等的行动者等。

2. 整体网络研究的局限性

首先，整体网络研究关注整体，无法研究个体网络的各种特征，而这正好是个体网络研究的优点所在。

其次，整体网络无法回答"行动者需要遵守怎样的行为规范、惯例或规则""人们为什么要建立互惠关系"这些问题。从这个意义上来讲，我们认为个体网络研究和整体网络研究、规范研究和形式研究应该有机结合起来，这样可能更好地描述、解释网络结构以及人际关系和行为。

最后，整体网络研究在方法论上并不总是可行的，在分析上也不总是令人满意。因为进行整体网络研究必须首先确定整体的边界，列举出整体网络中的全体成员名单，调查成员之间的各种关系。不正确的边界会影响分析结果的准确性，整体网络中全部成员之间的所有关系也通常难以调查到。

综上所述，鉴于不同类型的结构对行动者行为会产生重要影响，因此这种整体网络结构研究具有重要价值。同时，在当代社会网络研究领域中，学者们取得重要突破性进展的领域往往是在整体网络研究中出现的，开发出新的研究方向也多是基于整体网络方面的研究。

整体网络研究的进展要比个体网络研究快得多，有关研究已经非常深入，采用的模型也很复杂。整体网络量化研究的学者们通常致力于一种十分具体的网络模型（如块模型、核心—边缘模型），并以该网络模型作为研究领域不断推进下去。从这个意义上说，我们很难对各个网络模型都有非常深入地理解和掌握，因此，该领域的前沿性工作需要我们不断地学习和研究下去（刘军，2009）。

二、网络结构与主观能动性

关系指人与人之间建立和维持的联系，人际关系无处不在，是中国社会存在和发展的动力之一（Luo，1997）。在中国，整个社会是由各种关系构成的网络组成（Bian，1997），运用社会网络分析法，能够深入探讨关系及其结构。肖鸿（1999）将社会网络分析法的优点概括为在社会关系层次上把微观和宏观的社会结构联系起来，创造一系列测量手段、资料收集和分析技术，摆脱了范畴和属性分析中的困境等；缺陷是有些学者过于注重网络的形式，不再分析关系的性质，热衷于发展精巧的数学技术、数理模型和图表符号描述假设成分越来越多的网络结构等。刘军（2006）认为，还没有哪种社会科学研究范式可以像社会网络范式那样，能够在各个层次上给出人际关系结构的精致分析。在当代社会网络研究的大多数文献中，关注重点只是社会关系的形式和结构，而对关系得以发生的具体背景分析不够，这是网络研究受到批判之处，即社会网络研究脱离了关系得以发生的背景和过程。

社会结构通过人际关系体现出来，也与行动者的文化背景和属性特征有关，因而，行动者的行动、社会网络结构和文化背景相互作用、相辅相成。只有站在历史的视角，把社会结构与文化背景结合起来进行分析，才能充分解释网络的形成、演变和转型。艾莫白和古德温（Emirbayer & Goodwein，1994）等学者一方面高度评价网络方法使用了比较复杂的分析方法，另一方面又指出网络形成和演变缺乏解释模型。网络分析学者们声称，运用社会网络分析既能研究行动者与网络结构之间的微观—宏观连接情况，又可以分析某一层次的网络如何嵌入到其他层次网络之中，并产生影响。但是网络研究多数是研究静态的网络结构，忽视行动者的能动性，即网络研究人员置行动者个体属性特征（如学历、职称、职位、性别）于不顾，并假设行动者的绩效结果由所嵌入的关系网络所决定，在这种假设前提下，导致网络研究人员只注重关系结构的描述和分析，将社会网络视为一种静态模式，具有像客观世界一样的内在特性。但是在组织理论领域，有些学者强调，社会网络研究人员从仅"关注结构洞如何给个人带来优势"的研究中走出来，转而研究结构洞是如何出现又如何消失的（Salancik，1995：349）。这就是社会网络研究的重要方向，即社会网络结构如何随着时间推进而发生变化。需要将行动者属性特征及其在组织情景中产生的动机、认知和行为等方面综合分析，才能取得新的成果。

社会网络领域学者们努力将网络中无数节点所产生的大数据（Lee et al.，2010）与行动者有目的行为和逐利行为相结合（Tasselli & Kilduff，2021）。运用大数据方法，学者们可以检验大型网络演变过程中出现哪些特征，同时按照这一思路，学者们还可以检验层级网络的共同特征，如生物网络、文献共同引用网络、万维网（Dorogovtsev & Mendes，2003）。研究网络结构的关键问题在于：一是网络结构特征如何明确节点在网络中位置的变化，这些节点通常数量巨大且相互联结；二是社会网络能否代表小世界（Uzzi & Spiro，2005）。

个体主观能动性（Agency）[①]的研究，以博特（Burt，1992）的结构洞理论为代表，博特将"个体能动性"描述为：当网络结构中出现间隔或者隔阂时，经纪人通过建立社会关系来填补了网络结构中的间隔，并从中获益。个体之间进行竞争时，个体能动性始终存在：当行动者之间在需求和利益方面存在分歧和矛盾时，经纪人进行协商、平衡分歧和矛盾，并从中获益。与上述情况不同，当两个行动者之间出现隔阂时，经纪人还可以加入一方，并帮助两个行动者建立合作关系（Obstfeld，2005）。经纪人研究的重点转变为如何使行动者建立合作关系，而不是像以前研究那样，仅仅强调第三方的结构优势。

社会网络中大数据与个体主观能动性的方法各有所长，两者相辅相成。大数据方法强调关注社会网络的基础结构，进而掌握大型网络的整体特征。个体能动性的研究将社会网络结构视为个体行动者通过建立、弥补和中断人际关系来获得利益的机会（Burt，Kilduff & Tasselli，2013）。

因此，网络结构与主观能动性是分析社会网络的两种方式。在分析网络结构时，关注的是不同层次关系的整体模式。以个体自我中心网络为例，这类研究关注的是自我中心节点以外的节点连接情况，即其他节点是否相互连接（Oh & Kilduff，2008）。整体网络层次研究的是网络是否存在核心—边缘结构（Cattani & Ferriani，2008），或者网络是否为小世界网络（Kilduff et al.，

[①]　在英文中 agency，国内学者翻译为智能体，笔者译为个体主观能动性、自主意识。

2008）。

网络结构分析法忽视了行动者的主观能动性，即行动者能否和如何根据自身利益，有意识地建立、重构和转变社会关系结构（Emirbayer & Mische，1998）。因此，社会网络分析逐渐产生一些变化，有的学者开始从个体主观能动性视角开展研究，即：将社会网络看作行动者根据团队或自身的利益或目标，有意识地建立社会关系并期望获得回报，这与市场中投资行为相类似（Lin，2001）。

个体主观能动性与网络结构分析法的对立意味着一种二元主义，即个体视角代表个体内在动机"推动"个体建立社会关系，网络结构视角代表个体所处网络结构存在的机会"拉动"个体建立社会关系。泰斯莉等（Tasselli et al.，2015）学者在研究中构建了个体的社会行为模型，融合了行动者的动机和能力因素，以及网络结构中产生的约束与机会因素，但无法将上述因素融合到一项研究之中。

三、动态网络

陈等（Chen et al.，2020）对社会网络文献进行梳理，发现2000年左右20年中发表的文章中，只有11%的文献是研究动态网络的。学者们认为应该开展更多的动态网络研究，理由是动态变化是网络研究的内在特征。社会网络是一个复杂的自适应系统，由目前的关系结构和期望的关系模式所组成（Kilduff & Oh，2006）。但是许多关系，如友谊或情感关系有时会表现出稳定性。在一些学者研究中，发现"选取民族群体的关系网络为样本，研究过程中群体招聘了新成员，从而使群体多样性增加；群体形成不同的层级和团队，最终群体关系没有发生明显变化"（Mollica，Gray & Trevino，2003：123）。

在早期著作中，巴纳德（Barnard，1971）认为，人们处于社会环境中，会发生相互吸引和排斥的现象，类似于"磁场的正、负两极"。这种相互排斥和吸引的思想，以及同质性和相似性的思想，在大多数动态网络领域文献中一脉相承。纽科姆（Newcomb，1961）通过观察法，以 17 名从其他高等院校转学到密歇根大学的学生为样本，研究从陌生人到熟人，包括相互认识、建立并稳定人际关系的过程，最终发现陌生人之间的互惠关系可以维持大约 3 周。穆迪等（Moody et al.，2005：1229）学者开展的类似研究中，提出了不同的观点，即：经过 15 周的观察，发现互惠关系经常出现变化，有些人建立的朋友关系并不稳定。

另一项著名研究是由扎卡利（Zachary，1977）开展的，他将民族学调查与网络方法相结合，研究空手道俱乐部在拆分成两家不同的俱乐部时，俱乐部网络结构拆分前后发生变化的过程。由于这家俱乐部的董事长和教官在课程价格和教学内容之间存在分歧，故围绕董事长和教官形成两个小群体，各群体内部都有较高凝聚力。又过了一段时间，董事长和教官的分歧又使俱乐部分拆成两家完全不同的俱乐部。扎卡利运用块矩阵和社会计量学分析发现，网络目标冲突促使俱乐部形成两个子群，而两个子群又有各自明确的目标。

萨索夫等（Sasovova et al.，2010）研究突发事件[①] 对行动者重新建立人际关系所产生的影响。外部的突发事件包括技术变革、产业变化等（Meyer，1982），内部突发事件包括企业内部管理模式的改变所引起的潜在影响。突发事件会使行动者感到不稳定和不安全，为了尽量降低不稳定性，个体或群体会改变沟通模式（Barley，1990）。

在网络动力学领域，学者们关注网络"动态与静态模式"所反映的深层理论问题研究，其中以经纪动态学的因果关系为代表（Burt & Merluzzi，2016）。博特（Burt，2002）对一个大型组织中银行家社会网络开展一项历时 4 年的研究，发现"桥"关系与其他类型关系相比，在一段时间内会迅速减少，尤其是一年之内"桥"关系十有八九会消失。对这一结果进行更为细致地研究，发现"桥"关系的消失与行动者对结构洞管理能力有关：银行家网络中"桥"关系减少缓慢的行动者通常在"桥"关系方面有相关经验，意味

---

① 原文使用单词 shock，本意为"休克、震动"，笔者认为翻译成"突发事件"比较贴切。

着这类行动者的经验对"桥"关系产生重要作用。

个体的内在特质，如性格等会对人际关系结构的动态变化产生影响。例如，"个体在居住或工作的场所建立人际关系"（Sasovova et al.，2010：639）。个体建立的关系结构会在一定时间内比较稳定，即使人们之间的联系是个体因偶然事件或外部事件建立的（Moody et al.，2005）。

总而言之，动态与静态是社会网络二元特征，这是"有限理性的行动者根据机会和约束因素的变化，进行建立和重建社会结构"（Kilduff & Oh，2006：1038）。网络中不同程度的变化（或稳定性）会给个体带来有利还是不利的影响，这方面缺乏实证研究。博特认为，网络变化可能会给网络带来新机会，但缺少建立和中止人际关系的合理规则，网络变化同样会妨碍个人职业发展。

四、个体属性与网络

在奇达夫和蔡文彬（2007）的著作中，对结构分析与个体属性分析法的差异进行了对比。一方面，从个体属性出发建立社会网络，这种看似理所当然的观点，却遭到网络学者的批判。因为网络学者在涂尔干社会学理论基础上，坚持结构主义立场并否认个体在群体结构的建立和维系过程中的主观能动性。另一方面，心理学方法在研究个体构建与其他人不同的社会网络，或者为什么有些人能够比其他人更有效、更充分地利用网络资源方面是有价值的，心理学家却倾向于忽视网络结构的影响。可以看出，从事社会网络研究而忽视个体属性的学者和从事个性属性研究而忽视网络结构的学者之间存在一个结构洞。作为企业管理领域学者，需要在结构洞中建立"桥"关系，将两种方法有机结合起来，取长补短，相辅相成，相得益彰。

关于个体的属性特征如何影响组织内关系网络形成，重点在于：个体构建关系网络并担任特定的角色时，某种个体属性（如自我监控或自制力）是如何发挥作用的？这类研究就是在个体属性与网络结构方法论之间建立"桥"关系。自我监控力的研究以高夫曼（Goffman，1959）为代表，他指出，如果个体能够根据社会环境的需要和期望不断调整态度和行为，就能够获得更多的优势，如获得社会认同、信任以及人缘好。在自我监控力研究基础上，学者们又进一步研究以下问题：不同的个体在同样社会环境中为什么会有不同表现？前期研究将自我监控者为分高、低两种：高自我监控者能自我调整，使自己更好地符合其他人对角色的期望；低自我监控者则不考虑社会期望，只做自己该做的事情（Snyder，1974）。

自我监控力是关于人的行为决定因素的问题，即人的行为是由属性特征决定，还是社会环境影响的结果？低自我监控者会从自己的态度、观念和感觉出发，开展行动，并且具有稳定性；高自我监控者则能够根据社会环境的要求、其他人的期望来调整自己的行为，更善于奉迎和变通。已经有许多研究显示，自我监控取向是贯穿个体一生的稳定个性特征（Jenkins，1993）。在一项历时 5 年的研究中，发现自我监控力对企业管理人员职位晋升有显著影响（Kilduff & Day，1994）。

个体的自我监控力对建立社会关系的影响，以及个体属性特征与网络结构如何共同作用，影响组织绩效或其他重要结果，莫拉等（Mehra et al.，2001）提出三种模型（如图 8.3 所示）。第一个模型表明，与低自我监控者相比，高自我监控者更倾向于处于组织网络的中心位置，当资源通过中心位置时，高自我监控者就可以获益。这一模型的研究基础是：高自我监控者善于与不同社会群体交往，如打高尔夫球、旅游、聚餐，并倾向于担任不同角色；而低自我监控者通常与类似的人交往，并参加不同的活动（Snyder et al.，1983）。

第二个模型表明，处于网络中心位置的个体，高自我监控者比低自我监控者更善于利用通过位置相关资源和机会，能够获得组织成员相关信息（Berscheid et al.，1976）。高自我监控者能够更准确把握其他人的意图、需求和思想（Jones & Baumeister，1976），在辨别重要人物时更准确（Hosch et al.，1984）。当重要的或有价值的信息提供给社会网络中占据"桥"关系的个体时，高自我监控者比低自我监控者能够更快、更准确地辨别这类信息。

第三个模型表明，即使不考虑社会网络中的位置，高自我监控者也比低自我监控者在组织中有更好的绩效。高自我监控者更善于交流和人际交往，然后以合作和协商方式解决组织中的冲突和矛盾（Podolny & Baron，1997），并且更有机会成为组织、部门或团队的领导者（Zaccaro et al.，1991）。

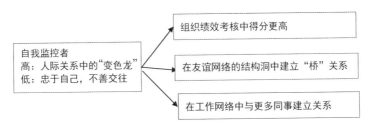

图 8.3　高自我监控者在组织网络中的优势

资料来源：奇达夫和蔡文彬，2006

　　在第二个模型中，随着组织成员交流互动时间越来越多，高自我监控者能够与更多同事交流互动，建立更广泛关系网络，且更善于发现情感网络中的结构洞并建立"桥"关系；而低自我监控者则更乐于停留在凝聚力较强的情感网络之中。但是高自我监控者在社会网络中发挥的这两项作用，会对工作绩效产生相互抵消的作用，即：高自我监控者在情感网络中处于中心位置，这有利于提高工作绩效；同时参与多个不同的工作团队，又会对工作绩效产生负面作用。因此，高自我监控者往往比低自我监控者获得比较高的绩效评分，但这不是因为他们处于网络中心位置的原因。总之，个体在社会网络中处于中心位置和自我监控力，对于个体的工作绩效会产生相互独立的影响。

　　目前研究已经说明了有些个体为什么总能把潜在的社会关系转变为现实的关系。当人们共同参加某个社团、俱乐部时，就都存在潜在联系的可能性，那些善于将潜在联系转变为现实联系的人，就是高自我监控者。

　　笔者认为高自我监控者就是喜欢和人打交道，亲和力强的个体。在企业的人际关系中，需要合理平衡领导、同事之间的关系，这是难点也是重点。很多高自我监控者非常清楚企业领导职位、权力，在与领导交流互动时，善于迎合领导意图和需求，还会获得更多的信息，然后投机取巧，博得领导的信任，影响甚至操纵领导管理权、指挥权。如寻求更多帮助、减少工作量、更多在领导面前表现的机会、考核时得到更高评价等。潜在问题是：过度关注与领导的交流互动，甚至阿谀奉承，对工作能力、知识积累不够重视，一旦需要自身独立完成的工作，就表现为不胜任；对领导的态度、对同事的态度，存在欺上瞒下和挑拨离间行为。这种情况会随着时间推移而逐渐被同事们意识到，并且会渐渐被同事们所疏远，如果长期保持这种社会网络，会导致人才流失，即所谓出现"劣币驱逐良币"或者"逆淘汰"现象。在未来研究中，需要关注的是：

（1）高自我监控者由于参与过多的人际交流，建立各种人际关系，但用于自身工作的时间、精力明显不够，导致工作能力、绩效下降。所谓绩效评分高，是与领导建立良好人际关系，领导在分配工作时，把简单、易出成绩的工作分配给高自我监控者，把繁重、困难的工作分配给低自我监控者。

（2）高自我监控者建立人际关系时，还需要区分是领导还是同事。也就是说，个体在组织中的层级会导致个体建立不同的关系。

（3）在企业中同事之间情感关系会比较复杂，笔者认为情感关系嵌入在正式层级关系或工作关系之中。当个人利益（如晋升、涨工资、奖金分配）与其他同事不一致时，情感关系会发生变化，甚至会发生反目成仇、翻脸不认人的现象。而当经济关系与情感关系一致时，又可能加深情感关系。

将个体属性特征与动态网络研究结合起来，通常关注引起网络变化的因素有哪些，是个体的行为、结构嵌入性，还是个体属性特征、行为和网络互动的性质共同共用导致的（Tasselli et al.，2015）？目前，关于个体属性特征与网络结构的动态模式的关系方面缺少实证研究。在网络研究中将个体属性变量作为微观基础，即网络变化的自变量（Sasovova et al.，2010），未来研究中需要调查个体在网络中改变位置后，引起自身属性的变化。已有研究显示，个体建立某些关系，如情感和亲近感，会影响个性的发展（Mund & Neyer，2014）。在过去的研究中，学者们发现个体自我监控的因素会影响网络中占据的有利位置（Sasovova et al.，2010），这就挑战了网络结构主导的研究结论。现在的挑战是个体属性的变化在多大程度上影响性格变化，也即回应了社会网络中机会和约束因素的影响。

本章小结

　　本章在前面章节关于概念模型构建、变量测量以及社会网络分析的基础之上，首先对相关数据进行了描述性统计，并在不存在多重共线性、异方差和序列相关三大基本问题的条件下，对概念模型进行了多元回归分析，发现假设 3 没有得到支持，其余假设均得到实证支持。最后对假设检验结果进行了讨论。

第九章　研究结论与展望

根据研究背景与动机分析，本书运用社会网络理论与团队理论研究团队内外部的网络变量对产品创新绩效的影响。审视团队内外部的非正式网络，并且寻找其变化规律，将有助于提升产品创新绩效。

一、主要结论

随着经济一体化的加剧，企业之间的竞争越来越激烈。而竞争的焦点在于创新，现在越来越多的企业运用团队的形式进行创新，其特点是灵活、迅速、反应敏捷，适应多变的市场需求。本书以企业研发部门的研发团队为研究对象，在提出和验证研发人员非正式网络的基础之上，全面并系统地研究了研发人员非正式网络对团队产品创新绩效的影响。通过理论演绎、模型构建、案例研究、社会网络分析、多元回归等一系列研究程序与方法，综合运用 SPSS 13.0、UCINET 6.0 等分析软件，明确了非正式网络对产品创新绩效的作用机理，得出如下结论。

（1）研发团队内部的咨询网络密度与团队产品创新绩效呈倒"U"型关系。这说明在团队内部，咨询方面的沟通交流应该保持一个适度的水平，太频繁和太少的沟通都不利于团队的产品创新绩效。

（2）研发团队内部的情感网络密度（介于 0.3—0.667 之间时）与产品创

新绩效呈正相关。这说明研发人员之间适当增进情感交流，有助于提高产品创新绩效。

（3）在研发团队外部咨询网络的中心性研究中，发现团队的点入中心性与团队产品创新绩效呈负相关，点出中心性与产品创新绩效呈正相关。这说明团队向外部的团队请求帮助、建议，使团队能够获得较多的信息、知识等资源，进而促进产品创新绩效。点入中心性高的团队往往疲于应付其他团队的询问、请求，因而降低了该团队的产品创新绩效。

（4）对于情感网络和咨询网络的相关性进行实证检验，发现二者存在显著正相关（在 $p < 0.01$ 的水平上），相关系数为 0.261。

二、理论贡献

本书以面向中国企业的问卷调查所获数据为基础，从网络视角进行了较为系统的定性和定量研究，明确了研发团队的非正式网络对产品创新所起的作用，对于企业优化人际关系网络、促进非正式网络对产品创新的作用提供了理论依据，具有一定理论价值和借鉴意义。

（1）虽然产品创新方面的研究成果较多，但本书基于社会网络理论，以非正式网络结构特征作为产品创新绩效差异的解释变量，这在研究视角上具有独特性。

（2）以往关于网络中心性探讨中，并没有对关系的方向加以区分。本书在研究团队间咨询关系时，对咨询关系的方向加以区分，分成点入中心性和点出中心性进行研究，弥补了以往研究的不足。

（3）以往研究团队内部网络密度与产品创新绩效之间关系时，结果并不一致。本书通过实证检验，发现咨询网络密度与产品创新绩效呈倒"U"型关系，而情感网络密度介于 0.3—0.667 时，与产品创新绩效正相关。

（4）以往研究只是定性讨论咨询和情感关系并非互斥，而是倾向于相互重叠（Borgatti & Foster，2003）。因为工作情境能够提供自然接近的机会，从而产生情感联结（Festinger et al.，1950），故一种联结有可能导致另一种联结（Krackhardt & Stern，1988）。本书通过 QAP 分析，验证了该理论假设的正确性。

三、实践启示

根据本书的研究结论，笔者提出如下几条建议，希望对企业界有所启示。

（1）在企业人力资源管理方面，应将人际关系技能作为选拔、聘用和考核的指标之一。

除了使用对外采取并购、合资、战略联盟等手段提高竞争优势外，企业内部社会网络优化亦是必须努力的方向。当员工在组织中有良好的人际关系时，能使个体不计较得失、不计回报地与其他同事分享信息和知识，并主动协助他人。因此，除了促进组织成员之间的沟通、合作、协调之外，企业还可以通过人力资源管理来促进员工之间的互动关系。在招聘方面，不应该只强调专业能力及经验，还要考虑新进人员的人际交往技巧，评估其个性是否喜欢与人接触、能与人和谐相处、愿意为了群体而调整自己的态度及行为。例如，企业可以采用关键事件法的心理测试技术来寻求求职者具有协作精神的证据；此外，某些组织要求求职者在应聘过程中，模拟一系列有待解决的问题，根据其表现来判断求职者协作精神。因此，新进人员必须能适应企业的环境，且具备团队精神，而不是强调"单兵作战"。在人员配置方面，应将具有相似特质的人员配置在同一部门或团队中，以降低沟通及管理成本，且有助于合作与协调。

业绩考核也是组织中人力资源管理重要的一部分，它可以促进人际网络中关键环节上的人际协作。有的企业采用项目对员工的行为绩效评审的方法，评估员工在具体项目中所表现出的协作行为；有的企业则采用年度评审方法，要求员工证明他们有过支持跨部门协作的行为；还有的企业采取 360 度全方位考核法，要求其他部门的人指出是否曾经得到过某人的帮助。无论采取哪一种方式，都必须认真地进行，并且评审者在被考核人员眼中是可信的，这种方法才有效。理想的情况是，评估者对评估对象有直接的接触了解，而不是像一位管理者，仅仅在项目中与被考核人有过部分的接触。

（2）企业应采取多种措施改善员工间人际关系。

企业为降低人力资源的成本，常会将三个人的工作给予一个人完成，这种现象从长远角度看，将导致人才流失率高、经验无法积累和员工工作压力过大。建议企业管理层采取多种形式促进员工间关系，如非正式的午餐聚会、运动会、旅游、爬山等，不仅可提高员工工作满意度、增进员工感情，还可以促进知识和信息的传递。

（3）通过网络分析识别网络中关键位置的节点，并采取相应管理措施。

企业需要辨别出在网络中处于核心位置的节点，并做深入的了解——为什么某些点会处于核心，以及这些点对整个网络产生哪些影响。在本案例中，发现8号团队在团队间网络中起到核心作用（点入中心性为17.778），帮助其他团队解决问题，提供支援，担当了"无名英雄"的角色。这一类"隐形的工作"每天都要消耗大量的时间，对于人际网络来说却是非常重要的，但是身为高层管理人员对此可能一无所知。因此，这些人员通常是人际网络分析急于要发现的，而其他的人往往也是第一次意识到并了解这些人的工作及其价值。对这种类型的网络核心，管理人员首先需要做的事情是对他们的工作给予表扬、鼓励，甚至可能对他们的贡献给予物质奖励。企业在人力资源管理方面，要设立表扬、奖励此类行为的制度，促进员工之间、团队之间、部门之间的人际协作行为。这种做法可能还是进行合作行为规范的第一步。

利用人际网络分析所提供的信息，管理者可以在人际网络中的不同部分进行人员搭配，形成新的团队。这种做法使得不同小组的成员更加紧密配合，降低关系壁垒；还可以使主管人员既打破网络核心所形成的关系壁垒，同时又让其在无形的网络中继续发挥关键的作用。

（4）根据网络分析结果，合理配置企业的资源。

在企业实践中应合理分配团队的资源，避免出现咨询网络中心性过高的团队，因为这会掠夺其他团队的资源，导致企业整体的绩效下降。在团队内部，研发人员之间要注意彼此沟通感情、增进了解，以推动团队的产品创新。

四、研究局限

（1）本书以团队为分析单位，在数据收集上难度较大。且仅收集了一个企业的数据，实证检验结果的外部效度受限制。

（2）研发人员在填问卷时，由于需要注明姓名或职工编号，许多人担心如实填写问卷对自己不利，心存顾虑，这可能会影响到问卷填写的效果。针对网络分析普遍存在的局限，通过亲朋好友大力协助，在资料收集过程中，首先要说明来意，寻求对学术研究的支持，同时进行公司访谈，然后进行问卷调查，并进一步收集所需的资料。研究过程中尽量不让对方有被强迫的感觉，以免其拒绝填答或敷衍了事。

（3）社会网络分析方法可以捕捉到工作开展与人际协作的细节，而这一点正是其他诊断分析方法所无法提供的，但是，社会网络分析能够提供给我们的也仅此而已。此外，社会网络存在大量的细节和信息，而实施网络分析的研究人员有责任确保有关的信息使用是在伦理道德的范围内进行的，尤其是在人们对某些人、某些部门的看法不太有利的情况下。因此，分析人员不仅应该在有关人际网络信息采集与分析方面要具有一定的技巧，同时，应当提交建设性的分析结果，帮助开展对话交流，以改善网络结构。

（4）社会网络分析可能构成对被测员工的伤害。社会网络分析人员总是会在工作开展的某个阶段，遇到人们提出同样的要求，即利用社会网络分析指出哪些人是管理者需要保留的，尤其是在出现企业兼并或者出台其他重大的机构改组措施的时候。社会网络分析人员要尽可能在最大程度上确保按照符合伦理道德的规范，并且富有成效地使用社会网络分析的结果。

五、研究展望

（1）在中心性的研究中，现有理论都提出了个体处于网络中心位置可以获得大量的信息、知识等资源。但值得进一步探讨的是，如何提高个体处理信息和知识等资源的能力，以提高团队绩效。

（2）点入中心性高的个体对其他个体和企业做了哪些贡献，这类个体的行为与组织公民行为有什么区别，以及企业如何奖励这类个体，还需要做进一步研究。

（3）在网络研究中常常会发现一些孤立者，即与其他节点没有任何联结的节点。在本研究，咨询网络孤立点的存在主要是由于团队所承担的任务比较简单，或者是研发人员素质较强，经验丰富，不需要向其他团队咨询。如何发挥孤立点的作用，使之有利于企业整体绩效的提升，这也是未来研究需要关注的问题。

（4）本书与其他许多研究一样，持静态网络视角。但在现实社会中，网络经常会发生变化，因为人与人之间的关系并非一成不变，好友也可能反目成仇。有的专家已经开始致力于解决该问题，运用模仿分析的方法研究网络动态特征（Carley，2003），以及采用蒙特卡罗最大似然估计之类的统计方法检验时间序列数据（Huisman & Snijders，2003）。虽然这些新方法并没有产生普遍的影响，但经过转换后，有可能会被广泛运用。同时，一些原本孤立的节点，当认知到自己所处不利位置后，会努力同其他节点建立联结，这使得网络结构随之改变。因此，网络的动态变化是未来研究的另一课题。

（5）关系概念的研究。关系一词在英文中有许多单词进行表示，如tie、relationship、connect，甚至将汉语拼音"guanxi"作为专业术语进行研究。那么，这些单词所表达的概念内涵是否一致？有什么区别？这些单词与中文语境的关系有没有区别？这也是值得进一步研究的课题。

还有一种"过去的关系"值得重视。有些学者在研究一定时期内网络结构变化时，发现不仅是目前的关系有利于行动者的工作或生活。过去的关系（行动者在过去建立或现在需要重建的关系），现在没有联系——对于行动者而言，是重要且能获得的帮助（Levin，Walter & Murnighan，2011：923）。鉴于此，我们设想研究行动者与过去的关系进行交流互动会产生哪些影响？行动者现在建立和改变关系，但是其行为是嵌入在过去的网络之中，也可称为"幽灵关系"（Kilduff et al.，2006）。在网络记忆方面的研究关注结构洞和联结关系对绩效的影响（Sod，Usai & Zaheer，2004），未来可研究从过去的网络模式发展到现在的网络模式中潜在的影响因素，以及如何影响网络模式。

（6）既有积极的人际关系，也有消极的人际关系。积极的人际关系，如情感、友谊、咨询或知识交流；消极的人际关系，如工作中喜欢独来独往、没有合作意识。在积极的人际关系方面，学者们已经取得丰硕成果，如科尔曼（Coleman，1988）说，朋友或熟人关系有利于人们找到工作（Granovetter，1973）或有利于团队提高绩效（Clark et al., 2022）。在企业中员工与高层管理者建立关系可以获得职位晋升，但是对于在咨询网络中处于边缘位置的领导者，当员工与这类领导建立关系时，会降低该员工的影响力（Sparrowe & Liden，2005）。在消极的人际关系方面，由于企业员工普遍不愿意承认和哪些员工存在消极的人际关系，而且消极人际关系中，员工之间一般存在矛盾、冲突，在企业中开展实际调研的难度较大，但这也是未来研究值得关注领域之一。

参考文献

中文部分

［1］巴比，A.《社会研究方法》. 邱泽奇等译，北京：华夏出版社，2000.

［2］贝塔朗菲，L.Von.《生命问题：现代生物学思想评价》. 吴晓江译，北京：商务印书馆，1999.

［3］边燕杰，丘海雄.《企业的社会资本及其功效》.《中国社会科学》，2000（2）：87-99.

［4］边燕杰.《城市居民社会资本的来源及作用：网络观点与调查发现》.《中国社会科学》，2004（3）：136-146.

［5］布劳，P. M.，斯格特，W. R.《正规组织：一种比较方法》. 夏明忠译，北京：东方出版社，2006.

［6］陈明惠，张元杰，陈咨明等.《网络形态与研发专案团队绩效：以专案开发阶段的观点》.《台湾管理学刊》，2007，7（1）：1-24.

［7］陈荣德.《组织内部社会网络的形成与影响：社会资本观点》. 台湾中山大学博士论文，2004.

［8］陈向明.《质的研究方法与社会科学研究》，北京：教育科学出版社，2000.

［9］池仁勇.《区域中小企业创新网络形成、结构属性与功能提升：浙江省实证考

察》.《管理世界》, 2005（10）：102–112.

　　［10］池仁勇.《区域中小企业创新网络的结点联结及其效率评价研究》.《管理世界》, 2007（1）：105–112.

　　［11］德鲁克, F. D.《巨变时代的管理》. 周文祥, 慕心译, 太原：山西经济出版社, 1998.

　　［12］德鲁克, F. D.《创新与企业家精神》. 彭志华译, 海口：海南出版社, 2000.

　　［13］范黎波, 张中元.《基于网络的企业学习与治理机制》.《中国工业经济》, 2006（10）：106–112.

　　［14］弗里曼, L. C.《社会网络分析发展史：一项科学社会学的研究》. 张文宏, 刘军, 王卫东译, 北京：中国人民大学出版社, 2008.

　　［15］福斯伯格, K., 穆兹, H., 科特曼, H.《可视化项目管理：获取商务与技术成功的实用模型（第2版）》. 刘景梅, 许江林, 于军译, 北京：电子工业出版社, 2002.

　　［16］海斯, H.《成功的团队管理》. 杨蓓译, 北京：清华大学出版社, 2002.

　　［17］何晓群, 刘文卿.《应用回归分析》. 北京：中国人民大学出版社, 2001.

　　［18］黄鸿钧, 施信佑.《研发团队运作之网络性探索》. 第十届科技事例管理研讨会论文, 2006年5月27日.

　　［19］吉登斯, A.《社会的构成：结构化理论大纲》. 李康, 李猛译, 北京：生活·读书·新知三联书店, 1998.

　　［20］克罗斯, R., 帕克, A.《人际网络的潜在力量：工作在组织中究竟是怎样完成的》（第1版）. 刘尔铎, 杨小庄译, 北京：商务印书馆, 2007.

　　［21］拉姆斯登, G., 拉姆斯登, D.《群体与团队沟通》. 冯云霞等译, 北京：机械工业出版社, 2001.

　　［22］黎琦, 黎志成.《研发团队绩效的模糊评价系统研究》.《武汉理工大学学报（信息与管理工程版）》, 2004（5）：189–192.

　　［23］黎志成, 黎琦, 胡斌.《研发团队绩效转换过程的定性模拟研究》.《中国管理科学》, 2004（2）：128–132.

　　［24］李正卫.《动态环境条件下的组织学习与企业绩效》. 浙江大学博士论文, 2003.

　　［25］刘军.《社会网络分析导论》. 北京：社会科学文献出版社, 2004.

　　［26］刘军.《社会网络模型研究论析》.《社会学研究》, 2004（1）：1–12.

　　［27］刘军.《法村社会支持网络——一个整体研究的视角》. 北京：社会科学文献出版社, 2006.

［28］刘军.《整体网分析讲义：UCINET 软件实用指南》. 上海：格致出版社、上海人民出版社，2009.

［29］刘楼，涂成林.《正式组织结构、非正式网络结构与中心性优势》.《科技管理研究》，2006（7）：227-230.

［30］卢向南，黄存权.《有效识别项目团队绩效影响因素》.《技术经济与管理研究》，2004（5）：82-83.

［31］鲁宾费尔德，D. L.，平狄克，R. S.《计量经济模型与经济预测》. 钱小军译，北京：机械工业出版社，1999.

［32］罗宾斯，S. P.，贾奇，T. A.《组织行为学》（第 1 版）. 孙健敏译，北京：中国人民大学出版社，1997.

［33］罗家德.《企业关系管理：NQ 关系管理智慧》. 叶勇助整理，台北：联经出版事业股份有限公司. 2003.

［34］罗家德.《复杂：信息时代的连接、机会与布局》，北京：中信出版集团，2017.

［35］罗家德.《社会网分析讲义》（第三版），北京：社会科学文献出版社，2020.

［36］罗家德，王竞，张佳音，等.《社会网研究的架构——以组织理论与管理研究为例》.《社会》，2008（6）：15-38.

［37］罗家德，叶冠伶，辉伟升.《从社会网络的观点看组织的知识管理——以组织团队的角度分析》，实践大学资讯管理学系编.《2003 电子商务与数位生活研讨会论文集》，2003.

［38］罗家德，张绅震.《社会资本与关系网络——资讯化组织与科层组织之比较》，新竹清华大学社会学研究所编.《网路与社会研讨会论文集》，2002.

［39］罗家德，朱庆忠.《人际网络结构因素对工作满足之影响》.《中山管理评论》，2004，12（4）：795-823.

［40］马奇，J. G.，西蒙，H. A.《组织》，邵冲译，北京：机械工业出版社，2008.

［41］马庆国.《管理统计：数据获取、统计原理、SPSS 工具与应用研究》. 北京：科学出版社，2002.

［42］麦卡锡，J.《微软团队成功秘诀》. 苏斐然译，北京：机械工业出版社，2000.

［43］彭文兵.《经济社会学理论方法与运用——社会关系网络和社会资本视角下的企业研究》. 上海财经大学博士论文，2001.

［44］奇达夫，M.，蔡文彬.《社会网络与组织》. 王凤彬，朱超威等译，北京：中国人民大学出版社，2007.

［45］圣吉，P. M.《第五项修炼：学习型组织的艺术与实务》. 郭进隆译，上海：上海三联书店，1995.

［46］疏礼兵.《团队内部知识转移的过程机制与影响因素研究——以企业研发团队为例》. 浙江大学博士学位论文，2006.

［47］斯格特，W. R.《组织理论：理性、自然和开放系统》. 黄洋等译，北京：华夏出版社，2001.

［48］斯格特，J.《社会网络分析法》(第1版). 刘军译，重庆：重庆大学出版社，2007.

［49］王凤彬，刘松博.《企业社会资本生成问题的跨层次分析》.《浙江社会科学》，2007（4）：87–98.

［50］王卫东.《中国城市居民的社会网络资本与个人资本》.《社会学研究》，2006（3）：15i–166.

［51］王重鸣.《管理心理学》. 北京：人民教育出版社，2000.

［52］韦伯，M.《经济与社会》，林荣远译，北京：商务印书馆，1997.

［53］沃瑟曼，S.，凯瑟琳，F.《社会网络分析：方法与应用》. 陈禹，孙彩虹译，北京：中国人民大学出版社，2012.

［54］肖鸿.《试析当代社会网研究的若干进展》.《社会学研究》，1999（3）：3–13.

［55］熊彼特，J.《经济发展理论：对于利润、资本、信贷、利息和经济周期的考察》. 何畏等译，北京：商务印书馆，1990.

［56］徐芳.《团队绩效测评技术与实践》，北京：中国人民大学出版社，2003.

［57］薛靖，任子平.《从社会网络角度探讨个人外部关系资源与创新行为关系的实证研究》.《管理世界》，2006（5）：150–151.

［58］杨帆.《基于团队的工资制度研究》. 西安交通大学硕士学位论文. 2000.

［59］杨海珍，裴学敏，陈晓帆.《技术创新过程中的网络研究》.《西北大学学报（自然科学版）》，1999（5）：460–463.

［60］殷，R. K.《案例研究：设计与方法》. 周海涛等译，重庆：重庆大学出版社，2004.

［61］袁方.《社会研究方法教程》. 北京：北京大学出版社，1997.

［62］詹振波.《成熟团队潜在危机的分析及对策》.《大众科技》，2005（12）：258–259.

［63］张方华.《知识型企业的社会资本与技术创新绩效研究》. 浙江大学博士论文，2004.

［64］张文宏.《社会网络分析的范式特征——兼论网络结构观与地位结构观的联系和区别》.《江海学刊》, 2007（5）: 100-106.

［65］张小林，王重鸣.《群体绩效和团队效能研究的新进展》.《应用心理学》, 1997（2）: 58-64.

［66］周丽芳.《华人组织中的关系与社会网络》.《本土心理学研究》, 2002（2）: 175-227.

［67］周雪光.《组织社会学十讲》, 北京: 社会科学文献出版社, 2003.

［68］卓秀足，陈沁怡，杨仁寿.《社会网络密度和群体中心性对团体效能的影响——以某休闲餐厅为例》. 第四届 21 世纪产业经营管理国际学术研讨会论文, 2005 年 12 月 9 日.

英文部分

［1］Abbott, A. The sociology of work and occupations. *Annual Review of Sociology*, 1993, (19), 187-209.

［2］Abelson, R. P. *Social clusters and opinion clusters.* In Holland, P. & Leinhardt, S. (Eds.), *Perspectives on social network research.* New York: Academic Press, 1979.

［3］Aken, Van, J, E., & Weggeman, M. C. D. P. Managing learning in informal innovation networks: Overcoming the Daphne-dillemma. *R & D Management*, 2000, 30(2), 139-150.

［4］Alba, R. D. Taking stock of network analysisa: A Decade's Results. *Research in the Sociology of Organizaitions*, 1982, (1), 39-74.

［5］Alchian, A. A, & Demsetz, H. Production, information costs and economic organization, *American Economic Review*, 1972, (62), 777-795.

［6］Allen, T. Communication networks in R & D laboratories, *R & D Management*, 1970, 1(1), 14-21.

［7］Allen, T. J. Communications, technology transfer, and the role of technocal gatekeeper. *R & D Management*, 1971, (1), 14-21.

［8］Allen, T. Communication networks—the hidden organizational chart. *The Personnel Administrator*, 1976, 21(6), 31-35.

［9］Allen, L. J. The biggest computer frauds: Lessons for CPAS. *Journal of Accountancy*, 1977, 143(5), 52.

［10］Allen, T. *Managing the flow of technology.* Cambridge. MA: The MIT Press, 1977.

［11］Allen, T. *Managing the Flow of Technology: Technology Transfer and the Dissemination of Technological Information within the R & D Organization.* Cambridge. MA: The MIT Press, 1984.

［12］Ancona, D. G., & Caldwell, D. F. Beyond task and maintenance: Defining external functions in groups. *Group and Organization Studies*, 1988, 13(4), 468-494.

［13］Ancona, D. G., & Caldwell, D. F. Beyond boundary spanning: Managing external dependence in product development teams. *Journal of High Technology Management Research*, 1990, 1(2), 19-135.

［14］Ancona, D. G., & Caldwell, D. F. Demography and design: Predictors of new product team performance. *Organization Science*, 1992a, 3(3), 321-341.

［15］Ancona, D. G., & Caldwell, D. F. Bridging the boundary: External process and performance in organizational teams. *Administrative Science Quarterly*, 1992b, 37(4), 634-665.

［16］Ancona, D. G. The wisdom of teams. *Sloan Management Review*, 1993, 34(4), 97-107.

［17］Arabie, P. Validation of sociometric structure by data on individuals' attributes. *Social Networks*, 1984, 6(4). 373-403.

［18］Arrow, H., McGrath, J. E., & Berdahl, J. L. *Small groups as complex systems: Formation, coordination, development, and adaptation.* Newbury Park, CA: Sage, 2000.

［19］Baldwin, T. T., Bedell, M. D., & Johnson, J. L. The social fabric of a team-based M. B. A. program: Network effects on student satisfaction and performance. *Academy of Management Journal*, 1997, 40(6), 1369.

［20］Balkundi, P., & Harrison, D. A. Ties, leaders, and time in teams: Strong inference about network structure's effects on team viability and performance. *Academy of Management Journal*, 2006, 49(1), 49-88.

［21］Barley, S. R. The alignment of technology and structure through roles and networks. *Administrative Science Quarterly*, 1990, 35(1), 61-103.

［22］Barnard, C. I. *The functions of the executive.* Cambridge, Massachusetts: Harvard University Press, 1938.

［23］Barnard, C. I. *The functions of the executive: 30th anniversary edition.* Cambridge, Massachusetts: Harvard University Press, 1971.

［24］Barnes, J. A. Class and committees in a Norwegian island parish. *Human Relations*, 1954, 7(1), 39-58.

［25］ Baron, R. M., & Kenny, D. A. The moderator-mediator variable distinction in social psychological research: Conceptual, strategic, and statistical considerations. *Journal of Personality and Social Psychology*, 1986, 51(6), 1173-1182.

［26］ Bavelas, A. Communication patterns in task oriented groups. *Journal of Acoustical Society of America*, 57, 1950, 22(6):725-730.

［27］ Benjamin, B. *Understanding the political dynamics of developing new products*. Working paper. Stanford University Graduate School of Business, Stanford, CA, 1993.

［28］ Berkowitz, S. D. *An introduction to structural analysis*. Toronto: Butterworths, 1982.

［29］ Berscheid, E., Graziano, W., Monson, T., & Dermer, M. Outcome dependency: Attention, attribution, and attraction. *Journal of Personality and Social Psychology*, 1976, 34(5), 978-989.

［30］ Bhuiyan, N., Gerwin, D., & Thomson, V. Simulation of the new product development process for performance improvement. *Management Science*, 2004, 50(12): 1690-1703.

［31］ Bian, Y. Bringing strong ties back in: Indirect connection, bridges, and job search in China. *American Sociological Review*, 1997, 62(3), 366-385.

［32］ Bian, Y., & Ang, S. Guanxi networks and job mobility in China and Singapore. *Social Forces*, 1997, 75(3), 981-1005.

［33］ Bienenstock, E. J., & Bonacich, P. Network exchange as a cooperative game. *Rationality and Society*, 1997, 9(1), 37-65.

［34］ Blau, P. M. *The dynamics of bureaucracy*. Chicago: University of Chicago Press, 1955.

［35］ Blau, P. M. *Exchange and Power in Social Life*. New York: Wiley, 1964.

［36］ Blau, P. M., & Scott, W. R. *Formal Organizations: A Comparative Approach*. Chandler, San Francisco Chandler, 1962.

［37］ Blau, P. M., & Duncan, O. D. *The American Occupational Structure*. New York. NY: John Wiley & Sons, 1967.

［38］ Bonacich, P. Communication dilemmas in social networks: *An experimental study*. *American Sociological Review*, 1990, 55(3), 448-459.

［39］ Bonacich, P., & Domhoff, G. W. Latent classes and group membership. *Social Networks*. 1981, 3, 175-196.

〔40〕Borgatti, S. P., & Everett, M. G., Models of core/periphery structures. *Social Networks*, 2000, 21 (4), 375-395.

〔41〕Borgatti, S. P., Everett, M. G., & Freeman, L. C. *Ucinet for windows*: *Software for social network analysis*. Havard, MA: Analytic Technologies, 2002.

〔42〕Borgatti, S. P., & Foster, P. The network paradigm in organizational research: A review and typology. *Journal of Management*, 2003, 29(6), 991-1013.

〔43〕Bott, E. *Family and social network: Roles, norms, and external relationships in ordinary urban families* (2nd), London: Tavistock, 1971.

〔44〕Bourdieu, P. Le capital social: Notes provisoires. *Actes de la Recherche en Sciences Sociales*, 1980, 3(1), 2-3.

〔45〕Bourdieu, P., & Wacquant, L. J. D. *An invitation to reflexive sociology*. Chicago: University of Chicago Press, 1992.

〔46〕Boyd, B. K., Dess, G. G., & Rasheed, A. M. A. Divergence between archival and perceptual measures of the environment: Causes and consequences. *Academy of Management Review*, 1993, 18(2), 204-226.

〔47〕Brass, D. J. Structural relationships, job characteristics, and worker satisfaction and performance. *Administrative Science Quarterly*, 1981, 26(3), 331-348.

〔48〕Brass, D. J. Being in the right place: A structural analysis of individual influence in an organization. *Administrative Science Quarterly*, 1984, 29(4), 518-539.

〔49〕Brass, D. J. Power in Organizations: A social network perspective. In Moore, G & White, J. A. (Eds.), *Research in politics and society*, Greenwich, CT: JAI, 1992,

〔50〕Brass, D. J. A social network perspective on human resources management. In Ferris, G. R.（Ed.）, *Research in Personnel and Human Resources Management*, Greenwich, CT: JAI Press, 1995a, 13:39-79.

〔51〕Brass, D. J. *Creativity: It's all in your social netwrok*. In Ford, C. M. & Gioia, D. A. (Eds.) *Creative action in organizations*, London: Sage. 1995b.

〔52〕Brass, D. J., & Burkhardt, M. E. *Centrality and power in organization*. In Noria, N. & Eccles, R. G. (Eds.) *Networks and organizations: Structure, form, and action*. Boston, Massachusetts: Harvard Business School Press, 1992.

〔53〕Brass, D. J. *Networks and frog ponds: Trends in multilevel research*. In K. J. Klein & S. W. J. Kozlowski. (Eds.) *Multilevel theory, research, and methods in organizations*, San Francisco: Jossey-Brass, 2000.

［54］Breiger, R. L. *Structures of Economic Interdependence among Nations*. In Blau, P. M. & Merton, R. K. (Eds.), *Continuities in Structural Inquiry*, Newbury Park. CA: Sage, 1981.

［55］Breiger, R. L., Boorman, S. A., & Arabie, P. An algorithm for clustering relational data with applications to social netowrk analysis and comparison with multidimensional scaling. *Journal of Mathematical Psychology*. 1975, 12(3), 328-383.

［56］Brewer, M. B. In-group bias in the minimal intergroup situation: A cognitive-motivational analysis. *Psychological Bulletin,* 1979, 86(2), 307-324.

［57］Brewer, M. B. The social self: On being the same and different at the same time. *Personality and Social Psychology Bulletin*, 1991, 17(5), 475-482.

［58］Brown, S. L., & Eisenhardt, K. M. Product development: past research, present findings, and future directions. *The Academy of Management Review*, 1995, 20(2), 343-378.

［59］Brown, T. M., & Miller, C. E. Communication networks in task-performing groups: Effects of task complexity, time pressure, and interpersonal dominance. *Small Group Research*, 2000, 31(2), 131-157.

［60］Burt, R. S. Positions in networks. *Social Froces*, 1976, 55(1), 93-122.

［61］Burt, R. S. *Toward a structural theory of action: Network models of social structure, perception and action*. New York: Academic Press, 1982.

［62］Burt, R. S. *Distinguishing relational contents*. In Burt, R. S. & Minor, M. J. (Eds.) Applied Network Analysis, Beverly Hill. CA: Sage Publication, 1983.

［63］Burt, R. S. *Structural Holes: The social structure of competition*. Cambridge. MA: Havard University Press, 1992.

［64］Burt, R. S. The contingent value of social capital. *Administrative Science Quarterly*, 1997, 42(2), 339-365.

［65］Burt, R. S. The gender of social capital. *Rationality and Society*, 1998, 10(1), 5-46.

［66］Burt, R. S. *The network structure of social capital*. In Sutton, R. I. & Staw, B. M. (Eds.) *Research in Organizational Behavior*, Greenwich, CT: JAI, Press. 2000.

［67］Burt, R. S. Bridge decay. *Social Networks*, 2002, 24(4), 333-363.

［68］Burt, R. S. *Structural holes versus network closure as social capital*. In Lin, N., Cook, K. & Burt, R. S. (Eds.) *Social capital*: *Theory and research*, New York: Aldine de Gruyter. 2001.

［69］Burt, R., Hogarth, R. & Michaud, C. The social capital of French and American Managers. *Organization Science*, 2000, 11(2): 123-147.

［70］Burt, R. S., Kilduff, M., & Tasselli, S. Social network analysis: Foundations and frontiers on advantage. *Annual Review of Psychology*, 2013., 64(1), 527-547.

［71］Burt, R. S., & Merluzzi, J. Network oscillation. *Academy of Management Discoveries*, 2016, 2(4), 368-391.

［72］Campion, M. A., Medsker, G. J., & Higgs, A. C. Relations between work group characteristics and effectiveness: Implications for designing effective work groups. *Personnel Psychology*, 1993, 46(4), 823-850.

［73］Campion, M. A., & Papper, E. M. Relations between work team characteristics and effectiveness: A Replication and Extension. *Personnel Psychology*. 1996, 49(2), 429-452.

［74］Carley, K. M. *Dynamic network analysis*. In Breiger, R., Carley, K. M. & Pattison, P. (Eds.) *Dynamic social network modeling and analysis*: *Workshop summary and papers*. Washington, DC: The National Academies Press, 2003, 134-145.

［75］Cartwright, D., & Harary, F. Structural balance: A generalization of heider's theory. *Psychological Review*, 1956, 63(5), 277-292.

［76］Cattani, G., & Ferriani, S. A core/periphery perspective on individual creative performance: Social networks and cinematic achievements in the Hollywood film industry. *Organization Science*, 2008. 19(6), 824-844.

［77］Celia, Z., & Jaime, B. Assessing the Team Environment for Knowledge Sharing: an Empirical Analysis, *The International Journal of Human Resource Management*, 2003, 4(7), 1227-1245.

［78］Chandler, A. D. *Strategy and structure*. New York: Doubleday. 1962.

［79］Chatman, J., & Flynn, F. The influence of demographic diversity on the emergence and consequences of cooperative norms in teams. *Academy of Management Journal*, 2001, 44(5), 956-974.

［80］Chen, H., Mehra, A., Tasselli, S., & Borgatti, S. P. Network dynamics and organizations: A review and research agenda. *Journal of Management*, 2022, 48(6), 1602-1660. https://doi. org/10. 1177/01492063211063218.

［81］Choi, N. J. External activities and team effectiveness: Review and Theoretical Development. *Small Group Research*, 2002, 33(2), 181-208.

［82］Churchill, G. A. A paradigm for developing bettermeasures of marketing constructs. *Journal of Marketing Research*, 1979, 16(1), 64-73.

［83］Clark, K. B., & Takahiro Fujimoto. *Product development performance*. Boston MA:

Harvard Business School Press, 1991.

［84］Clarke, R., Richter, A. W. & Kilduff, M. One tie to capture advice and friendship: Leader multiplex centrality effects on team performance change. *Journal of Applied Psychology*, 2022, 107(6), 968–986. https://doi.org/10.1037/apl0000979.

［85］Cohen, S. G., & Bailey, D. E. What makes teams work: Group effectives research from the shop floor to the executive suite. *Journal of Management*, 1997, 23(3), 239-290.

［86］Coleman, J. S. Social capital in the creation of human capital. *American Journal of Sociology*. 1988, 94 Supplement, S95-S120.

［87］Coleman, J. S. *Foundations of social theory*. Cambridge: Harvard University Press, 1990.

［88］Cook, K. S., & Emerson, R. M. Power, equity and commitment in exchange networks. *American Sociological Review*, 1978, 43(5), 721-739.

［89］Coser, L. A. *The functions of social conflict*. New York: Free Press, 1956.

［90］Cross, R., & Prusak, L. The people who make organizations go-or stop. *Harvard Business Review*, 2002, 80(6), 104-112.

［91］Cross, R., Borgatti, S. P., & Parket, A. Making invisible work visible: Using social network analysis to support strategic collaboration. *California Management Review*, 2002, 44(2), 25-46.

［92］Cross, R., Davenport, T. & Cantrell, S. The social side of performance. *MIT Sloan Management Review*. 2003, 45(1), 20-24.

［93］Cummings, J. N., & Cross, R. Structural properties of work groups and their consequences for performance. *Social Networks*, 2003, 25(3), 197-210.

［94］Daft, R. L. Bureaucratic versus nonbureaucratic structure and the process of innovation and change, *Research in the Sociology of Organization*, 1982, 1(1), 129-166.

［95］Danneels, E. The dynamics of product innovation and firm competences. *Academy of Management Proceedings*, 2000, 2000(1), D1-D6.

［96］Danneels E., & Kleinschmidt E. J. Product innovativeness from the firm's perspective: Its dimensions and their relation with project selection and performance. *Journal of Product Innovation Management*, 2010, 18(6):357-373.

［97］Danowski, J. A. Group attitude uniformity and connectivity of organizational communication networks for production, innovation, and maintenance content, *Human Communication Research*, 1980, 6(4), 299-308.

［98］Davenport, T. H., & Prusak, L. H. *Working knowledge: How organization manage what they know.* Boston: Harvard Business School Press, 1998.

［99］Davis, G. F. Agents without principles? The spread of the poison pill through the intercorporate network. *Administrative Science Quarterly*, 1991, 36(4), 583-613.

［100］Davis, J. Clustering and hierarchy in interpersonal relations: Testing two graph theoretical models on 742 sociomatrices. *American Sociological Review*, 1970, 35(5):843-851.

［101］DiMaggio, P. J., & Powell, W. W. *The iron cage revisited: Institutional isomorphism and collective rationality in organizational fields.* American Sociological Review, 1983, 48(2). 147-160.

［102］Dodgson, M. *Learning, trust and inter-firm technological linkages: some theoretical associations.* In Coombs, R., Richards, A., Saviotti, P. P., & Walsh, V. *Technological collaboration and innovation: The dynamics of cooperation in industrial.* Cheltenham, UK; Northampton, MA: Edward Elgar Publishing, 1996.

［103］Donald D, Tippett. *A team performance construct, Proceedings of the American Society of Engineering Management*, 1998: 477-484.

［104］Doreian, P., Batagelj, V., &Ferligoj, A. Symmetric-Acyclic decompositions of networks. *Journal of Classification*, 2000, 17, 3-28.

［105］Dorogovtsev, S. N., & Mendes, J. F. *Evolution of Networks: From Biological Nets to the Internet* and WWW, Oxford, UK: Oxford University Press. 2003.

［106］Dougherty, D. Understanding new markets for new products. *Strategic Management journal*, 1990, 11, 59-78.

［107］Dougherty, D. Interpretive barriers to successful product innovation in large firms. *Organization Science*, 1992, 3(2), 179-202.

［108］Driva, H., Pawar, K. S., & Menon, U. *Performance Evaluation of New Product Development from A Company Perspective.* Integrated Manufacturing Systems, 2001.

［109］Dyer, J. H., & Singh, H. The relational view: Cooperative strategy and sources of interorganizational competitive advantage. *The Academy of Management Review.* 1998, 23(4), 660-679.

［110］Edmondson, A. *A safe harbor: Social psychological conditions enabling boundary spanning in work teams.* In Wageman, R. (Eds.), *Research on managing groups and teams: Context.* Stamford, CT: JAI. 1999.

［111］Edmondson, Amy C. Learning from mistakes is easier said than done: Group and organizational influences on the detection and correction of human error. *Journal of Applied Behavioral Science*, 32(1), 1996, 5-32.

［112］Emerson, R. M. *Exchange theory: Part I, A psychological basis for social exchange*. In Berger, J., Zelditch, M., & Anderson, B. (Eds.), *Sociological theories in progress*, Boston: Houghton Mifflin. 1972a.

［113］Emerson, R. M. *Exchange theory: Part II, Exchange relations and networks*. In Berger, J., Zelditch, M., & Anderson, B. (Eds.), *Sociological theories in progress*, Boston: Houghton Mifflin., 1972b.

［114］Emirbayer, M. Manifesto for a Relational Sociology. *American Journal of Sociology*, 1997, 103(2): 281-317.

［115］Emirbayer, M., & Goodwin, J. Network analysis, culture, and the problem of agency. *American Journal of Sociology*, 1994, 99(6), 1411-1454.

［116］Emirbayer, M., & Mische, A. What is agency? *American Journal of Sociology*, 1998, 103(4), 962-1023.

［117］Erdös, P., & Spencer, J. *Probabilistic methods in combinatorics*. New York: Academic Press, 1974.

［118］Erickson, B. H. *The relational basis of attitudes*. in Wellman, B. and Berkowita, S. D. (Eds.). *Social Structures: A Network Approach*, Cambridge University Press, Cambridge, NY, 1988.

［119］Etzioni, A. *Modern organization*. Englewood Cliffs, NJ: Prentice Hall, 1964.

［120］Etzioni, A. Dual leadership in complex organizations. *American Sociological Review*, 1965, 30(5), 688-698.

［121］Farris, G. F. The informal organization in strategy decision-making. *International Studies of Management & Organization*, 1979, 9(4), 37-62.

［122］Feagin, J. Community disorganization: Some critical notes. *Sociological Inguiry*, 1973, 43, 123-46.

［123］Feld, S. The focused organization of social ties. *American Journal of Sociology*, 1981, 86(3), 1051-1035.

［124］Festinger, L. A theory of social comparison processes. *Human Relations*, 1954, 7(2), 117-140.

［125］Festinger, L., Schachter, S., & Back, K. *Social pressures in informal groups*: *A study of human factors in housing*. New York: Harper, 1950.

［126］Fiol, C. M. Consensus, Diversity and Learning in organizations. *Organization Science*, 1994, 5(3), 289-477.

［127］Fischer, C. S. *To dwell among friends: Personal networks in town and city.* Chicago: University of Chicago Press. 1982.

［128］Fisher, S. G., Hunter, T. A., & Macrosson, W. D. Team or group? Managers' perceptions of the differences. *Journal of Managerial Psychology*, 1997, 12(4), 232-243.

［129］Flache, A. *The double edges of networks*, Amsterdam: Thesis Publishers, 1996.

［130］Fowler, F. J. *Survey research methods.* Newbury Park, CA: Sage, 1988.

［131］Freeman, L. C. Centrality in social networks: Conceptual clarification. *Social Networks*, 1979, 1(3), 215-239.

［132］Freeman, L. C. Turning a profit from mathematics: The case of social networks. *Journal of Mathematical Sociology*, 1984a, 10(3-4), 343-360.

［133］Freeman, L. C. Networks of innovators: a synthesis of research issues. *Research Policy*, 1991, 20(5), 499-514.

［134］Friedkin, N. E. The Development of Structure in Random Networks: The development of structure in random networks: an analysis of the effects of increasing network density on five measures of structure, *Social Networks*, 1981, 3(1), 41-52.

［135］Friedkin, N. E. Theoretical foundations for centrality measures. *American Journal of Sociology*, 1991, 96(6), 1478-1504.

［136］Galaskiewicz, J. *The 'new network aAnalysis' and its application to organizational theory and behavior.* In Iacobucci, D. (Eds.), *Networks and marketing*, Thousand Oaks, CA: Sage. 1996.

［137］Galaskiewica J., & Krohn, K. R. Positions, roles, and dependencies in a community interorganization system. *The Sociological Quarterly*, 1984, 25(4), 527-550.

［138］Gargiulo, M., & Benassi, M. The dark side of social capital. In. Th, R., Leenders, A. J. & Gabbay, S. M. (Eds.) , *In corporates social capital and liability*. Boston: Kluwer Academic Pubilishers, 1999.

［139］Gersick, C. J. G. Time and transition in work teams: Toward a new model of group development. *Academy of Management Journal*, 1988, 31(1), 9-41.

［140］Gladstein, D. L. Groups in context: A model of task group effectiveness. *Administrative Science Quarterly*, 1984, 29(4), 499-517.

［141］Goes, J. B., & Park, S. H. Interorganizational links and innovation: The case of hospital services. *Academy of Management Journal*. 1997, 40(3), 673-696.

［142］Goffman, E. *The presentation of self in Everyday life*. Garden City, NY: Doubleday, 1959.

［143］Gouldner, A. Cosmopolitans and locals:Toward an analysis of laten social roles. Part 2. *Administrative Science Quarterly*, 1958, 2, 444-480.

［144］Grabher, G., & Stark, D. Organising diversity: evolutionary theory, network analysis and post-socialism. *Regional Studies*, 1997, 31(5), 533-544.

［145］Grandori, A. An organizational assessment of interfirm coordination modes. *Organization Studies*. 1997, 18(6), 897-925.

［146］Granovetter, M. The strength of weak ties. *American Journal of Sociology*. 1973, 78(6), 1360-1380.

［147］Granovetter, M. *Getting a job: A study of contacts and careers*. Chicago: University of Chicago Press. 1974.

［148］Granovetter, M. Economic action and social structure: The problem of embeddedness. *American Journal of Sociology*, 1985, 91(3), 481-510.

［149］Granovetter, M. *"Preface" in structural analysis in social sciences*. Cambridge University Press, 1988.

［150］Gray, J. L., & Starke, F. A. *Organizational behavior: Concepts and applications* (3rd). Columbus: Bell & Howell, 1984.

［151］Griffin, A., & Page, A. L. PDMA success measurement project: Recommended measures for product development success and failure. *Journal of Product Innovation Management*, 1996, 13(6), 478-496.

［152］Groat, M. The informal organisation: Ride the headless monster. *Management Accounting*, 1997, 75(4), 40-42.

［153］Gruenfeld, D. H., Mannix, E. A., Williams, K. Y., & Neale, M. A. Group composition and decision making: How member familiarity and information distribution affect process and performance. *Organizational Behavior and Human Decision Processes*, 1996, 67(1), 1-15.

［154］Gulati, R., Nohria, N., & Zaheer, A., Strategic networks. *Strategy Management Journal*, 2000, 21 (3), 203-215.

［155］Guzzo, R. A., & Dickson, M. W. Teams in organizations: Resent research on performance and effectiveness. *Annual Review of Psychology*, 1996, 47, 307-338.

［156］Guzzo, R. A., & Shea, G. P. *Group performance and intergroup relations in organizations*. In Dunnette, M. D. & Hough, L. M. *Handbook of industrial and organizational psyhology*, (2nd), CA: Consulting Psychologists Press. 1992.

［157］Haas, M. R. *Acting on what others know: Distributed knowledge and team performance*. Working Paper, Harvard University, Cambridge. 2001. Harvard University ProQuest Dissertations & Theses, 2002.

［158］Hackman, J. R. *A normative model of work team effectiveness. New Haven*, CT: Yale University, 1983.

［159］Hackman, J. R. *Groups that work (and those that don't work): Conditions for effective teamwork*, San Francisco: Jossey Bass, 1990.

［160］Hage, J., & Aiken, M. Routine technology, social structure, and organizational goals. *Administrative Science Quarterly*. 1969, 14(3), 366-376.

［161］Hage, J. T. Organizational innovation and organizational change. *Annual Review of Sociology*. 1999, 25(1), 597-622.

［162］Hage, P., & Harary, F. Structural models in anthropology. Cambridge: Cambridge University Press, 1983.

［163］Hagerstrand T. *Innovation diffusion as a spatial process.* Chicago and London: The University of Chicago Press, 1967.

［164］Hakanson, L., & Nobel, R. *Technology characteristics and reverse technology transfer.* in Paper Presented at the Annual Meeting of the Academy of Intemational Business. Vienna Austria, 1998.

［165］Hakansson, H. *Industrial technological development*: *A network approach*, London Press. 1987.

［166］Hanneman, R. A., & Riddle, M. *Introduction to social network methods.* Riverside, CA: University of California, 2001.

［167］Hansen, M. The search-transfer problem: the role of weak ties in sharing knowledge across organization subunits. *Administrative Science Quarterly*, 1999, 44(1), 82-111.

［168］Hansen, M. T. Knowledge networks: Explaining effective knowledge sharing in multiunit companies. *Organization Science*. 2002, 13(3), 232-248.

［169］Hansen, Morten T., Louise M., & Bjorn L. Knowledge sharing in organizations: Multiple networks, multiple phases. *Academy of Management Journal*, 2005, 48(5), 776-793

〔170〕Harary, F., Norman, R. Z., & Cartwright, D. *Structural models*: *An introduction to the theory of directed graphs*. New York: John Wiley. 1965.

〔171〕Harland, C. M. *Network and globalization: A review of research*. Warwick: Warwick Business school, University of Warwick, 1995.

〔172〕Harrison, D. A., Mohammed, S., Mcgrath, J. E., Florey, A. T., & Vanderstoep, S. W. Time matters in team performance: effects of member familiarity, entrainment, and task discontinuity on speed and quality. *Personnel psychology*, 2003, 56(3), 633-669.

〔173〕Hauschild, P. R. Interorganizational imitation: The impact of interlocks on corporate acquisition activity. *Administrative Science Quarterly*, 1993, 38(4), 564-592.

〔174〕Heider, F. *The psychology of interpersonal relations*. New York: John Wiley. 1958.

〔175〕Hempel, C. G. *Philosophy of natural science*. NJ: Prentice Hall. 1966.

〔176〕Hodson, R. Group relations at work. Solidarity, conflict and relations management. *Work and Occupations*, 1997, 24(4), 426-452.

〔177〕Hoegl, M., & Gemuenden, H. G. Teamwork quality and the success of innovative projects: A theoretical concept and empirical evidence. *Organization Science*, 2001, 12(4), 435-449

〔178〕Hogg, M. A. *The social psychology of group cohesiveness*, Harvester Wheastsheaf, New York, NY. 1992.

〔179〕Holland, P. W., & Leinhardt, S. Dynamic-model for social netwroks. *Journal of Mathematical Sociology*, 1977, 5(1), 5-20.

〔180〕Holland, P. W. & Leinhardt, S. *Transitivity in Structural Models of Small Groups. In Leinhardt, S* (Eds.), *Social Networks: A Developing Paradigm*. New York: Academic Press, 1977.

〔181〕Hollingsworth, A. T. Perceptual accuracy of the informal organization as a determinant of the effectiveness of formal leaders. *Journal of Economics and Business*, 1974, 27(1), 75-78.

〔182〕Homans, G. *The human group*. New York: Harcourt, Brace, 1950.

〔183〕Homans, G. C. *Social behavior: Its elementary forms, harcourt brace jovanovich*, New York: Harcourt Brace Jovanovich. 1974.

〔184〕Hosch, H. M., Leippe, M. R., Marchioni, P. M., & Cooper, D. S. Victimization, self-monitoring, and eye-witness identification. *Journal of Applied Psychology*, 1984, 69(2), 280-288.

〔185〕Hubbell, C. H. An input-output approach to cligue detecion. *Sociometry*, 1965, 28(4), 377-399.

〔186〕Huisman, M., & Snijders, T. A. B. Statistical analysis of longitudinal network data with changing composition. *Sociological Methods & Research*, 2003, 32(2), 253-287.

〔187〕Ibarra, H. Homophily and differential returns: Sex differences in network structure and access in an advertising firm. *Administrative Science Quarterly*, 1992, 37(3), 422-447.

〔188〕Ibarra, H. *Structural alignments, individual strategies, and managerial action*: *Elements toward a network theory of getting things done*. In Nohria, N. E. & Robert, G., *Networks and organizations: Structure, form, and action*, Boston, Massachusetts: Harvard Business School Press, 1992.

〔189〕Ibarra, H. Network centrality, power, and innovation involvement: Determinants of technical and administrative roles. *Academy of Management Journal*, 1993, 36(3), 471-501.

〔190〕Ibarra, H. Race, opportunity, and diversity of social circles in managerial networks. *Academy of Management Journal*, 1995, 38(3), 673-703.

〔191〕Ibarra, H., & Andrews, S. B. Power, Social influence, and sense making: Effects of network centrality and proximity on employee perceptions. *Administrative Science Quarterly*, 1993, 38(2), 277-303.

〔192〕Janis, I. *Groupthink: Psychological studies of policy decisions and fiascoes*. Boston, MA: Houghton-Mifflin, 1972.

〔193〕Jansen, J. J. P., Van den Bosch, F. A. J., Volberda, H. W. Exploratory innovation, exploitative innovation, and performance: Effects of organizational antecedents and environmental moderators. *Management Science*. 2006, 52(11): 1661-1674.

〔194〕Jekins, J. M. Self-monitoring and turnover: The impact of personality on intent to leave. *Journal of Organizational Behavior*, 1993, 14(1):83-91.

〔195〕Jensen, H. S. *Paradigms of the theory-building in business studies*. In Elfring, T. J., Siggaaard, H. et al (Eds.), *European research paradigms in business studies*. Copenhagen: Handelshøjskolens forlag, 1995.

〔196〕Jessup, H. R. The road to results for teams. *Training & Development*, 1992, 46(9), 65-68.

〔197〕Jones, E. E., & Baumeister, R. The self-monitor looks at the ingratiator. *Journal of Personality*. 1976, 44(4): 654-674.

〔198〕Jones, M. C., & Harrison, A. W. Is project team performance: An empirical assessment. *Information & Management*, 1996, 31(2), 57-65.

［199］Joyce, W. F. Matrix organizations: A social experiment. *Academy of Management Journal*, 1986, 29(3), 536-561.

［200］Kanter, R. M. The new managerial work. *Harvard Business Review*, 1989, 67(6), 85-92.

［201］Katz, N., Lazer, D., Arrow, H., & Contractor, N. Network theory and small groups. *Small Group Research*, 2004, 35(3), 307.

［202］Katz, R., & Tushman, M. L. An investigation into the managerial roles and career paths of gatekeepers and project supervisors in a major R & D facility. *R & D Management*, 1981, 11(3), 103-110.

［203］Katzenbach, J. R., & Smith, D. K. *The wisdom of teams: Creating the high-performance organization*. New York: Happer Collins, 1993.

［204］Keller, R. T. Predictors of the performance of project groups in R & D organizations. *Academy of Management Journal*, 1986, 29(4), 715-726.

［205］Kilduff, M., & Day, D. V. Do chameleons get ahead? The effects of self-monitoring on managerial careers. *Academy of Management Journal*, 1994, 37(4), 1047-1060.

［206］Kilduff, M., & Oh, H. Deconstructing diffusion: An ethnostatistical examination of Medical Innovation network data reanalyses. *Organizational Research Methods*, 2006. 9(4), 432-455.

［207］Kilduff, M., Crossland, C., Tsai, W., & Krackhardt, D. Organizational network perceptions versus reality: A small world after all? *Organizational Behavior and Human Decision Processes*, 2008, 107(1), 15-28.

［208］Knoke, D., & Burt, R. S. Prominence. In Burt, R. S. & Minor, M. J. (Eds.), *Applied network analysis*, Newbury Park, CA: Sage. 1983.

［209］Knoke, D., & Kuklinski, J. H. *Network analysis*. Beverly Hills, Calif.: Sage, 1982.

［210］Krackhardt, D., & Porter, L. W. When friends leave: A structural analysis of the relationship between turnover and stayer's attitudes. *Administrative Science Quarterly*, 1985, 30(2), 242-261.

［211］Krackhardt, D. *The strength of strong ties*. In Nohria, N. & Eccles, R. G. (Eds.). *Networks and organizations: Structure, form and action*. Boston: Harvard Business School Press, 1992.

［212］Krackhardt, D., & Hanson, J. R. Informal networks: The company behind the chart. *Harward Business Review*. 1993, 71(4), 104-113.

〔213〕Krackhardt, D., & Brass, D. J. *Interorganizational networks*: *The micro side*. In Wasserman, S. & Galaskiewicz, J. (Eds.), *Advances in social network analysis*: *research in the social and behavior sciences*. Thousand Oaks, Califormia: Sage, 1994.

〔214〕Kackhardt, D., & Kilduff, M. Friendship patterns and culture: The control of organizational diversity. *American Anthropologist*, 1990, 92(1), 142-154.

〔215〕Krackhardt, D., & Stern, R. N. Informal networks and organizational crises: An experimental simulation. *Social Psychology Quarterly*, 1988, 51(2), 123-140.

〔216〕LaBianca, G., Brass, D. J., & Gray, B. Social networks and perceptions of intergroup conflict: The role of negative relationships and third parties. *Academy of Management Journal*, 1998, 41(1), 55-67.

〔217〕Larson, J. R., Christensen, C., Abboott, A. S. & Franz, T. M. Diagnosing groups: Charting the flow of information in medical decision-making teams. *Journal of Personality and Social Psychology*, 1996, 71(2), 315-330.

〔218〕Larson, J. R., Christensen, C. Franz, T. M., & Abbott, A. S. Diagnosing groups: The pooling, management, and impact of shared and unshared case information in team-based medical decision making. *Journal of Personality and Social Psychology*, 1998, 75(1), 93-108.

〔219〕Laumann, E. O. Friends of urban men: An assessment of accuracy in reporting their socioeconomic attribute, mutual choice, and attitudes agreement. *Sociometry*, 1969, 32(1), 54-69.

〔220〕Laumann, E. O., Marsden, P., & Prensky, D. *The boundary specification problem in network analysis*. In Burt, R & Minor, M (Eds.), *Applied Network Analysis*. Beverly Hills, Calif: Sage, 1983.

〔221〕Laumann, E. O., & Pappi, F. Urban. New directions in the study of community elites. *American Sociological Review*, 1973, 38(2): 212-230.

〔222〕Lazer, D. M., & Katz, N. Spring. *Regulating opportunism*: *The role of embeddedness in teams* (Working paper). Cambridge, MA: John F. Kennedy School of Government, Harvard University, 2003a.

〔223〕Lazer, D., & Katz, N. *Building effective intra-organizational networks: The role of teams*. Working Papers, Center for Public Leadership, 2003.

〔224〕Lee, S. H., Kim, P. J., Ahn, Y. Y., & Jeong, H. Googling social interactions: Web search engine based social network construction. *Plos One*, 2010, 5(7), e11233. https://doi.

org/10.1371/journal.pone.0011233.

〔225〕Leenders, R. Th. A. J. *Structure and influence: Statistical models for the dynamics of actor attributes, Network Structure, and Their Interdependence*, Tesla Thesis Publishers, Amsterdam. 1995.

〔226〕Leenders, R. T. A. J., Gabbay, S. M., & Gabbay, S. M. *Corporate social capital and liability*. Boston: Kluwer Academic Pubilishers, 1999.

〔227〕Lessig, L. *The future of ideas*: *The fate of the commons in a connected world*. New York: Random House. 2001.

〔228〕Levi, D. *Group dynamics for teams*. Thousand Oaks: Sage, 2001.

〔229〕Levin, D. Z., Walter, J., & Murnighan, J. K. Dormant ties: The value of reconnecting. *Organization Science*, 2011, 22(4), 923-939.

〔230〕Levine, M. J., & Moreland, L. R. Progress in small group research. *Annual Review of Psychology*. 1990, 41(1), 585-634.

〔231〕Lewin, K. *Resolving social conflict*. New York: Harper & Row, 1948.

〔232〕Lin, Nan. Building a network theory of social capital. *Connections*, 1999, 22(1). 28-51.

〔233〕Lin, N. *Social capital*: *A theory of social structure and action*. Cambridge, MA: Cambridge University Press. 2001.

〔234〕Lincoln, J. R., & Miller, J. *Work and friendship ties in organizations: A comparative analysis of relation networks*. Administrative Science Quarterly. 1979, 24(2), 181-199.

〔235〕Linden, A., Ball, R., Waldir, A., & Haley, K. *Gartner's survey on managing information*. Note Number: COM-15-0871. Gartner, Inc., 2002.

〔236〕Luo, Y. D. Guanxi: Principles, philosophies, and implications. *Human Systems Management*, 1997, 16(1), 43-51.

〔237〕Manev, I. M. *The managerial network in a multinational enterprise*. Lewiston. NY: Edwin Mellen Press, 2001.

〔238〕Marsden, P. *Brokerage behavior in restricted exchange networks*. In Marsden, P. & Lin Nan (Eds.), *Social structure and network analysis*. Beverly Hills Calif.: Sage, 1982.

〔239〕Marsden, P. V. *Methods for the characterization of role structures in network analysis*. In Freeman, L. C., White, D. R., & Romney, A. K. (Eds.), *Research methods in social network analysis*, Fairfax, VA: George Mason University Press, 1989.

［240］Marsden, P. V. Network data and Measurement. *Annual Review of Sociology*. 1990, 16, 435-463.

［241］Marwell, G., & Oliver, P. *The critical mass in collective action: A micro-social theory*. Cambridge, MA: Cambridge University Press, 1993.

［242］Mayo, E. *The social problems of an industrial civilization*. London: Routledge, 1949.

［243］Mayhew, B. H., & Levinger, R. Size and the density of interaction in human aggregates. *American Journal of Sociology*, 1976, 82(1), 86-110.

［244］McCallister, L., & Fischer, C. S. A procedure for surveying networks. *Sociological Methods & Research*, 1978, 7(2), 131-148.

［245］McDonough, E. F. Investigation of factors contributing to the success of cross-functional teams. *Journal of product and innovation management*, 2000, 17(3), 221-235.

［246］McElroy, M. W. Social innovation capital. *Journal of Intellectual Capital*, 2002, 3(1), 30-39.

［247］Mehra, A., Kilduff, M., & Brass, D. J. The social networks of high and low self-monitors: Implicaitions for workplace performance. *Administrative Science Quarterly*, 2001, 46, 121-146.

［248］Mehra, A., Dixon, A. L., Robertson, B. & Brass, D. J. The social networks of leaders: Implications for group performance and leader reputation. *Organization Science*, 2006, 17(1), 64-79.

［249］Mendibil, K., & Macbryde, J. Designing effective team-based performance measurement systems: an integrated approach. *Production Planning & Control*, 2005, 16(2), 208-225.

［250］Meyer, A. D. Adapting to environmental jolts. *Administrative Science Quarterly*, 1982. 27(4), 515-537.

［251］Meyer, M., & Gupta, V. *The performance paradox*. In Staw, B., & Cummings, L. L. (Eds.), Research in organizational behavior., Greenwich, CT: JAI. 1988.

［252］Meyer, M.W., & Gupta, V. The performance paradox. *Research in Organizational Behavior*, 1994, 16, 309-369.

［253］Mihaly C., & Keith S. *Creative insight: The social dimension of a solitary moment*. In Sternberg, R. J., & Davidson, J. E. (Eds.), *The nature of insight*.Cambridge, MA: The MIT Press, 1995.

［254］Milardo, R. M. Friendship networks in developing relationships: Converging and diverging social environments. *Social Psychology Quarterly*, 1982, 45(3), 162-172.

［255］Milardo, R. M. *Families and social networks*: *An overview of theory and methodology*. In Milardo, R. M. (Ed.). *Families and social networks*. Beverly Hills, London: Sage, 1988.

［256］Milliken, F. J., & Martins, L. L. Searching for common threads: Understanding the multiple effects of diversity in organizational groups. *Academy of Management Review*, 1996, 21(2), 402-433.

［257］Mintzberg, H. Patterns in strategy formation. *Management Science*, 1978, 24(9), 934-948.

［258］Mintzberg, H. *Power in and around organization*. Englewood Cliffs, N. J.: Pretice-Hall, Inc, 1983a.

［259］Mintzberg, H. H., & Ludo Van der. Organigraphs: Drawing how companies really work. *Harward Business Review*, 1999, 77(5), 87-94.

［260］Mitchell, J. C. Social networks. *Annual Review of Anthropology*, 1974, 3, 279-299.

［261］Mohrman, S. A., Cohen, S. G., & Mohrman, A. M., Jr. *Designing team-based organizations*: *New forms for knowledge work*. San Francisco: Jossey-Bass, 1995.

［262］Mollica, K. A., Gray, B., & Trevino, L. K. Racial homophily and its persistence in newcomers' social networks. *Organization Science*, 2003, 14(2), 123-136.

［263］Molm, L. D. Dependence and risk: Transforming and structure of social exchange. *Social Psychology Quarterly*, 1994, 57(3), 163-176.

［264］Monge, P. R., & Eisenberg, E. M. *Emergent communication networks*. In Jablin, F., Putnam, *L.*, Roberts, *K.* & Porter, *L.* et al. (Eds.), *Handbook of organizational communication*. Newbury Park, London, New Delhi: Sage Publications, 1987.

［265］Moody, J., McFarland, D., & Bender-deMoll, S. Dynamic network visualization. *American Journal of Sociology*, 2005, 110(4), 1206-1241.

［266］Moreland, R. L. *Transactive memory*: *Learning who knows what in work groups and organizations*. In Thompson, L., Messick, D. & Levine, J. (Eds.), *Sharing knowledge in organizations*. Mahwah, NJ: Lawrence Erlbaum. 1999.

［267］Morgan, G. *Images of organization* (2nd). London, Thousand Oaks, New Delhi: Sage Publications, 1997.

［268］Mouton, J. S., Blake, R. R., & Fruchter, B. The reliability of sociometric measures.

Sociometry. 1955, 18(1), 7-48.

［269］Mullins, N. C., Hargen, L. L., Hecht, P. K., & Kick, E. L. The group structure of cocitation clusters: A comparative study. *American Sociological Review*, 1977, 42(4), 552-562.

［270］Mund, M., & Neyer, F. J. Treating personality-relationship transactions with respect: Narrow facets, advanced models, and extended time frames. *Journal of Personality and Social Psychology*, 2014. 107(2), 352-368.

［271］Nadler, D. A. Managing the team at the top. *Strategy and Business*. 1996, 2, 42-51.

［272］Nahapiet, J., & Ghoshal, S. Social capital, intellectual capital, and the organizational advantage. *Academy of management Review*. 1998, 23(2), 242-266.

［273］Newcomb, T. M. *The acquaintance process*. New York: Holt, Rinehart & Winston. 1961.

［274］Nicholas, R. *Faction: A comparative analysis.* In Banton, M (Ed.), *Political systems and the distribution of power*. London: Tavistock, 1965.

［275］Nicolaou, N., & Birley, S Academic Networks in a Trichotomous Categorization of University Spinouts. *Journal of Business Venturing*, 2003, (18), 333-359.

［276］Nixon, B. Research and development performance measurement: a case study. *Management Accounting Research*, 1998, 9(3), 329-355.

［277］Nohria, N., & Gulati, R. *Firm sand their environments*. In Smelser, N. J. and Swedberg, R. (Eds.). *The handbook of economic sociology*. Princeton. NJ: Princeton University Press, 1994.

［278］Nonaka, I., & Takeuchi, H. *The knowledge-creating company: How Japanese Companies Create the Dynamics of Innovation*. Oxford University Press. 1995.

［279］Nunnally, J. C., & Bernstein, I. H. *Psychometric theory.* New York, McGraw-Hill, Inc., 1994.

［280］Obstfeld, D. Social networks, the tertius iungens orientation, and involvement in innovation. *Administrative Science Quarterly*, 2005, 50(1), 100-130.

［281］O'Hare, Mark. *Innovate!: How to gain and sustain competitive advantage*, Oxford: Basail-Blackwell, 1988.

［282］O'Reilly, C. Organizational behavior: Where we've been, where we're going. *Annual Review of Psychology*, 1991, 42, 427-458.

［283］O'Reilly, C. A., & Chatman, J. A. *Culture as social control: Corporations, cults, and commitment.* In Staw, B. M., & Cummings, L. L. (Eds.), *Research in organizational* *behavior: An annual series of analytical essays and critical reviews,*Vol18, pp(157-200). Greenwich. CT: JAI Press, 1996.

［284］Oh, H., & Kilduff, M. The ripple effect of personality on social structure: Self-monitoring origins of network brokerage. *Journal of Applied Psychology*, 2008, 93(5), 1155-1164.

［285］Paulus, P. B., & Dzindolet, M. T. Social influence processes in group brainstorming. *Journal of Personality and Social Psychology*. 1993, 64(4), 575-586.

［286］Pearce, J. A., & David, F. R. 1983. A social network approach to organizational design-performance. *Academy of Management Review*, 1983, 8(3), 436-444.

［287］Perry-Smith, J. E., & Shalley, C. E. The social side of creativity: A static and dynamic social network perspective. *Academy of Management Review*. 2003, 28(1), 89-106.

［288］Pittaway, L., Robertson, M., Munir, K., Denyer, D., & Neely, A. *Networking and innovation: a systematic review of the Evidence. Advanced Institute of Management Research*, London, http://www.aimresearch.org/aimforum.shtml, 2004.

［289］Podolny, J. M., & Baron, J. N. Resources and relationships: social networks and mobility in the workplace. *American Sociological Review*, 1997, 62(5), 673-693.

［290］Podolny, J., & Page, K. Network forms of organization. *Annual Review of Sociology*. 1998, 24(1), 57-76.

［291］Pool, I. de S., & Kochen, M. Contacts and influence. *Social Networks*, 1978, 1(1), 5-51.

［292］Porter, M. E., & Stern, S. Innovation: Location matters. MIT *Sloan Management Review*, 2001, 42(4), 28.

［293］Powell, W. W. *Neither market nor hierarchy: Network forms of organization*. In Staw, B. & Cummings, L. L. (Eds.) *Research in organizational behavior*, Greenwich. CT: JAI Press, 1990.

［294］Powell, W., & Smith-doeer, L. *Networks in economic life*. In Smelser, N. J. and Swedberg, R. (Eds.). *The handbook of economic sociology*. Princeton. NJ: Princeton University Press, 1994.

［295］Powell, W. W., Koput, K. W. ,& Smith-Doerr, L. Interorganizational collaboration and the locus of innovation: Networks of learning in biotechnology. *Administrative Science Quarterly*, 1996, 41(1), 116-145.

［296］Powell, W. W., White, D. R. Koput K. W., & Jason Owen-Smith. Network dynamics and field evolution: The growth of interorganizational collaboration in the life science. *American Journal of Sociology*, 2005, 110(4): 1132-1205.

［297］Prigogine, I. *Introduction to the thermodynamics of irreversible processes*. New York: Wiley & Sons, 1955.

［298］Pruitt, D. G., & Rubin, J. Z. *Social conflict: Escalation, stalemate and settlement.* New York: Random House. 1986.

［299］Putnam, R. *Making democracy work: Civic traditions in modern Italy*, Princeton: Princeton University Press, 1993.

［300］Pyka, A. Informal networking and industrial life cycles, *Technovation*, 2000, 20(1), 25-35.

［301］Quick, T. L. *Successful team building*. New York: American Management Association, 1992.

［302］Rapoport, A. A probabilistic approach to networks. *Social Networks*, 1979–1980, 2(1): 1-18.

［303］Rawlins, W. K. Negotiating close friendship: the dialectic of conjunctive freedoms. *Human Communication Research. 1983, 9(3), 255-266.*

［304］Reagans, R., & Zuckerman, E. W. Networks, Diversity, and Productivity: The social capital of corporate R & D teams. *Organization Science.* 2001, 12(4), 502-517.

［305］Reif, W. E., & Moncaka, R. M. Perceptions of the formal and the informal organizations: Objective measurement through the semantic differential technique. *Academy of Management Journal*, 1973, 16(3), 389-403.

［306］Rizova, P. S. *The secret of success: A study of six technologically innovative projects at a research and development laboratory.* Dissertation, Boston University Graduate School of Arts and Science, 2003.

［307］Robbins, S. P. *Organizational behavior: Concepts, controversies and applications* (7th). Prentice Hall Inc., 1996.

［308］Roethlisberger F. J. *Management and the worker*. Cambridge, Mass: Harvard University Press, 1939.

［309］Rogers, E. M. *Diffusion of Innovations*. (4th). New York: The Free Press, 1995.

［310］Roloff, M. E. *Communicaiton and reciprocity within intimate relationship.* In Roloff, M. E. and Miller, G. R. (Eds.). *Interpersonal processes: New directions in Communication Research*, Newbury Park, CA: Sage, 1987.

［311］Rosenbloom, R. S., & Wolek, F.W. *Technology and information transfer: A survey of practice in industrial organisations.* Boston: Harvard University, Graduate School of Business Administration, 1970.

［312］Rosenfeld, R., & Servo, I. C. *Facilitating Innovation in Large Organizations*, in Henry, J., & Walker, D. (Eds.), *Managing Innovations*, London,Thausand Oaks, New Delhi: Sage Publications, 1991.

［313］Rothwell, R., Freeman, C., Horlsey, A., Jervis, V. T. P., Robertson, A. B., & Townsend J. SAPPHO updated-Project SAPPHO phase II, *Research Policy,* 1974, 3（3）, 258-291.

［314］Rothwell, R., & Zegveld, W. *Reindustrialization and Technology*, New York: Logman Group Limited, 1985.

［315］Rytina, S., & Morgan, D. The Arithmetic of Social Relations: The Interplay of Category and Network. *American Journal of Sociology*, 1982, 88(1). 88-113.

［316］Salancik, R. G. Wanted: A good network of theory of organization. *Administrative Science Quarterly*, 1995, 40（2）, 345-349.

［317］Salas, E., Dickinson, T. L., Converse, S. A., & Tannenbaum, S. I. *Toward an understanding of team performance and training.* In Swezey, R. W., & Salas, E. (Eds.), *Teams: Their training and performance.* Norwood, NJ: Ablex, 1992, 43(8), 1052-1075.

［318］Salas, E., Rozell, D., Mullen, B., & Driskell, J. E. The effect of team building on performance. *Small Group Research*, 1999, 30(3), 300-329.

［319］Samuelson, P. The pure theory of public expenditure. *Review of Economics and Statistics*, 1954, 36（4）, 387-389.

［320］Sasovova, Z., Mehra, A., Borgatti, S. P., & Schippers, M. C. Network churn: The effects of self-monitoring personality on brokerage dynamics. *Administrative Science Quarterly*, 2010, 55(4), 639-670.

［321］Schilling. Technology success and failure in winner-take-all markets: the impact of externalities. *Academy of Management Journal.* 2002, 45(2), 387-398.

［322］Schwarts, D., & Jacobson, E. Organizational communication network analysis: The liaison communication role, *Organizational Behavior and Human Performance*, 1977, 18(1), 158-174.

［323］Scott, J. *Social network analysis——A handbook* (2nd)., London,Thousand Oaks,New Delhi: Sage Publications, 2000.

［324］Seibert, S. E., Kraimer, M. L., & Linden, R. C. A Social capital theory of career success. *Academy of Management Journal*, 2001, 44(2), 219-237.

［325］Senker, J., & Faulkner, W. *Networks, tacit knowledge and innovation.* UMIST: Manchester, 1993.

［326］Shah, P., & Jehn, K. A. Do friends perform better than acquaintance? The interaction of friendship, conflict and task. *Group Decision and Negotiation*, 1993, 2, 149-165.

［327］Shaw, M. E. *Communication networks.* In Berkowitz, L. (Ed.). *Advances in experimental social psychology.* pp(111-147). New York Academic Press, 1964.

［328］Sheila, S. W. Impact of highly and less job-related diversity on work group cohesion and performance: a meta-analysis. *Journal of Management*, 2001, 27(2), 141-162.

［329］Sherif, M. Superordinate goals in the reduction of intergroup conflicts. *American Journal of Sociology*, 1958, 63(4), 349-356.

［330］Shonk, J. H. *Working in teams: A practical manual for improving work.* New York: Amacom, 1982.

［331］Shrader, C., Lincoln, J., & Hoffman, A. The network structures of organizations: Effects of task contingencies and distributional form. *Human relations.* 1989, 42(1), 43-66.

［332］Simmel, G. *Philosophische Kultur: Gesammelte Essais.* Potsdam: Gustav Kiepenheuer, 1923.

［333］Simmel, G. *The sociology of georg simmel* (K. Wolff, trans.). New York: Free Press, 1908.

［334］Simmel, G. *The Web of Group Affiliations. in Conflict and the Web of Group Affiliations.* Glencoe: Free Press. 1955.

［335］Simon, H. A. *Administrative Behavior* (3rd). New York: The Free Press, 1976.

［336］Simpson, B. Moving work teams to the next level. *Egineering management conference*, 1994, (17-19), 43-47.

［337］Smith, K. G., Olian, J. D., & Olian, J. D. Top management team demography and process: The role of social integration and communication. *Administrative Science of Quarterly.* 1994, 39(3), 412-438.

［338］Snyder, M. Self-monitoring of expressive behavior. *Journal of Personality and Social Psychology*, 1974, 30(4): 526-537.

［339］Snyder, D. Collective Violence: A research agenda and some strategic considerations. *Journal of Conflict Resolution*, 1978, 22(3): 499-534.

［340］Soda, G., Usai, A., & Zaheer, A. Network memory: The influence of past and current networks on performance. *Academy of Management Journal*, 2004, 47(6), 893-906.

［341］Sparrowe, R., Liden, R., Wayne, S., & Kraimer, M. Social networks and the performance of individuals and groups. *Academy of Management Journal*. 2001, 44(2), 316-325.

［342］Sparrowe, R. T., & Liden, R. C. Two routes to influence: Integrating leader-member exchange and social network perspectives. *Administrative Science Quarterly*, 2005, 50(4), 505-535.

［343］Spence, W. R. *Innovation: The communication of change in ideas, practices and products.* London: Chapman & Hall, 1994.

［344］Stanley, J. D. Your informal organization: Dealing with it successfully. *Personnel Journal.* 1956, 35, 91.

［345］Stephenson, K. *Trafficking in trust: The art and science of human knowledge networks.* In Stephenson, K. *Enlightened power: How women are transforming the practice of leadership* (pp242-265). San Francisco: Jossey-Bass, 2005.

［346］Stevenson, W. B., & Jean M. Power, Interaction, Position, and the Generation of Cultural Agreement in Organizations. *Human Relations*, 1996. 49(1), 75-103.

［347］Stewart, J., & Stoker, G. *Locial government in the 1990s.* Basingtoke: Macmillan, 1995.

［348］Steward, F., & Conway, S. Situating discourse in environmental innovation networks: A UK/German Comparative Analysis. *Organization*, 1998, 5(4), 483-506.

［349］Stohl, C., & Putnam, L. *Communication in context: Implications for the study of bona fide groups.* In Frey, L. R. (Ed.), *Group communication in context: Studies of natural groups* (2nd). Hillsdale, NJ: Lawrence Erlbaum. 2003.

［350］Stroebe, W., & Stroebe, M. *The social psychology of social support.* In Higgins, E. T., & Kruglanski, A. W. (Eds.), *Social psychology: Handbook of basic principles* (pp597-621). New York, NY: The Guilford Press, 1996.

［351］Summers, L., Coffelt, T., & Horton, R. E. Work-group cohesion. *Psychological reports*, 1988, 63, 627-636.

［352］Sundstrom, E., DeMeuse, K. P., & Futrell, D. Work teams: Applications and effectiveness. *American Psychologist*, 1990, 45(2), 120-133.

［353］Sutcliffe, K. M. *Organizational environments and organizational information processing.* In Jablin, F. M., & Putnam, L. L. (Eds.), *The new handbook of organizational communication: Advances in theory, research, and methods.* Thousand Oaks, CA: Sage. 2001.

［354］Swezey R. W., & Salas E. *Teams: Their training and performance.* Norwood, NJ: Ablex, 1992.

［355］Tajfel, H., & Turner, J. C. *The social identity theory of intergroup behavior*, In Worchel, S., & Austin, W. G. (Eds.), *Psychology of intergroup relations*, Chicago: Nelson-Hall. 1985.

［356］Takahiro Fujimoto. Product Integrity and the Role of Disigner as Integrater. *The Design Management Journal*, 1991, 2(2), 29-34.

［357］Tasselli, S., Kilduff, M., & Menges, J. I. The microfoundations of organizational social networks: A review and an agenda for future research. *Journal of Management*, 2015, 41(5), 1361-1387.

［358］Tasselli, S., Kilduff, M., & Landis, B. Personality change: Implications for organizational behavior. *Academy of Management Annals*, 2018, 12(2), 467-493.

［359］Tasselli, S., & Kilduff, M. Network agency. *Academy of Management Annals*, 2021, 15(1), 68-110.

［360］Thompson, J. D. *Organizations in action.* New York: McGraw-Hill, 1967.

［361］Tichy, N., & Tushman, M. Social network analysis for organizations. *Academy of Management Review*, 1979, 4(4), 507-519.

［362］Tichy, N. M. *Networks in organizations.* In Nystrom, P. C., & Starbuck, W. H. (Eds.) *Handbook of organizational design: Remodeling organizational and their environments.*, Vol. 2, London: Oxford University Press, 1980.

［363］Tichy, N. M. *Networks in organizations.* In Starbuck, W. H., & Nystrom, P. C. (Eds.). *Handbook of organizational design*: *Remodeling organizational and their environments*, Vol. 2. New York: Oxford University Press, 1981.

［364］Torenvlied, R. Political control of implementation agencies: Effects of political consensus on agency compliance, *Rationality and Society*, 1996, 8(1), 25-56.

［365］Tsai, W. P., & Ghoshal, S. Social capital and value creation: The role of intrafirm networks. *Academy of Management Journal*, 1998, 41(4), 464-476.

［366］Tsai, W. Social capital, strategic relatedness and the formation of intraorganizational linkages. *Strategic Management Journal*, 2000, 21(9), 925-939.

［367］Tsai, W. Knowledge transfer in intraorganizational networks: Effects of network position and absorptive capacity on business unit innovation and performance. *Academy of Management Journal*. 2001, 44(5), 996-1004.

［368］Tushman, M. Special boundary roles in the innovation process. *Administrative Science Quarterly*. 1977, 22(4), 587-605

［369］Tushman, M. L., Anderson, P. C., & O'Reilly, C. *Technology Cycles, Innovation Streams, and Ambidextrous Organizations: Organization Renewal Through Innovation Streams and Strategic Change, Managing Strategic Innovation of Change*, Michael L. Tushman, and Philip Anderson (Eds.) Oxford University Press, 1997.

［370］Ulrich, K. T. Design is everything? *Journal of Product Innovation Management*, 2011, 28(3), 394-398.

［371］Umberson, D., Chen, M. D., & House, J. S., Hopkins, K. & Slaten, E. The effect of social relationships on psychological well-being: Are men and women really so different. *American Sociological Review*, 1996, 61 (5), 837-857.

［372］Utterback, J., & Abernathy, W. A dynamic model of process and product innovation. *Omega*, 1975, 33 (6), 639-656.

［373］Uzzi, B., & Spiro J. Collaboration and creativity: The small world problem. *American Journal of Sociology*, 2005. 111(2), 447-504.

［374］Van De Ven, A. Central problems in the management of innovation. *Management Science*. 1986, 32(5), 590-607.

［375］Van Engelen, J. M. L., Kiewiet, D. J., & Terlouw, P. Improving performance of product development teams through managing polarity. *International Studies of Management & Organization*, 2001, 31(1), 46-63.

［376］Venkataramani, V., & Dalal, R. S. Who helps and harms whom? Relational antecedents of interpersonal helping and harming in organizations. *Journal of Applied Psychology*, 2007, 92(4), 952-966.

［377］Wagner, J. A. Studies of individualism-collectivism: Effects on cooperation in groups. *Academy of Management Journal*, 1995, 38(1), 152-172.

［378］Waldstrøm, C. *Informal networks in organizations—A literature review*, DDL Working Paper No. 2, Available at https://pure. au. dk/ws/portalfiles/portal/ 32302046/0003088. pdf, 2001, 2.

［379］Wang Y., Gao. J., & Wei Z. The double-edged sword of servitization in radical product innovation: The role of latent needs identification. *Technovation*, 2022, 118, 102284.

［380］Wasserman, S., & Anderson, C. Stochastic a posteriori blockmodels: Construction and assessment. *Social Networks*, 1987, 9(1), 1-36.

［381］Wasserman, S., & Faust, K. *Social network analysis: Methods and applications.* Cambridge, UK: Cambridge University Press, 1994.

［382］Wasserman, S., & Galaskiewicz. *Advances in social network analysis*: *Research in the social and behavioral sciences.* Newbury Park, CA: Sage. 1994.

［383］Watts, D., & Strogatz, S. *Collective dynamics of small-world networks.* Nature, 1998, 393 (6684): 440-442.

［384］Weber, M. *Theory of social and economic organization.* NY: The Free Press, 1947.

［385］Wegner, D. M. *Transactive memory; A contemporary analysis of the group mind.* In Mullen, B., & Goethals, G. (Eds.), *Theories of group behavior.* New York: Springer-Verlag. 1987.

［386］Wegner, D. M. A computer network model of human transactive memory. *Social Cognition*, 1995, 13(3), 319-339.

［387］Wellman, B. *Structural analysis*: *From method and metaphor to theory and substance.* In Wellman, B., & Berkowitz, S. D. (Eds.). *Social Structure: A Network Approach.* Cambridge, Ma: Cambridge University Press, 1988.

［388］Wenger, E., & Snyder, W. M. Communities of practice: The organizational frontier. *Harvard Business Review*, 2000, 78(1), 139-145.

［389］West, M. A., & Farr, J. L. *Innovation at work: Individual, group, organizational, and socio-historical,* In Wesr, M. A., & Farr, J. L. (Eds), *Innovation and creativity at work: Psychological and organizational strategies.* Chichester: Wiley, 1990.

［390］West, M. A., & Hirst, G. *Cooperation and teamwork for innovation.* In West, M. A., Tjosvold, D., & Smith, K. G. (Eds.), *International handbook of teamwork and cooperative working.* Chichester: Wiley. 2003.

［391］White, H. C., Boorman, S. A., & Breiger, R. L. Social structure from multiple networks. I.blockmodels of roles and positions. *American Journal of Sociology*, 1976, 81(4), 730-779.

［392］Whitley, R. *Changes in the social and intellectual organization of the science: Professionalization and the arithmetic* ideal, In Mendelsohn, E., Weingart, P., Whitley, R. (Eds.) *The social production of scientific knowledge: Sociology of the sciences a yearbook,* Dordrecht: Springer NetherLands, 1977.

［393］Woodward, J. *Management and technology*. London: Her Majesty's Stationary Office, 1958.

［394］Zaccaro, S. J., Foti, R. J., & Kenny, D. A. Self-monitoring and trait-based variance in leadership: An investigation of leader flexibility across multiple group situations. *Journal of Applied Psychology*, 1991, 76(2): 308-315.

［395］Zachary, W. W. An information flow model for conflict and fission in small groups. *Journal of Anthropological Research*, 1977, 33(4), 452-473.

［396］Zuscovitch, E., & Justman, M. Networks, sustainable differentiation, and economic development. In Batten, D., Casti, J., & Thord, R. (eds.), *Networks in Action.* Berlin, Heidelberg: Springer, Berlin, Heidelberg, 1995.

附录 1　UCINET[①]

　　在社会网络分析软件中，有不同的程序可资利用。学者们应用较多的软件是
GRADAP、STRUCTURE、UCINET 和 PAJEK。本书应用的是 UCINET。

　　UCINET 软件由加州大学欧文分校的一群网络分析者编写。斯蒂芬·博加
提（Stephen Borgatti）、马丁·埃弗里特（Martin Everett）和林顿·弗里曼（Linton
Freeman）对该软件进行扩展。该软件最初是一组用 Basic 语言编写的模块，渐渐地
发展成综合性的 DOS 程序，现已作为一种 Windows 程序来使用。它是具有一个通用
的目标、易于使用的程序，且涵盖一些基本的图论概念、位置分析法和多维量表分
析法等。它可应用于任何一个至少有 1.5 兆的随机存取存储器（RAM）的现代微机
中，但诸如多维量表这样的程序只能运行在小网络中。

　　UCINET 6.0 中的数据文件以矩阵形式存储，这些数据文件由一些简单的字母
数字文件组成。数据文件中的各行代表发生阵或邻接矩阵中的各个行，标题行包含
了行数、列数以及它们所用的标签的详细信息。该程序还包含一些内建步骤，可
用来转换早期的 UCINET 数据文件，还可以把 STRUCTURE 和 NEGOPY 文件
转换成 UCINET 格式的文件。支持多种形式的输入、输出方式，除了可用一系
列命令来进行文件管理和设定程序选项之外，菜单栏还有四个主要选项——"数
据（DATA）""转换（TRANSFORM）""网络（NETWORK）""工具（TOOLS）"。
DATA 和 TRANSFORM 这两个选项结合在一起，可执行几乎所有的数据管理任务：

---

① 　约翰·斯科特.《社会网络分析法》（第 1 版）. 刘军译，重庆：重庆大学出版社，2007.

输入、转换和输出。

创建数据文件最简单的办法，就是使用直观、内置的电子表格数据输入系统，使得准备数据文件的相关工作更加便捷、高效。创建数据文件可从 DATA 菜单中或者工具栏的一个按钮上获得。这需要一个关联列表格式，即对于每个点来说，它可以显示与该点相连的所有其他点的编码值。除了利用 UCINET 空白表进行输入和编辑之外，也可以从 Excel 工作表中输入（输出）数据。初始数据输入之后，就可以对数据文件进行编辑，可以执行各种重排和转换分析来区分出各个子集合以便于进一步分析。例如，可以对各行、各列进行重排、分类、转置，也可以对各条线的权数加以改变。最后一步——对矩阵进行"二值处理"，便于后续数据操作，这些数据文件可用于进行诸如嵌套成分分析等操作。

主要的社会网络分析程序出现在 NETWORK 目录下，它的子目录有"凝聚力（COHESION）"分析、"成分（COMPONENTS）分析"、"中心性（CENTRALITY）"分析、"子群（SBUGROUPS）"分析、"角色和位置（ROLES & POSITIONS）""分析等，还有各种更专业的程序。利用 COHESION 可以计算一些基本的有关线，如途径、距离和捷径，一个独立的 PROPERTIES（属性）菜单可以计算密度。CENTRALITY 可以计算各种点度中心度、接近中心度、中间中心度测度以及其他中心度和声望测度。SUBGROUPS 菜单可以为区分 n– 派系（n-cliques）、n– 宗派（n-clans）和 k– 丛（k-plexes）提供大量强大的技术支持。补充这些图论测度的是"角色和位置（ROLES & POSITIONS）"目录下的结构对等性测量，在这个目录下，可以进行 CONCOR 和"规则对等性分析（REGE）"分析，还有其他位置分析算法。最后，用 TOOLS（工具）可进行量纲式的和非量纲式的多维量表分析、聚类分析、因素分析和对应分析。对社群图的可视化意味着把输出信息转变为一种更专业的程序，其结果表现在屏幕上就是散点图或树状图。

附录 2　访谈提纲

受访者职工编号：
年龄：
职称：
职务：

理论背景与研究问题	访谈问题提纲
企业研发项目情况	①请问贵单位研发部门共有多少研发团队？最近几年有多少研发项目？在研发团队中，平均有多少研发人员？ ②请问贵单位是否采取措施促进研发人员跨团队、跨部门沟通呢？如果有，采取了哪些措施呢？
研发团队的工作流程	③请描述一下研发团队的工作流程。
研发团队的组建	④有没有相对固定的研发人员经常在一起做项目呢？通常是什么原因促使他们一起做项目呢？有没有研发人员同时担任多个研发项目呢？如果有，是什么原因促使这类人员担任多个研发项目呢？
研发项目经理情况	⑤在项目团队中，通常由哪些人担任项目经理？他们在专业上、经验上有哪些特长？请您描述一下。
研发人员情况	⑥研发人员在项目进程中，都同哪些员工有联系？是否有跨团队、跨部门的交流和沟通呢？
	⑦请问有没有研发人员同时担任多个研发项目呢？如果有，是什么原因促使这类人员担任多个研发项目呢？
	⑧在研发团队的组建中，有没有相对固定的研发人员经常在一起做项目呢？通常是什么原因促使他们一起做项目呢？
研发人员咨询情况	⑨在工作中，有没有这种类型的员工，他能够和部门内外的许多员工交往，能够获得多种信息和知识，并且能够运用于产品创新过程中？
研发人员情感交流情况	⑩在项目进行中，除一些共同的工作之外，研发人员在工作之余有没有情感交流？

附录 3   问卷调查表

本问卷是国家自然科学基金的子课题，旨在调查研发人员非正式网络对产品创新绩效的影响，答案没有对与错，若有某个问题未能完全表达您的意见时，请勾选最接近您的看法的答案。烦请您花几分钟时间填写问卷，非常感谢！

本问卷纯属学术研究目的，内容不会涉及贵企业的商业机密问题，所有人的姓名、职工编号和企业名称在论文中都将被隐去，所获信息也不会用于任何商业目的，请您放心并尽可能客观回答，切勿遗漏任何一题。

如果您在填写过程中有任何问题，均可联系：

XXXXXX

姓名：   职工编号：

您所在的项目团队共 _____ 人，他们分别是 _____

（请用姓名或职工编号表示）

开发项目（型号）名称：_____

项目经理：_____（请用姓名或职工编号表示）

项目成功的主要挑战或难点：_____

所采用的项目管理方法：_____

（1）请问当您在工作中遇到困难或问题时，您会向谁请教？（请列出姓名或职工编号）

（2）请问您在研发项目进行中遇到困难或问题时，哪些人会来帮助、指导您？（请列出姓名或职工编号）

（3）研发团队形成前，下班时间哪些同事跟您常有社会交往活动？（请列出姓名或职工编号）

（4）在下班后，您喜欢和哪些同事一起吃饭、喝酒或娱乐？（请列出姓名或职工编号）

在项目团队的产品创新绩效方面：

1. 请问贵单位如何评价团队的产品创新绩效？

2. 请分别以 2006 年企业同类产品的历史水平和目标市场上的竞争产品作为比较的基准，请对本项目绩效做出如下方面的评价【如能提供实际的数据，更好。不方便的话，请按 5 级评分，5 分为"很好"，1 分为"很差"】

与企业同类产品历史水平比	与目标市场上的竞争产品比

项目经济效益：＿＿＿＿＿＿＿＿，＿＿＿＿＿＿＿＿

产品新颖度或创新程度：＿＿＿＿＿＿＿＿，＿＿＿＿＿＿＿＿

产品设计质量：＿＿＿＿＿＿＿＿，＿＿＿＿＿＿＿＿

产品成本：＿＿＿＿＿＿＿＿，＿＿＿＿＿＿＿＿

问卷填写到此结束，再次感谢您的合作！

附录 4 各团队产品创新绩效打分汇总表

团队	产品创新绩效		与企业同类产品 历史水平相比	与目标市场上的 竞争对手的产品相比
1	4.875	项目经济效益	5	5
		产品新颖度	5	5
		产品设计质量	5	4
		产品成本	5	5
2	4	项目经济效益	4	4
		产品新颖度	2	4
		产品设计质量	2	4
		产品成本	3	3
3	4.25	项目经济效益	5	5
		产品新颖度	5	5
		产品设计质量	3	4
		产品成本	3	4
4	3.5	项目经济效益	5	5
		产品新颖度	5	5
		产品设计质量	2	2
		产品成本	2	2

（续表）

团队	产品创新绩效		与企业同类产品 历史水平相比	与目标市场上的 竞争对手的产品相比
5	4	项目经济效益	4	4
		产品新颖度	2	4
		产品设计质量	2	4
		产品成本	3	3
6	4.375	项目经济效益	4	5
		产品新颖度	4	4
		产品设计质量	5	5
		产品成本	5	5
7	4.625	项目经济效益	5	5
		产品新颖度	4	5
		产品设计质量	5	4
		产品成本	4	5
8	2.5	项目经济效益	4	4
		产品新颖度	2	2
		产品设计质量	2	2
		产品成本	2	2
9	4.625	项目经济效益	5	5
		产品新颖度	4	5
		产品设计质量	5	4
		产品成本	4	5
10	4	项目经济效益	4	4
		产品新颖度	4	4
		产品设计质量	2	2
		产品成本	3	3
11	4.25	项目经济效益	3	3

（续表）

团队	产品创新绩效		与企业同类产品 历史水平相比	与目标市场上的 竞争对手的产品相比
		产品新颖度	4	4
		产品设计质量	4	4
		产品成本	3	4
12	4.375	项目经济效益	5	4
		产品新颖度	4	4
		产品设计质量	5	5
		产品成本	4	4
13	4	项目经济效益	4	4
		产品新颖度	4	2
		产品设计质量	2	4
		产品成本	3	3
14	2.75	项目经济效益	4	4
		产品新颖度	3	3
		产品设计质量	2	2
		产品成本	2	2
15	4.5	项目经济效益	4	5
		产品新颖度	4	4
		产品设计质量	4	5
		产品成本	5	5
16	4.375	项目经济效益	4	5
		产品新颖度	4	4
		产品设计质量	5	5
		产品成本	4	4
17	4.75	项目经济效益	5	5
		产品新颖度	4	5

（续表）

团队	产品创新绩效		与企业同类产品历史水平相比	与目标市场上的竞争对手的产品相比
		产品设计质量	5	5
		产品成本	5	4
18	4.5	项目经济效益	4	5
		产品新颖度	4	4
		产品设计质量	4	5
		产品成本	5	5
19	5	项目经济效益	5	5
		产品新颖度	5	5
		产品设计质量	5	5
		产品成本	5	5
20	2.75	项目经济效益	4	4
		产品新颖度	3	3
		产品设计质量	2	2
		产品成本	2	2
21	4.375	项目经济效益	4	5
		产品新颖度	4	4
		产品设计质量	5	5
		产品成本	4	4
22	4	项目经济效益	4	4
		产品新颖度	4	3
		产品设计质量	4	4
		产品成本	4	5
23	4.375	项目经济效益	5	5
		产品新颖度	4	5
		产品设计质量	4	4

（续表）

团队	产品创新绩效		与企业同类产品 历史水平相比	与目标市场上的 竞争对手的产品相比
		产品成本	4	4
24	4	项目经济效益	4	4
		产品新颖度	2	4
		产品设计质量	2	4
		产品成本	3	3
25	4.875	项目经济效益	5	5
		产品新颖度	4	5
		产品设计质量	5	5
		产品成本	5	5
26	4.5	项目经济效益	4	5
		产品新颖度	4	4
		产品设计质量	5	4
		产品成本	5	5
27	4.25	项目经济效益	4	4
		产品新颖度	3	4
		产品设计质量	4	3
		产品成本	3	3
28	4	项目经济效益	4	2
		产品新颖度	4	2
		产品设计质量	3	3
		产品成本	4	4
29	5	项目经济效益	5	5
		产品新颖度	5	5
		产品设计质量	5	5
		产品成本	5	5

（续表）

团队	产品创新绩效		与企业同类产品历史水平相比	与目标市场上的竞争对手的产品相比
30	4.25	项目经济效益	4	4
		产品新颖度	4	3
		产品设计质量	3	4
		产品成本	3	3
31	4	项目经济效益	4	4
		产品新颖度	4	3
		产品设计质量	4	4
		产品成本	5	4
32	2.75	项目经济效益	3	3
		产品新颖度	4	4
		产品设计质量	2	2
		产品成本	2	2
33	3.5	项目经济效益	2	2
		产品新颖度	5	5
		产品设计质量	5	5
		产品成本	2	2
34	3.5	项目经济效益	5	5
		产品新颖度	5	5
		产品设计质量	2	2
		产品成本	2	2
35	3.5	项目经济效益	5	5
		产品新颖度	2	2
		产品设计质量	5	5
		产品成本	2	2
36	4	项目经济效益	4	4

（续表）

团队	产品创新绩效		与企业同类产品 历史水平相比	与目标市场上的 竞争对手的产品相比
		产品新颖度	4	3
		产品设计质量	4	4
		产品成本	4	5
37	4.5	项目经济效益	5	4
		产品新颖度	4	4
		产品设计质量	5	4
		产品成本	5	5
38	3.75	项目经济效益	2	3
		产品新颖度	5	5
		产品设计质量	5	5
		产品成本	2	3
39	3.5	项目经济效益	5	5
		产品新颖度	5	5
		产品设计质量	2	2
		产品成本	2	2
40	4.25	项目经济效益	4	3
		产品新颖度	4	3
		产品设计质量	3	4
		产品成本	4	4
41	3	项目经济效益	4	4
		产品新颖度	4	4
		产品设计质量	4	4
		产品成本	4	4
42	4.75	项目经济效益	5	5
		产品新颖度	5	5

（续表）

团队	产品创新绩效		与企业同类产品 历史水平相比	与目标市场上的 竞争对手的产品相比
		产品设计质量	4	5
		产品成本	5	4
43	4.375	项目经济效益	4	5
		产品新颖度	5	5
		产品设计质量	4	4
		产品成本	4	4
44	3.25	项目经济效益	4	3
		产品新颖度	3	4
		产品设计质量	4	4
		产品成本	3	3
45	4.25	项目经济效益	4	4
		产品新颖度	4	3
		产品设计质量	3	4
		产品成本	4	3
46	3	项目经济效益	3	4
		产品新颖度	3	4
		产品设计质量	2	3
		产品成本	3	2